Irene Genzmer & Ulrike Scheffer

Erben für Anfängerinnen

Irene Genzmer & Ulrike Scheffer

Erben für Anfängerinnen

Finanziell sicher und selbstbestimmt in die Zukunft

Econ

Wir verpflichten uns zu Nachhaltigkeit
- Papiere aus nachhaltiger Waldwirtschaft und anderen kontrollierten Quellen
- Druckfarben auf pflanzlicher Basis
- ullstein.de/nachhaltigkeit

FSC www.fsc.org
MIX
Papier | Fördert gute Waldnutzung
FSC® C014496

Econ ist ein Verlag
der Ullstein Buchverlage GmbH

ISBN: 978-3-430-21125-3

Gesetzt aus der Adobe Kis
Satz: Savage Types Media GbR, Berlin
Druck und Bindearbeiten: GGP Media GmbH, Pößneck
Printed in Germany

Inhalt

Ein Buch nur für Erbinnen? Was soll das denn?

»Ich habe ein Vermögen geerbt, und jetzt kann ich nicht mehr schlafen.« Dieser Hilferuf von Ulrike an Irene war so etwas wie die Initialzündung für dieses Buch.

Irene hatte sich gerade als Mentorin für Frauen, Finanzen und Feminismus etabliert, als sie bei LinkedIn eine Nachricht von Ulrike erhielt: »Hallo, ich habe eben Ihren Post gelesen. Sie haben mein Interesse geweckt. Ich muss mich – nach Erbschaft – tatsächlich dringend mehr um meine Finanzen kümmern und brauche Unterstützung. Wie könnten wir zusammenkommen?«

Irenes Neugier war sofort geweckt. Erst recht, nachdem Ulrike im ersten Gespräch der beiden am Bildschirm von ihren schlaflosen Nächten berichtete. Normalerweise coacht Irene Frauen, die nachts wach liegen, weil sie befürchten, nicht genug fürs Alter vorzusorgen, oder sich nach einer Trennung finanziell neu aufstellen müssen.

Doch schon bald wurde klar: Ulrike ist kein Einzelfall. So paradox es klingen mag, dass ein plötzlicher Geldsegen negative Gefühle auslösen kann – viele Frauen fühlen sich überfordert, wenn sie erben. Egal, ob es um ein großes Vermögen geht, einen Anteil am Elternhaus oder das mühsam Ersparte der Eltern.

Viele Frauen fremdeln mit Geld. Sie finden es nicht wichtig, welches zu haben, und wollen sich schon gar nicht mit Geldanlagen beschäftigen. Schließlich wurde ihnen über Jahrhunderte eingeimpft, dass Geld Männersache sei und sie sich auf Kinder und Haushalt beschränken sollten. Diese Prägung wirkt bis heute nach, auch wenn Frauen seit Langem ihr eigenes Geld verdienen. Unter dem Strich haben Männer deutlich mehr Vermögen als Frauen.[1] Ein Erbe empfinden Frauen nicht selten als Belastung. Sie sehen es nicht als Chance, Träume zu verwirklichen oder Dinge zu bewegen. Und allzu oft denken sie: »Das habe ich doch gar nicht verdient.« Sie lassen das Geld auf dem Konto liegen oder vertrauen ihrer Bank, wenn es um die Geldanlage geht. Beides ist keine gute Idee.

Deshalb beschlossen wir, ein Buch ausdrücklich für Erbinnen zu schreiben. Schon die Zahlen zeigen, wie wichtig das ist: Laut einer Studie, die von der Deutschen Bank in Zusammenarbeit mit dem Institut für Demoskopie Allensbach herausgegeben wurde, haben 52 Prozent der Deutschen eine Erbschaft gemacht oder rechnen damit, in den kommenden zwei bis drei Jahrzehnten zu erben.[2] Dabei geht es um beeindruckende Summen: Aktuell werden in Deutschland jährlich bis zu 400 Milliarden Euro vererbt.[3] Die eigentliche Erbwelle rollt aber erst noch auf uns zu, denn das Geldvermögen der Deutschen hat sich in den vergangenen Jahrzehnten vervielfacht.

Geht man davon aus, dass die Gruppe potenzieller Erb*innen etwa der Altersgruppe der Vierzig- bis Vierundsechzigjährigen entspricht, könnten in den nächsten Jahren rund 37 Prozent aller Bundesbürger*innen erben, gut die Hälfte davon sind Frauen. Höchste Zeit also, dass Frauen ihre Scheu überwinden und sich das nötige Finanzwissen aneignen, um ihr Erbe zu verwalten.

Doch eine Erbschaft bringt noch viel mehr Herausforderungen mit sich. Und sie ist eine hochemotionale Angelegenheit. In diesem Buch erfährst du, wie du deinen Gefühlen Raum geben kannst, wie Gespräche mit der Familie über die Nachlassregelung gelingen und wie du einen Erbstreit vermeidest. Es geht auch um ganz praktische Dinge, wie die Auflösung des elterlichen Hausstands, den Umgang mit einem verschuldeten Erbe, um Steuern und Testamente.

Und natürlich erklären wir dir, wie du dein Erbe sinnvoll nutzen kannst. Wie du eine Finanzstrategie entwickelst, die zu deinem Leben passt und sich an deinen Werten orientiert – und nicht an der Provision eines Bankers.

Kurz: Wir wollen dir helfen, finanziell sicher und selbstbestimmt in die Zukunft zu gehen. Damit es dir nicht ergeht wie Ulrike, sodass du auch mit Erbe gut schlafen kannst.

Wir nutzen in diesem Buch die Begriffe Frauen und Männer. Damit sind alle Personen gemeint, die sich weiblich beziehungsweise männlich identifizieren oder als Frauen beziehungsweise Männer wahrgenommen werden. Neben der Gleichberechtigung von Frauen und Männern halten wir es für ebenso wichtig, dass alle Menschen auch außerhalb des binären Systems ihre Geschlechtsidentitäten entfalten können, und schließen diese in unser Verständnis von Gleichberechtigung ein. Uns ist außerdem bewusst, dass es weit mehr Familienmodelle gibt als die heteronormative Kleinfamilie, weshalb wir auch homosexuelle oder Patchwork-Konstellationen behandeln. Dass wir uns dennoch stark auf die traditionelle Kernfamilie beziehen, ist dem Umstand geschuldet, dass heutige Erbinnen in der Mehrzahl in diesem Familienmodell groß geworden sind und sich Erbfälle bisher meist in diesem Rahmen abspielen.

Irene Genzmer und Ulrike Scheffer
Frankfurt und Berlin im Januar 2025

Teil 1

Erben tut weh

Erbe und Emotionen –
wie du in einer schwierigen Situation
die richtigen Entscheidungen triffst

Ulrikes emotionale Achterbahnfahrt nach ihrer Erbschaft

Plötzlich war da diese Angst. Als mein Erbe auf meinem Konto auftauchte, änderte sich meine Stimmung schlagartig – und völlig unerwartet. Aber warum? Mein Vater war einige Monate zuvor nach einer langen Demenzerkrankung gestorben, meine Mutter bereits einige Jahre tot. Es war kein plötzlicher Verlust, kein überraschendes Erbe. Seit Jahrzehnten wusste ich, dass dieser Tag kommen würde. Ich fühlte mich vorbereitet und emotional stabil.

Heute weiß ich, dass dem nicht so war. Weder auf das Erbe noch auf alles, was mit dem Finanzmanagement des ererbten Vermögens zu tun hatte, war ich wirklich vorbereitet. Ich habe diese einschneidende Veränderung in meinem Leben im Gegenteil einfach auf mich zukommen lassen. Dabei plane ich ansonsten alles sehr gewissenhaft, meine Arbeit als selbstständige Journalistin, den Urlaub, die Wochenenden mit den Kindern und mit Freunden. Durch Gespräche mit Irene, die sich seit Langem mit dem Umgang von Frauen mit Geld beschäftigt, weiß ich inzwischen aber auch, warum mich meine Erbschaft überforderte und mich regelrecht die Angst packte, als ich vermögend wurde.

Mir ist klar, dass es sich in gewisser Weise um ein Luxusproblem handelt, wenn man sich schlecht fühlt, Geld, Aktien, Schmuck, ein Haus oder sogar ein Unternehmen geerbt zu haben. Andere Menschen haben ganz andere Sorgen. Auch das kann ein Grund sein, negative Gefühle zu verdrängen. Doch diese Gefühle sind nun einmal real. Deshalb sollte man sich mit ihnen auseinandersetzen.

Eine Erbschaft löst vielschichtige Emotionen aus. Zunächst ist da natürlich die Trauer. Schließlich erbt man in der Regel, weil jemand gestorben ist, der einem nahegestanden hat – Vater, Mutter, Anverwandte oder gar der Lebenspartner oder die Partnerin. Erben ist also fast immer mit Schmerz verbunden. Selbst wenn das Verhältnis zum Erblasser oder der Erblasserin nicht gut oder der Kontakt sogar abgerissen war, kommen Gefühle hoch, wenn jemand stirbt. Das gilt besonders für die eigenen Eltern. Konflikte lassen sich dann nicht mehr lösen, die Entschuldigung, auf die man vielleicht gewartet hat, wird nicht mehr ausgesprochen, eine Versöhnung nie mehr möglich sein.

Nimm dir Zeit für deine Trauer

Jeder Frau, die solche Emotionen durchlebt, möchte ich daher zunächst sagen: Nimm deine Gefühle ernst und gib ihnen Raum. Natürlich musst du dich als Erbin sofort um eine Reihe von Formalitäten kümmern, eine Bestattung organisieren zum Beispiel. Danach solltest du aber zunächst innehalten und deine Emotionen verarbeiten. Um die finanziellen Aspekte des Erbes kannst du dich mit etwas Abstand ohnehin viel besser kümmern. Lass dich vor allem nicht unter Druck setzen, wenn deine Geschwister, andere Verwandte oder Bankberater*innen zur Eile mahnen. Vor allem, was Geldanlagen betrifft, solltest du keine schnellen Entscheidungen treffen. Falsche Entscheidungen kommen dich wahrscheinlich teurer zu stehen als ein paar Monate ohne Zinserträge. Diese Erfahrung habe ich leider selbst gemacht, wie du später noch lesen wirst. Aus heutiger Sicht würde ich sagen, es wäre besser gewesen, ich hätte ein Jahr lang gar keine Investitionen oder Umschichtungen bei Aktienfonds vorgenommen und mir zunächst Finanzwissen angeeignet. Auch dazu später mehr.

Mit dem Thema Erben sind auch viele Tabus verbunden. Darf man sich überhaupt freuen, wenn man durch den Tod einer anderen Person zu Geld kommt? Ist es in Ordnung, sich schon vor dem Tod der Eltern zu überlegen, was man mit ihrem Geld anfangen wird, wenn sie einmal sterben? Solche Skrupel sind normal. Irene und ich haben in unserem jeweiligen Umfeld erlebt, dass gerade Frauen oft mit negativen Gefühlen zu kämpfen haben, wenn es ums Erben geht. Viele haben Schuldgefühle oder empfinden Scham, wenn sie Geld erben oder ein Haus beziehungsweise einen Teil davon. Die meisten Gespräche mit Freundinnen über eine Erbschaft beginnen mit dem Satz: »Es ist mir peinlich ...« Frauen, die eine Firma oder Anteile daran erben, erleben zusätzlich noch Misstrauen, weil leitende Angestellte ihnen nicht zutrauen, unternehmerische Entscheidungen zu treffen. In einer solchen Situation souverän zu reagieren, ist nicht einfach.

Drei typische Geldemotionen

Frauen wird in unserer Gesellschaft immer noch vermittelt, dass es für sie Wichtigeres gibt als Geld. Im Patriarchat wird von ihnen erwartet, dass sie für die Familie da sind – für Haushalt, Kinder, Pflege. Klar, dass einige typische weibliche Emotionen zum Thema Geld mit genau dieser gesellschaftlichen Erwartungshaltung verknüpft sind.

Ablehnung: Nach unserer Erfahrung ist es das am weitesten verbreitete Gefühl von Frauen in Verbindung mit Geld. Den Beruf wählt frau aus Überzeugung, auch wenn er schlecht bezahlt wird; wer seinen Mann liebt und ihm vertraut, braucht keinen Ehevertrag; und wer sein Kind liebt, verzichtet auf Einkommen, um die unbezahlte Haus- und Care-Arbeit zu übernehmen.

Angst: Obwohl wir in einem der reichsten und sichersten Länder der Erde leben, ist die Angst ums Geld in Deutschland sehr ausgeprägt. In gewisser Weise logisch, denn erst wer Geld hat, kann sich sorgen, es wieder zu verlieren. Bei Frauen kommt hinzu, dass sie tendenziell weniger risikofreudig sind. Sie spekulieren seltener an der Börse, weil sie Verluste befürchten. Viele Frauen sind der Meinung, sie verstehen nichts von Geld, gleichzeitig plagen sie jedoch große Zukunftsängste – Stichwort Altersarmut. Das ist schon paradox. Offenbar lähmen Angst und Unsicherheit Frauen so sehr, dass sie lieber gar nichts tun, als das Risiko einzugehen, falsche Finanzentscheidungen zu treffen.

Scham: Es gibt viele Gründe, warum Frauen sich schämen, wenn sie über ihre Finanzen nachdenken oder darüber sprechen. Sie schämen sich, weil sie Schulden haben, da steckt das Wort Schuld ja schon drin; weil sie in ihrem Beruf viel verdienen und andere Frauen in anderen Berufen so wenig; weil sie Geld irgendwie gut finden und sich das für eine Frau doch nicht gehört; und nicht zuletzt, weil sie Geld geerbt haben – und andere nicht.

Unser Tipp: Suche dir Frauen, mit denen du über deine Gefühle sprechen kannst. Versuche, negativen Gedanken auf den Grund zu gehen, und stelle ihnen positive Argumente entgegen. In den folgenden Kapiteln gibt es viele Anregungen, wie du konkret vorgehen kannst.

Ich selbst ertappe mich ebenfalls dabei, meinem Gegenüber zunächst entschuldigend zu erklären, dass ich geerbt habe, bevor ich erzähle, dass ich mich mit Börsengeschäften oder anderen Geldanlagen befasse. Anfangs hatte ich das Gefühl, dieses Geld gar nicht verdient zu haben, weil ich es mir nicht selbst erarbeitet habe. Ich hatte schließlich immer darauf geachtet, ein eigenes Einkommen zu erwirtschaften. Wie viele andere Frauen meiner Generation wollte ich keinesfalls vom Geld meines Partners leben. Als die Kinder kamen, ging ich allerdings ganz selbstverständlich in Teilzeit, weil mein Mann meinte, eine Auszeit oder Arbeitszeitverkürzung würden ihm beruflich schaden. Inzwischen sind wir seit vielen Jahren geschieden.

Dass ich durch meine Erbschaft nun deutlich mehr Geld habe

als viele meiner Freundinnen und Freunde, irritiert mich – und sie auch. Manchmal habe ich sogar den Eindruck, ich werde von meinen Freunden als arbeitende Person nicht mehr ernst genommen. Seit ich mir eine Wohnung in Frankreich gekauft habe und dort viel Zeit verbringe, sehen viele in mir eine Art weiblichen Privatier. Offenbar gehen sie davon aus, dass ich meine Tage bei Croissants und Milchkaffee im Café oder am Strand verbringe und abends nach einer Flasche Rotwein selig wegschlummere. »Bist du in Berlin, oder machst du schon wieder Urlaub in deinem Domizil in Frankreich?«, lautet eine typische WhatsApp-Nachricht aus dem Freundeskreis. Allein das Wort Domizil ärgert mich, denn es klingt für mich nach zur Schau gestelltem Reichtum. Tatsächlich besitze ich eine kleine Altbauwohnung – was natürlich auch schon ein Luxus ist –, aber keine Villa. Wenn ich dann sage, dass ich in Frankreich Homeoffice mache und dort sogar mehr arbeite als in Berlin, weil ich in Bayonne mehr Ruhe und weniger andere Verpflichtungen habe, ernte ich meist nur ein müdes, ungläubiges Lächeln. Dabei sollte sich seit Corona herumgesprochen haben, dass Homeoffice überall auf der Welt effektiv sein kann.

Hinter den Reaktionen auf mein Lebensmodell vermute ich nicht unbedingt Missgunst. Bei einigen männlichen Bekannten habe ich eher das Gefühl, dass sie es irgendwie unpassend finden, dass ich als geschiedene Frau, deren Kinder langsam eigene Wege gehen, Zukunftspläne nur für mich schmiede und die ganz ohne männlichen Beistand auch umsetze. Dass ich einfach unabhängig bin. »Das ist ja mutig«, bekomme ich oft von Männern zu hören, oder »und das hast du ganz allein entschieden?«, meist verbunden mit der Frage, wie es denn um die Partnersuche steht. Denken sie, ich sollte meine Energie besser darauf verwenden, zunächst wieder »ordentliche Verhältnisse« herzustellen, bevor ich mich mit der Zukunft befasse? Manchmal werde ich auch gefragt, was ich machen würde, wenn ein neuer Partner andere Pläne oder vielleicht einen Zweitwohnsitz woanders hat. »Willst du die Wohnung in Frankreich dann wieder verkaufen?« Die Erwartung scheint klar: Wenn ich einen neuen Partner hätte, würde der sagen, wo es in meinem Leben künftig langgeht. Alte Rollenbilder sind offenbar hartnäckiger, als ich dachte, und sie scheinen unbewusst auch Menschen weiter zu beeinflussen, die sich für aufgeklärt und emanzipiert halten.

Wir leben in einer Einkommens-Bubble

Grundsätzlich scheint mir das Problem aber ein anderes zu sein. Studien zeigen, dass Menschen ihr soziales Umfeld nach dem Wohlstandsniveau ausrichten. Ein Freundeskreis verfügt meist in etwa über die gleichen finanziellen Möglichkeiten, zumindest, wenn man das Familieneinkommen heranzieht. Mit anderen Worten: Wir leben in einer Einkommens-Bubble. Wer wenig verdient, ist selten mit Millionären befreundet – und umgekehrt. Das liegt zum einen daran, dass sich Menschen mit unterschiedlichen Lebensstandards im Alltag weniger begegnen als Leute mit ähnlichem Einkommen. Sie wohnen in anderen Stadtteilen, gehen in andere Kneipen und machen anders Urlaub, soweit sie es sich überhaupt leisten können, zu verreisen. Die einen spielen Golf oder Tennis, gehen reiten oder regelmäßig zum Yoga-Kurs in den Fitnessclub, die anderen haben weder Geld noch Zeit für teure Hobbies und müssen sich mit dem Fitnessprogramm auf der Wii-Konsole ihrer Kinder begnügen. Und auch, wenn dies sehr pauschalisiert dargestellt ist, trifft es in der Tendenz doch zu. Man fühlt sich auch wohler in Gesellschaft von Menschen, die einem ähnlich sind, sprich: die einen ähnlichen Lebensstandard haben. Eine Freundin, die eine Haushaltshilfe und eine Kinderfrau beschäftigt, wird den täglichen Stress, Beruf und Familie zeitlich unter einen Hut zu bekommen, nur schwer nachempfinden können und kaum ein offenes Ohr für solche Probleme haben.

Mit einer Erbschaft, und das muss nicht gleich ein Millionenerbe sein, kann sich der eigene Status von einem Tag auf den anderen verändern und das soziale Gleichgewicht durcheinandergeraten.

Das kann einen schon verunsichern. Deshalb ist es wichtig, die Zusammenhänge zu verstehen und die Schuld nicht bei sich zu suchen, wenn sich Beziehungen dadurch ändern.

In der Partnerschaft kann Geld übrigens ebenfalls einiges aus der Balance bringen. Auch heute noch haben viele Männer Probleme damit, wenn ihre Partnerin mehr verdient oder besitzt als sie selbst. Studien aus den USA sehen sogar einen Zusammenhang zwischen dem Einkommen der Frau und der Potenz ihres Partners.[1] Die lässt offenbar mit steigendem Einkommen oder Vermögen der Partnerin signifikant nach. Man, oder wohl eher frau, kann über solche Erkenntnisse lachen. Tatsächlich belegen sie aber, wie hartnäckig sich historische Stereotype von Männlichkeit und Weiblichkeit in patriarchalisch geprägten Gesellschaften halten.

Die Autorin und ehemalige Grünen-Politikerin Maria Haibach hat für ihr Buch *Frauen erben anders* Interviews mit zwölf reichen Erbinnen geführt.[2] Alle Frauen, die zum Zeitpunkt der Erbschaft in einer Partnerschaft lebten, sagten, ihre neue Vermögenssituation habe ihre Beziehung auf eine harte Probe gestellt. Einige Beziehungen scheiterten daran. Auch bei lesbischen Paaren kam es zu Konflikten. In den meisten dieser Fälle hatten die Partnerinnen der Erbinnen nur ein geringes Einkommen, weil sie in sozialen oder künstlerischen Berufen tätig waren. Die interviewten Frauen berichten von schwierigen Klärungsprozessen. Es fiel den Paaren anfangs nicht leicht, das Vermögen zu genießen, ohne dass sich die nicht vermögende Partnerin oder der Partner »ausgehalten« fühlte oder sich das finanzielle Machtgefälle negativ auf die Beziehung auswirkte.

Schon unsere Sprache verrät, welchen Stellenwert Geld in unserer Gesellschaft hat. In Deutschland wird Geld »verdient«, man muss also etwas dafür geleistet haben. In Frankreich »gewinnt« man sein Geld, das klingt schon fast nach Glücksspiel. Die Ungarn wiederum »suchen« Geld. Bei den Amerikanern schließlich gibt es eine klare Ansage: Sie »machen« Geld. Das ist wohl die souveränste Art im Umgang mit Geld, aber vielleicht auch die respektloseste.

Wohlstand oder gar Reichtum gelten in Deutschland, anders als in den USA, generell fast als etwas Anrüchiges. Natürlich möchte niemand arm sein, doch wenn jemand reich ist, stellt er oder sie das aber auch nicht gern zur Schau. Schon in unserer Kindheit wurden den meisten von uns negative Glaubenssätze in Verbindung mit Geld quasi eingeimpft: Geld verdirbt den Charakter, Geld ist schmutzig, Geld macht nicht glücklich. Die Glücklichen sind die, die irgendwie in der Mitte mitschwimmen. Und die Guten. Deshalb erklärte wohl auch Friedrich Merz, er zähle sich zur Mittelschicht, zur »gehobenen Mittelschicht«, um genau zu sein, obwohl er Multimillionär ist und ein Privatflugzeug besitzt. Ein Stück weit mag das Taktik gewesen sein, weil er fürchtete, weniger Zustimmung zu erhalten, wenn er sich als reich bezeichnen würde – eine Sorge, die in den USA sicher keine Politikerin und keinen Politiker umtreiben würde. Aber es zeigt eben auch, dass Reichtum in Deutschland schambehaftet ist, selbst bei konservativen älteren Herren. Außerdem: Merz' Bedenken sind vermutlich durchaus berechtigt. Findest du einen Mann mit Privatflugzeug nicht auch irgendwie suspekt?

Die Angst vor der Verantwortung

Auch die Angst, die mich überfiel, als mein Erbe ausgezahlt wurde, kann ich mir durch den Austausch mit Irene inzwischen erklären. Schon bei unserem ersten Treffen erkannte sie, dass ich meine Erbschaft nicht als bereichernd sehen konnte. Vor dem Tod meiner Eltern hatte die Aussicht auf das Erbe noch eher beruhigend auf mich gewirkt. Im Alter, so dachte ich, würde ich gut versorgt sein. Als der Erbfall Realität wurde, bekam ich allerdings die Verantwortung für das Geld übertragen. Und der fühlte ich mich nicht gewachsen. Was, wenn ich das Vermögen, das meine Eltern in ihrem Leben erwirtschaftet hatten, durch falsche Entscheidungen verlieren würde? Was, wenn ich es nicht schaffte, es für meine Kinder zu erhalten? Wie mag es erst Frauen gehen, die ein Unternehmen erben und damit nicht nur Verantwortung für Geld, sondern auch für viele Menschen übertragen bekommen?

Eine Erbin sagte einmal zu mir, sie sei jahrelang vor ihrem Erbe weggelaufen und habe sich nicht um die Verwaltung des Vermögens gekümmert. In ihrer Beratungspraxis erlebt Irene so etwas immer wieder: Frauen neigen dazu, sich beim Thema Geldanlage wenig zuzutrauen. Die Angst, etwas falsch zu machen, lähmt sie regelrecht. Männer sind meist mutiger und risikofreudiger. Warum das so ist, werden wir später noch näher beleuchten. Ein kleiner Spoiler: Es hat weder etwas mit ihrer Kompetenz zu tun noch mit ihrem Ego. Und ob Männer immer erfolgreicher sind beim Geldanlegen, ist auch fraglich.

Erstaunlicherweise war mir die Verantwortung, die mein Erbe mit sich bringen würde, vorher nicht bewusst gewesen. Ich hatte mir nicht überlegt, wie eine gute Anlagestrategie aussehen könnte. Dabei wäre es durchaus möglich gewesen, sich dieses Wissen anzueignen. Aus heutiger Sicht war es geradezu fahrlässig, das nicht zu tun.

Spätestens als meine Mutter vor einigen Jahren starb, hätte ich mich mit dem Thema Vermögensverwaltung auseinandersetzen sollen. Mein Vater lebte zu diesem Zeitpunkt bereits in einem Pflegeheim, seine Demenz war schon weit fortgeschritten. Die letzten anderthalb Jahre seines Lebens hat er fast regungslos im Bett gelegen und an die Decke gestarrt. Wenn ich ihn besuchte, nahm er das kaum noch wahr. An den Aktivitäten im Pflegeheim, in dem er lebte, hatte er schon lange nicht mehr teilnehmen können. Natürlich weiß man nicht wirklich, was ein Mensch, der an Demenz erkrankt ist, von seiner Umwelt noch mitbekommt, ob er Zufriedenheit oder sogar Glück empfinden kann. Ich bin mir aber sicher, dass mein Vater dieses letzte Stadium seiner Krankheit nicht hätte erleben wollen.

Er war ein aktiver, kraftvoller Mann gewesen. Im Berufsleben als Unternehmer ein Machertyp, als Ruheständler noch immer sportlich und vielseitig interessiert. Angst vor dem Tod hatte mein Vater nicht. Nicht nur, weil er gläubig war. »Ich habe mein Leben gelebt, und wenn es vorbei ist, ist es eben vorbei«, hat er lange vor seiner Krankheit einmal zu mir gesagt. Das konnte man ihm wirklich glauben. Seine Patientenverfügung hatte er entsprechend unmissverständlich formuliert: Lebensverlängernde Maßnahmen schloss er für sich kategorisch aus. Seinen Tod empfanden wir Kinder daher als eine Erlösung für ihn.

Irgendwie war er auch schon lange nicht mehr Teil unseres Lebens gewesen, denn erkannt hatte er seine Kinder und Enkel seit Jahren nicht mehr. Seinen Tod erlebte ich als Abschied von einer schon etwas fremd gewordenen Person und als Ende eines Lebensabschnitts für mich selbst, denn nun hatte ich keine Eltern mehr.

Doch warum war ich nicht in der Lage, mich besser auf diesen neuen Lebensabschnitt vorzubereiten? Meine Schwester war die amtlich bestellte Betreuerin meines Vaters und hatte volle Kontoeinsicht. Zwar darf man, solange die zu betreuende Person lebt, nicht schon über deren Geld verfügen oder es neu anlegen. Selbst wenn sicher ist, dass sich der Angehörige nicht mehr von seiner Krankheit erholen wird. Das ist auch richtig so. Und auch heute noch finde ich, es wäre moralisch fragwürdig gewesen, hätte ich schon vorab konkrete Pläne gemacht, was ich mit meinem Erbe anfangen würde. Das kann man sicher auch anders sehen, mir persönlich wäre es aber eindeutig zu weit gegangen. Ich hätte mir aber zumindest schon Finanzwissen aneignen und analysieren können, in welcher Form und wie gut das Geld bisher angelegt war, um mich der Sache später gewachsen zu fühlen.

Irene hat meine Passivität nicht überrascht. Geldangelegenheiten, so sagt sie, seien für viele Frauen noch immer ein schwieriges Thema, das sie lieber meiden. Nicht nur beim Erben. Frauen sind weniger fordernd in Gehaltsverhandlungen, arbeiten traditionell in eher schlecht bezahlten Berufen und übernehmen zusätzlich ganz ohne Entlohnung zu Hause den Großteil der Hausarbeit, der Kinderbetreuung und womöglich noch die Pflege der Eltern. Das kann zweierlei bedeuten: Geld ist uns Frauen nicht wichtig, oder wir haben das Gefühl, unsere Leistung sei weniger wert als die von

Männern. Beides hängt auch mit sozialen Normen zusammen, die uns bestimmte Rollen und auch Tabus auferlegen. Solche Normen sind uns wie eingebrannt und halten sich hartnäckig. Letztlich sind sie nichts anderes als ein Machtinstrument des Patriarchats und eng mit dessen Entstehungsgeschichte verbunden. Das werden wir später noch genauer erläutern.

Über die Unsicherheit von Frauen im Umgang mit Geld habe ich mit Professor Dr. Alexandra Niessen-Ruenzi gesprochen. Sie lehrt allgemeine Betriebswirtschaftslehre und Corporate Governance an der Universität Mannheim. Zu ihren Forschungsschwerpunkten gehören geschlechtsspezifische Unterschiede auf Kapitalmärkten und verhaltensorientierte Finanzmarktforschung.

INTERVIEW:

»Frauen wollen es besonders gut machen«

Frau Professor Niessen-Ruenzi, warum fühlen sich gerade Frauen überfordert, wenn sie erben?
Frauen haben nachweislich weniger Selbstvertrauen, was den Umgang mit Geld angeht. Hinzu kommt, dass Frauen Dinge immer besonders gut machen wollen. Da kann eine Erbschaft schon Ängste auslösen.

Ist es in Krisenzeiten wie diesen nicht auch eine besondere Herausforderung, Geld zu verwalten? Die Börsenkurse gehen rauf und runter, die Zukunft ist ungewiss.
Wir wissen, dass Frauen in Geldfragen Risiken scheuen, insofern kann die aktuelle Lage tatsächlich zur Verunsicherung beitragen. Schwerer wiegt aber wohl, dass Frauen oftmals wenig über Finanzgeschäfte wissen.

Wie kommt das?
Wir haben durch Umfragen herausgefunden, dass dies mit der finanziellen Sozialisation zusammenhängt.[3] Vor allem Väter geben in

Familien Finanzwissen weiter, allerdings eher an Söhne als an Töchter. Männliche Jugendliche und junge Männer tauschen sich außerdem mit Freunden über Geldfragen aus. Sie orientieren sich an Vorbildern wie Elon Musk oder Amazon-Gründer Jeff Bezos. Junge Frauen meiden das Thema Geld eher. Da es in Deutschland anders als in anderen Ländern auch keine Finanzbildung an Schulen gibt, kommen sie erst spät mit Finanzfragen in Berührung.

Woher kommt denn dieses Desinteresse bei Frauen?
Dafür gibt es viele Gründe. Schon historisch wurden Frauen lange von Geldfragen ferngehalten: Erst in der zweiten Hälfte des 20. Jahrhunderts erhielten sie das Recht, eigenes Geld zu verdienen und es auch selbst zu verwalten. Kein Wunder, dass Frauen denken: »Ich verstehe nichts von Geld, also beschäftige ich mich erst gar nicht damit.«

Kann so etwas denn so lange nachwirken? Wir leben im 21. Jahrhundert!
Solche Prägungen überdauern Generationen. Wenn man sich die bekannte Shell-Jugendstudie ansieht, in der Zwölf- bis Fünfundzwanzigjährige zu ihren Einstellungen und Erwartungen befragt werden, dann halten sich tradierte Rollenbilder hartnäckig. Ein weiteres Beispiel: Mädchen und Jungen erhalten heute zwar in der Regel denselben Taschengeldbetrag, eine aktuelle Studie aus Großbritannien hat aber gezeigt, dass Jungen mit größeren einmaligen Geldgeschenken bedacht werden.[4] So können sie mehr Erfahrung im Umgang mit Geld sammeln, und die Mädchen entwickeln Berührungsängste. Ein ewiger Teufelskreis.

Wie können Frauen ihre Angst loswerden?
Ganz einfach: Sie müssen sich Finanzwissen aneignen. Dafür muss man nicht gleich ein Vermögen für ein teures Seminar ausgeben. Ein VHS-Kurs tut es für den Anfang zum Beispiel auch.

Beim Erben verhält es sich ähnlich: Statt sich über ein kleineres oder größeres Vermögen zu freuen, haben viele Frauen Schwierigkeiten, es anzunehmen. Das mag sympathisch klingen, und irgendwie sind Frauen, gerade weil Geld für sie keine Priorität hat, eine unverzichtbare Stütze unserer Gesellschaft. Die meisten Krankenhäuser und Kindertagesstätten könnten wohl dichtmachen, wären Frauen nicht bereit, den Job als Krankenschwester oder Erzieherin für wenig Geld zu übernehmen. Sollten wir nicht darauf hinarbeiten, dass soziale Berufe besser bezahlt werden, und auch darauf, mehr Männer für diese wichtigen Tätigkeiten und für Care-Arbeit zu gewinnen, statt Frauen einzureden, sie hätten den falschen Berufsweg eingeschlagen? Macht ein sinnstiftender Job am Ende nicht sogar zufriedener? Oder besser noch: Sollten wir uns nicht grundsätzlich vom kapitalistischen Immer-mehr-Denken verabschieden? Müssten nicht eher die Männer umdenken, indem sie Geld weniger Bedeutung beimessen und mehr Wert auf soziale Beziehungen legen?

Spontan würde ich sagen: Ja, das sollten wir. Auf den zweiten Blick ist diese Sichtweise jedoch recht naiv. Denn was hat es gebracht, dass Frauen mit gutem Beispiel vorangehen und die wahren Werte in der Gesellschaft hochhalten? Sie erhalten dafür weder Anerkennung noch angemessene Gehälter, obwohl das immer mal wieder gefordert wird. Haben weibliche Vorbilder Männer zur Nachahmung angeregt? Auch nicht.

Die Wahrheit lautet: Solange wir in einem kapitalistischen System leben, läuft die Welt nach kapitalistischen Spielregeln. Man könnte auch sagen: So lange regiert Geld die Welt. Wer kein Geld besitzt oder wenig verdient, wird daher nur selten glücklich. Alleinerziehende Mütter werden das bestätigen, hart arbeitende Krankenpflegerinnen auch. Sie haben zwar eine sinnvolle und im Prinzip sicher auch eine befriedigende Aufgabe. Wenn ihr Gehalt aber nur gerade so zum Leben reicht, bestimmen eher Geldsorgen, Existenzängste und auch Wut ihre Gefühlslage. Und später droht ihnen die Altersarmut, auch das ist ein Phänomen, das vor allem Frauen betrifft.

Es spricht daher viel dafür, dass Frauen ihre Einstellung zu Geld ändern sollten. Geld ist aber nicht nur eine wichtige Voraussetzung, um ein würdevolles und selbstbestimmtes Leben führen zu können, es gibt uns auch die Möglichkeit, das System selbst zu verändern. Das gilt besonders für Erbinnen, egal, ob sie kleinere oder größere Vermögen zur Verfügung haben. Denn Geld ist Macht. Das ist keine leere Floskel. Wer an der Börse nur in Fonds investiert, die keine Unternehmen aus der fossilen Energiebranche aufnehmen, bewirkt etwas für die Energiewende. Wer eine Eigentumswohnung kauft und an Menschen vermietet, die es schwerer haben als andere, eine Wohnung zu finden, etwa weil ihr Name einen Migrationshintergrund vermuten lässt, weil sie alleinerziehend oder geflüchtet sind, trägt dazu bei, den Immobilienmarkt gerechter zu gestalten. Es geht natürlich auch eine Nummer kleiner: Als ich einen Artikel über syrische Geflüchtete schreiben sollte, die über Weißrussland nach Polen gelangen wollten und zwischen beiden Staaten hin- und hergetrieben wurden, hat mich das, was ich über die Situation der Menschen in Erfahrung brachte, so empört, dass ich spontan 1000 Euro an eine kleine Hilfsorganisation gespendet habe, die an der polnischen Grenze im Einsatz war.

Negative und positive Geldgefühle

Beim Vermögensaufbau und bei der Vermögensverwaltung sind Frauen Irenes Erfahrung nach ebenfalls zögerlich. Die Gründe werden wir später ausführlich einordnen. Vor allem aber wird Irene ihr Finanzwissen weitergeben und wichtige Tipps für den Umgang mit Erbschaften und die Vermögensverwaltung vermitteln. Dabei wird sie besonders auf die Situation und die Bedürfnisse von Frauen eingehen. Denn Frauen interessieren sich vor allem für Geldanlagen, die im Einklang mit eigenen Werten stehen. Laut einer Studie der Schweizer Lebensversicherung *Swiss Life* wollen mehr als die Hälfte der Frauen nachhaltig investieren.[5] Sie wollen mit ihrem Geld etwas bewirken: das Klima schützen, zum Beispiel, oder soziale Projekte unterstützen. Und kann man mit Geldanlagen vielleicht sogar die Gleichberechtigung fördern? Allerdings haben nur sechs Prozent der Frauen nachhaltige Investitionen. Vermutlich, weil ihnen das entscheidende Finanzwissen fehlt.

Bevor wir uns diesen praktischen Fragen widmen, soll es zunächst um unsere negativen Gefühle in Bezug auf Geld gehen. Nur wenn wir uns bewusst machen, wie diese Gefühle wirken und woher sie kommen, können wir sie überwinden und konstruktiv mit Geld umgehen.

Schon in unserem ganz normalen Alltag löst Geld Gefühle aus. Jede Rechnung, jede Gehaltsabrechnung, jeder Einkauf kann positive oder negative Emotionen in uns wecken. Das kann Ärger sein, Freude oder eben auch Angst. Nachdem ich geerbt hatte, konnte ich mich zum Beispiel kaum ohne ein Beklemmungsgefühl in mein Online-Banking einloggen. Rechnungen sammelte ich an, weil ich bei jeder Überweisung mit den hohen Zahlen auf dem Konto und im Depot konfrontiert wurde. Die sagten mir: »Tu was, handle« – und das überforderte mich einfach.

Wer dagegen über sehr wenig Geld verfügt, macht womöglich Rechnungsschreiben gar nicht erst auf, und die später folgenden Mahnungen auch nicht. Dieses Phänomen ist sogar recht weit verbreitet, obwohl ignorieren und verdrängen natürlich alles nur schlimmer macht. Mit jeder Mahnung wird die Sache teurer. Auch ein Strafzettel, die Heizkostenabrechnung oder der Moment der Wahrheit an der Supermarktkasse können uns die Stimmung nachhaltig vermiesen und Stress auslösen.

Andererseits kann Geld auch glücklich machen, kurzfristig jedenfalls. Wer würde sich zum Beispiel nicht über den Lotto-Jackpot freuen? Langfristig haben allerdings die wenigsten Lottomillionäre Freude an ihrem Gewinn. Die Forschung zu diesem Thema ist zwar widersprüchlich, Sanjiv Chopra, Professor für Medizin an der Harvard Medical School und Ratgeberautor, ist aber davon überzeugt, dass Lottomillionäre meist nur kurz im Glückshimmel schweben. Am Ende kaufe man sich von Geld eben nur materielle Dinge, an die man sich schnell gewöhne. »Die Forschung hat gezeigt, dass Lottogewinner nach einem Jahr wieder so leben wie vorher«, zitiert ihn der *Münchner Merkur*.[6] Dennoch löst ein Gewinn natürlich erst einmal Freude aus. Ebenso freuen wir uns, wenn wir etwas besonders günstig erwerben konnten, also ein Schnäppchen gemacht haben. Und wer freut sich nicht über eine Gehaltserhöhung?

Was sagt uns das? Ob wir wollen oder nicht: Geld spielt eine große Rolle in unserem Leben. Es kann positive wie negative Gefühle auslösen, und zwar unabhängig davon, wie viel Geld wir besitzen. Entscheidend ist daher, was wir aus unseren finanziellen Möglichkeiten machen. Denn Geld kann als Glücksfaktor zwar nicht mit Gesundheit, Liebe und Freundschaft mithalten, es schenkt uns aber die Freiheit, Dinge zu verwirklichen, die unser Leben bereichern können.

Gutes Geld und schlechtes Geld

Erb*innen geht es oft ähnlich wie Lottogewinner*innen. Nur dass die Sache mit dem Glück bei ihnen noch etwas komplizierter ist. Der US-amerikanische Psychologe Eric J. Schoenberg hat festgestellt, dass gerade reiche Erbinnen und Erben nicht gerade zu den glücklichsten Menschen zählen.[7] Vielleicht sind sie einfach genauso glücklich oder unglücklich wie alle anderen Menschen, weil sie in unglücklichen oder glücklichen Beziehungen leben oder gesundheitliche Probleme haben. Solche Dinge können wir mit Geld schließlich nicht beeinflussen. Schoenberg geht jedoch davon aus, dass Menschen zwischen »gutem« Geld und »schlechtem« Geld unterscheiden. Selbst verdientes Geld verschaffe den meisten mehr Befriedigung als eine Erbschaft. Entsprechend größer ist die Freude, wenn wir Dinge von selbst verdientem Geld anschaffen können und nicht durch ein Erbe finanzieren müssen. Das kann ich bestätigen. Als ich eine Photovoltaikanlage auf meinem Hausdach installieren ließ, hatte ich zunächst geplant, dafür Aktien aus meiner Erbschaft zu verkaufen. Dank eines gut bezahlten Auftrags für eine Broschüre hatte ich dann aber so viel Geld auf meinem Girokonto, dass ich das Aktiendepot gar nicht anfassen brauchte. Das hat mich tatsächlich fast ein bisschen mit Stolz erfüllt, wie ich überrascht festgestellt habe.

Kleine Erbschaften können Schoenberg zufolge sogar glücklicher machen als große. Wenn sich Menschen von ihrem Erbe einen lang gehegten Wunsch erfüllen können, etwas, das sie sich bisher nicht leisten konnten, erfreuen sie sich daran offenbar mehr, als wenn Geld gar keine Rolle mehr spielt. Das deckt sich mit wissenschaftlichen Erkenntnissen, wonach beim Einkommen eine Art Sättigungseffekt eintritt, wenn eine bestimmte Einkommensgrenze überschritten wird. Wer 200 000 Euro im Jahr verdient, ist natürlich zufriedener als jemand, der mit 30 000 Euro über die Runden kommen muss. Er ist aber nicht unbedingt zufriedener als jemand, der ein Gehalt von 70 000 bis 80 000 Euro erzielt – was ja ebenfalls ein sehr hohes Einkommen darstellt. Am besten für das seelische Gleichgewicht scheint zu sein, wenn man zwar mehr verdient oder besitzt, als man benötigt, um ein sorgenfreies Leben zu führen, nicht aber deutlich mehr als das. Nach dem Motto: Die erste goldene Uhr macht glücklich, die zweite und dritte nicht mehr. Abnehmender Grenznutzen nennt sich das.

Es gibt auch Forscher*innen, die Belege dafür gesammelt haben, dass ein großes Vermögen doch glücklich macht, wenn man insgesamt eine positive Lebenseinstellung hat. Wer dagegen mit seiner Lebenssituation hadert, etwa weil er oder sie einsam ist oder sich mit den Kindern zerstritten hat, den kann auch ein Vermögen nicht von seinen Sorgen ablenken. Das klingt logisch. Die Frage lautet also letztlich nicht: Wie viel Geld macht glücklich? Sondern: Was macht dich glücklich? In vielen Fällen hat das mit Geld nichts zu tun, in anderen kann Geld aber helfen, den einen oder anderen Traum zu realisieren.

Ein sicherer Weg ins Unglück

Noch eine Erkenntnis fand ich bemerkenswert: Auf die Frage, was sie tun würden, wenn ihnen eine reiche Tante aus Übersee ein Millionenvermögen hinterlassen würde, sagen viele spontan: »Aufhören zu arbeiten.« Eric Schoenberg glaubt jedoch, dass genau das ein sicherer Weg ist, unglücklich zu werden. Denn wer die Verbindung zu seinem alten Leben kappt, verliert meist auch seine sozialen Kontakte. Das tut erfahrungsgemäß niemandem gut. Der US-amerikanische Investor Warren Buffet hat einmal gesagt, er wolle seinen Nachkommen genug hinterlassen, damit sie tun können, was sie wollen, aber nicht so viel, dass sie nichts mehr tun müssen.

Nicht unterschätzen sollte man auch die Prägung durch das Elternhaus, die sogenannte finanzielle Sozialisierung. Irenes Vater beispielsweise nahm in den 1980er-Jahren einen Kredit auf, um Aktien zu kaufen. Doch er verspekulierte sich und blieb letztlich auf einem Berg Schulden sitzen. Börsengeschäfte waren von da an für ihn tabu. Er verteufelte sie geradezu. Irene hat das nachhaltig beeinflusst. Sie hielt sich lange von der Börse fern und begriff erst durch die intensive Beschäftigung mit der Frage, wie Frauen ihren Vermögensaufbau planen beziehungsweise warum sie das vernachlässigen, was der Grund dafür war.

Bevor du dich an dein eigenes Finanzmanagement machst, solltest du dir deine Einstellung zu Geld bewusst machen. Im zweiten Teil dieses Buches erfährst du, wie du dabei vorgehen und mit dem Ergebnis weiterarbeiten kannst. Zunächst möchten wir aber auf konkrete Fragestellungen eingehen, die sich im Erbfall oder auch schon davor in der Familie stellen. Eines haben alle gemeinsam. Ob es um das Familiengespräch über die Nachlassregelung geht, die Auflösung und Aufteilung des Hausstandes der Eltern, um die Erbauseinandersetzung mit den Geschwistern oder um mögliche Schulden einer Erblasser*in: Erbschaften sind immer mit Emotionen verbunden. Mal überfallen sie dich mit voller Wucht, mal schwingen sie nur im Hintergrund mit – und deinen Angehörigen geht es ähnlich. Wenn du dir dessen bewusst bist, kannst du schwierige Situationen besser bewältigen und mit Reaktionen deiner Verwandten besser umgehen.

Wie sage ich's meinen Eltern – Gespräche über Geld in der Familie

Du hast noch gar nicht geerbt, möchtest aber sicherstellen, dass alles gut geregelt wird? Doch wie spricht man in der Familie Themen an, die mit dem früher oder später zu erwartenden Tod von Angehörigen zusammenhängen? Da rührst du an einem Tabu. Denn wie schon gesagt: Über Geld spricht man nicht, auch nicht in der Familie. Frauen wird aufgrund ihrer gesellschaftlichen Rolle schon gar nicht zugestanden, finanzielle Diskussionen anzustoßen oder sogar Forderungen zu stellen. Tun sie es doch, gelten sie als gierig, Männer hingegen eher als vorausschauend. Denn in unserer konservativ oder auch patriarchal geprägten Gesellschaft wird Männern noch immer die Rolle als Versorger zugeschrieben. Dazu gehört auch, finanzielle Interessen durchzusetzen. Frauen sollen sich dagegen auf die Rolle der sozialen Kümmerinnen beschränken.

Dennoch sind solche Gespräche wichtig und richtig. Und auch, wenn es Überwindung kostet, solltest du die Chance nutzen, mit deinen Angehörigen über die spätere Aufteilung des Familienbesitzes zu sprechen, solange diejenigen, die etwas vererben werden, noch leben. Der Umfang des Besitzes oder die Höhe des zu vererbenden Vermögens ist dabei unerheblich. Auch kleine Erbschaften können große Streitigkeiten nach sich ziehen, wenn sich jemand nicht angemessen berücksichtigt fühlt. Manchmal geht es um Geld oder einfach um Dinge, an denen ein Herz hängt: das Teeservice der Oma, eine alte Brosche oder eine Truhe. Manchmal aber auch um alte Familienkonflikte.

Doch wann ist der richtige Zeitpunkt für ein solches Gespräch? Meist kommt der von ganz allein. Die eigenen Kinder sind aus dem

Gröbsten raus oder gerade erwachsen, da fangen die Sorgen um die Eltern an. Die Eltern sind nicht mehr so mobil, vielleicht auch ernsthaft krank und können ihr Leben nicht mehr wie gewohnt weiterführen. Spätestens wenn ein Elternteil pflegebedürftig wird, stellt sich die Frage, wie es weitergeht. Können die Eltern im eigenen Zuhause bleiben? Wie viel Unterstützung benötigen sie? Wer kümmert sich? All diese Fragen müssen in der Familie besprochen werden. Neben dem Organisatorischen muss dann auch geklärt werden, wie die Unterstützung zu Hause oder die Pflege finanziert werden können.

Dies ist der Zeitpunkt, an dem ein Gespräch über die finanzielle Situation der Eltern zwingend erforderlich wird. Allerdings versuchen die Älteren nicht selten, die ersten altersbedingten Schwierigkeiten im Alltag so lange wie möglich vor den Kindern zu verbergen. Meist gestehen sie sich selbst lange nicht ein, dass sich etwas ändern muss. Anfangs helfen vielleicht noch Freunde oder eine freundliche Nachbarin, den Einkauf zu erledigen, den Rasen zu mähen oder die Ärztin zu erreichen. Doch irgendwann kommen solche Hilfesysteme an ihre Grenzen. Wenn Kinder nicht am selben Ort wie die Eltern wohnen, werden sie meist schlagartig mit einer Situation konfrontiert, in der kurzfristig weitreichende Entscheidungen getroffen werden müssen.

Geld spielt dabei immer eine Rolle. Oft schwingt im Hintergrund auch die Frage mit, was von den Ersparnissen der Eltern übrig bleiben wird und was mit deren Haus, ihrer Eigentumswohnung oder anderen Vermögenswerten geschehen soll, wenn sie mal nicht mehr da sind. Kurz: Es geht dann auch ums Erbe.

Es kann schnell konfrontativ werden

Gespräche über das Erbe sind allerdings nicht nur tabubehaftet, sie sind meist auch schwierig. Viele Eltern scheuen sich, ihre finanziellen Verhältnisse vor den Kindern offenzulegen, Kindern fällt es nicht immer leicht, die Motive der Eltern zu verstehen oder zu akzeptieren. Da kann der Ton schnell konfrontativ werden. Einer Klärung auszuweichen, ist allerdings auch keine gute Entscheidung. Tritt der Erbfall ein, kann es durchaus Überraschungen geben. Ändern kann man dann nichts mehr oder nur durch teure und zermürbende Auseinandersetzungen mit den übrigen Erben.

Auf den folgenden Seiten geht es darum, wie du in deiner Familie ein Gespräch über das Erbe anstoßen kannst und was du dabei beachten solltest. Um dafür gewappnet zu sein, solltest du einige Grundbegriffe und -prinzipien des Erbrechts kennen. Im folgenden Glossar habe ich die wichtigsten zusammengefasst. Zu allen Stichworten findest du umfangreiche Informationen bei der gemeinnützigen Stiftung für Finanzbildung Finanztip.[8]

Rechtliche Basics, die du kennen solltest

Testament

Ein Testament kann man beim Notar aufsetzen lassen oder handschriftlich selbst verfassen. Darin bestimmt man seine Erb*innen und ob weitere Personen oder Organisationen Geld oder andere Besitztümer erhalten sollen, was als Vermächtnis bezeichnet wird. Erb*innen müssen sich als Rechtsnachfolger*innen um alle Angelegenheiten im Zusammenhang mit dem Tod der verstorbenen Person kümmern (Bestattung organisieren, Wohnung auflösen usw.). Ein Testament kann man beliebig oft ändern. Es gilt immer die letzte Version. (Mehr Infos zum Testament findest du ab Seite 258.)

Erbvertrag

Im Gegensatz zum Testament erklärt hier nicht eine Person ihren letzten Willen, sondern jemand schließt einen Vertrag mit seinen Erb*innen. In dem Vertrag wird vereinbart, wie der spätere Nachlass einer Person oder eines Paares verteilt werden soll. Er wird bei einem Notar aufgesetzt und von allen Beteiligten unterschrieben. Ein weiterer entscheidender Unterschied zum Testament: Ändern kann man einen Erbvertrag nur, wenn alle Vertragsparteien zustimmen.

Erbfolge und Erbteil
In einem Testament kann man seine Erb*innen frei bestimmen. Die eigenen Kinder sowie Ehe- und eingetragene Lebenspartner*innen haben aber auch dann Anspruch auf einen Teil des Erbes, wenn sie nicht im Testament berücksichtigt oder sogar ausdrücklich enterbt wurden (siehe Pflichtteil). Gibt es kein Testament, greift die gesetzlich festgelegte Erbfolge. Erb*innen sind danach zunächst Ehe- oder eingetragene Lebenspartner*innen und die Kinder von Verstorbenen. Der Erbteil für Ehepartner*innen beträgt in der Regel – aber nicht immer – die Hälfte des Erbes, Kinder erben zusammen das übrige Vermögen. Hat jemand keine Kinder und/oder auch keine Ehe- oder Lebenspartner*in, erben Verwandte abgestuft nach Verwandtschaftsgrad. (Mehr Infos zu Erbfolge und Erbteil findest du ab Seite 258.)

Pflichtteil
Ehe- und eingetragene Lebenspartner*innen sowie die eigenen Kinder haben einen sogenannten Pflichtteilsanspruch. Das gilt auch, wenn jemand in seinem Testament vermerkt, dass er diese Personen enterbt. Der Pflichtteil beträgt jeweils die Hälfte des gesetzlichen Erbteils. Man kann ihn schriftlich innerhalb von drei Jahren nach dem Todesfall bei den Erb*innen einfordern. Sollen Kinder oder eine Ehepartner*in tatsächlich gar nichts bekommen, muss man nachweisen, dass sie erbunwürdig sind, etwa weil man von ihnen betrogen wurde. Man spricht dann vom Erbausschluss. (Mehr Infos zum Erbausschluss findest du auf Seite 74.)

Erbschaftssteuer

Wer erbt, muss in Deutschland Erbschaftssteuer zahlen. Allerdings gelten hohe Freibeträge. Ehe- und eingetragene Lebenspartner*innen können 500 000 Euro steuerfrei erben, Kinder 400 000 Euro und Enkel 200 000 Euro. Sind die Eltern der Enkel schon verstorben, haben auch Enkel einen Freibetrag von 400 000 Euro. Erbt man mehr als den Freibetrag, werden nur die zusätzlichen Beträge versteuert. Der Steuersatz hängt vom Verwandtschaftsgrad und der Höhe des Erbes ab. Selbstgenutzte Immobilien können steuerfrei vererbt werden, wenn Erb*innen darin wohnen oder dort einziehen. (Mehr Infos zu weiteren Bedingungen findest du auf Seite 271.)

Schenkungen

Wer sein Vermögen oder Teile davon schon vor dem Tod weitergeben möchte, kann das jederzeit tun. Solche Schenkungen werden besteuert, es gibt aber hohe Freibeträge, die im Wesentlichen denen der Erbschaftssteuer entsprechen. Der Unterschied: Bei Schenkungen kann der Freibetrag alle zehn Jahre neu ausgeschöpft werden. Seinen Kindern kann man also beispielsweise alle zehn Jahre 400 000 Euro steuerfrei schenken. Stirbt die schenkende Person, bevor die Zehnjahresfrist abläuft, wird die Schenkung bei der Berechnung der Erbschaftssteuer herangezogen. (Mehr Infos zu Schenkungen findest du ab Seite 271.)

Eine Familienaussprache sollte nicht zuletzt im Interesse der Angehörigen sein, die vererben, meist also der eigenen Eltern. Denn oft ist nach ihrem Tod gar nicht klar, was sie wirklich wollten, selbst wenn sie ein Testament hinterlassen haben – und ihr Wille wird dann möglicherweise nicht umgesetzt. So war es auch in meiner Familie. Mein Vater ließ uns drei Kinder jeweils schon mit achtzehn Jahren einen Erbvertrag oder besser gesagt eine Erbverzichtserklärung unterschreiben, die viele Fragen offenließ. Später schlossen unsere Eltern einen neuen Erbvertrag nur mit meiner Schwester und mir ab. Klarheit brachte auch der nicht. Als ich ihn einer Anwältin zeigte, bat sie mich direkt, ihn für ihre Akten kopieren zu dürfen. Ihr Urteil: »Das ist ja ein Paradebeispiel, wie man es nicht machen sollte.« Sie prophezeite, dass es nach dem Tod meiner Eltern zum Erbstreit kommen würde – und sie behielt recht. Beide Vereinbarungen zeigen leider, dass Notare ihren Job auch nicht immer ordentlich machen.

Als ich volljährig wurde, hatte mein Vater ein eigenes Unternehmen und wollte sicherstellen, dass die Firma nicht durch Erbstreitigkeiten belastet wird. Der Erbvertrag, den ich damals ebenso wie meine Geschwister bei einem Notar unterschrieb, sah vor, dass ich auf Ansprüche auf das Unternehmensvermögen zunächst pauschal verzichten und mich einverstanden erklären sollte, dass nur ein Kind die Firma erben würde. Die beiden anderen Kinder sollten mit privaten Vermögenswerten abgefunden werden. Wer die Firma einmal übernehmen würde, stand damals noch genauso wenig fest wie eine mögliche Aufteilung des Privatvermögens. Es hieß lediglich: Wer die Firma nicht bekommt, wird aus dem Privatvermögen abgefunden. In welcher Höhe? Was sollte mit dem restlichen Privatvermögen geschehen? Würde die geplante Aufteilung fair ausfallen?

Fragen über Fragen. Überhaupt war das ganze Verfahren völlig inakzeptabel. Weder wurde mir das Dokument, das ich unterschreiben sollte, vorab vorgelegt, noch wurde es mir beim Notar vorgelesen. Nicht einmal eine Kopie wurde mir ausgehändigt. Ich ließ mir das gefallen, meine Geschwister ebenfalls. Mit achtzehn Jahren erschien mir die ganze Angelegenheit ohnehin eher abstrakt. Mein Vater stand mitten im Leben, dass er sein Unternehmen einmal nicht mehr selbst führen würde, war kaum vorstellbar. Was ich mit meinem eigenen Leben anfangen wollte, wusste ich ebenfalls noch nicht – und Geld interessierte mich schon gar nicht.

Plötzlich war das Familienunternehmen insolvent

Später kam dann alles ganz anders. Nach der Jahrtausendwende besaß mein Vater zwei Firmen, und meine Eltern hatten es zu einem beträchtlichen Privatvermögen gebracht. Uns Kinder unterstützten sie jeweils beim Kauf eines Hauses beziehungsweise einer Eigentumswohnung, wobei die Schenkungen wohl unterschiedlich hoch waren. Genau weiß ich das bis heute nicht. Kurz darauf gerieten die Unternehmen jedoch in die Krise. Mein Vater versuchte offenbar, sie zu retten, indem er große Teile des Privatvermögens in die Unternehmen steckte. Das jedenfalls ließ meine Mutter damals durchblicken. Offen gesprochen wurde darüber in der Familie nicht. Am Ende musste er trotz allem Insolvenz anmelden. Eine dritte Firma hatte Jahre vorher bereits mein Bruder übernommen. Diesem Unternehmen ging es weiter gut.

Nach der Insolvenz meines Vaters fragten wir Kinder uns, wie unsere Eltern nun finanziell dastünden. Wie sie fürs Alter abgesichert waren. Mehrere Lebensversicherungen, die mein Vater abgeschlossen hatte, weil er keine gesetzlichen Rentenansprüche hatte, waren von ihm aufgelöst worden und das Geld in die Unternehmen geflossen. Das hatte uns ebenfalls unsere Mutter gesagt. Mehrmals baten wir unsere Eltern um ein Gespräch, doch vor allem unser Vater blockte immer wieder ab.

Irgendwann wurden meine Schwester und ich überraschend zum Familienanwalt und Notar zitiert, nennen wir ihn Herrn Tresen. Im Grunde wiederholte sich dort, was wir jeweils schon mit achtzehn erlebt hatten. Statt ihre Vermögensverhältnisse offenzulegen und uns zu erklären, wie sie ihren Nachlass gestalten wollten, sollten wir einen Erbvertrag unterschreiben, den wir vorher nicht zu Gesicht bekommen hatten. Mein Bruder blieb diesmal außen vor. Er sei abgefunden, hieß es in dem Vertragsentwurf, der uns vorgelegt wurde, das übrige Vermögen würde zu gleichen Teilen an meine Schwester und mich vererbt. Dass es überhaupt noch etwas zu vererben gab, war allein schon eine Überraschung für uns. Wie hoch dieses Vermögen war, blieb aber wieder einmal ein Geheimnis. Die Art der Vermögenswerte? Ebenso unklar.

Und wie genau war unser Bruder abgefunden worden? Im Erbvertrag wurden konkrete Grundstücke genannt, und es war vage von »weiteren Zuwendungen« die Rede, die nicht näher beziffert wurden. Sehr hilfreich war das nicht. Was war mit dem Unternehmen, das er übernommen hatte? Wie war die Übernahme finanziell abgewickelt worden? Sie war als Schenkung nicht ausdrücklich erwähnt. Nähere Informationen erhielten wir bei dem Notartermin nicht. Nur eines schien relativ klar: Mit diesem Vertrag wären wir besser gestellt als ohne, denn ohne ihn wäre das Vermögen entsprechend der gesetzlichen Erbfolge zunächst durch drei geteilt worden, obwohl unser Bruder offenbar vorab schon beträchtliche Schenkungen erhalten hatte. Deshalb unterschrieben meine Schwester und ich den Erbvertrag.

Ein Erbvertrag garantiert keinen Familienfrieden

Vor einem handfesten Erbstreit mit unserem Bruder bewahrte er uns aber nicht. Denn die Rolle des Notars war diesmal mehr als fragwürdig. Dieser Herr Tresen vertrat nicht nur seit Jahrzehnten unsere Eltern, sondern war auch für unseren Bruder tätig. Mündlich erklärte er bei unserem Termin, unser Bruder habe ihm bestätigt, dass er auf weitere Zuwendungen aus dem Privatvermögen verzichte. Schriftlich wurde das aber nicht dokumentiert. Später erzählte uns unser Bruder, tatsächlich habe der Notar ihm dringend davon abgeraten, eine entsprechende Verzichtserklärung schriftlich abzugeben oder den Erbvertrag selbst mit zu unterschreiben. So hielt er sich offen, später noch den Pflichtteil aus dem Privatvermögen zu fordern. So kam es schließlich auch. Der Pflichtteil entsprach immerhin einem Sechstel der Gesamtsumme, der Hälfte des Betrags, den er erhalten hätte, wäre das Erbe zu gleichen Teilen auf alle drei Kinder verteilt worden.

Notar Tresen, der offensichtlich einen Mandantenbetrug beging, weil er unsere Eltern belogen und ihren Willen hintertrieben hat, ist nicht mehr am Leben. Sonst hätten wir wohl überlegen müssen, ihn bei der Anwaltskammer anzuzeigen, als wir von seinen Machenschaften erfuhren. Pikantes Detail am Rande: In den Unterlagen unseres Vaters fanden wir später handschriftliche Aufzeichnungen, aus denen hervorging, dass Herr Tresen über einen längeren Zeitraum kleinere Summen an unseren Vater gezahlt hatte, um ein privates Darlehen abzustottern. Warum ein Notar mit einer gut gehenden Kanzlei privat Schulden machen musste, blieb ein Rätsel.

Die Akten unseres Vater, die wir nach seinem Tod einsehen konnten, belegten auch, dass er unserem Bruder schon in den 1990er-Jahren Firmenanteile abgetreten beziehungsweise im »Wege der vorweggenommenen Erbfolge«, wie es offiziell heißt, geschenkt hatte. Doch wie wären diese Anteile heute zu bewerten? Um das zu klären, hätten wir teure Gutachten in Auftrag geben müssen. Letztlich einigten wir uns nach einer längeren unschönen Auseinandersetzung mit unserem Bruder auf eine Kompromisssumme.

Konflikte sind der Normalfall

Nun geht es sicher nicht in allen Familien so zu wie bei mir. Wenn Unternehmen im Spiel sind, ist es immer kompliziert. Doch die pure Harmonie ist eben auch eher die Ausnahme. Immer wieder hören wir von Frauen aus unserem Umfeld, dass sie sich mit ihren Geschwistern oder auch neuen Lebenspartner*innen ihrer Eltern über das Erbe streiten oder gestritten haben. In vielen Fällen kam es nach dem Tod der Eltern zum Bruch unter den Erben. Manchmal passiert das sogar in Familien, in denen sich vorher alle gut verstanden haben.

Doch selbst wenn es keine offenen Zerwürfnisse in einer Familie gibt, schwelen nicht selten unterschwellige Konflikte zwischen einzelnen Familienmitgliedern oder zwischen Eltern und Kindern. Mit dem Tod der Eltern sind diese nicht einfach verschwunden. Manchmal flammen sie sogar erst richtig auf, wenn sich die Hinterbliebenen über die Aufteilung des Nachlasses der älteren Generation auseinandersetzen müssen.

Am Ende geht es beim Erben eben fast immer um Gefühle. Wer schon früher den Eindruck hatte, die Eltern hätten eine engere Bindung zu anderen Geschwistern, wird sich bestätigt sehen, wenn das Testament anders ausfällt als erwartet. Wenn etwa die Schwester oder der Bruder das Haus erbt und man selbst »nur« ausgezahlt werden soll, kann das schmerzen. Schließlich ist man selbst auch dort aufgewachsen. Vielleicht haben die Eltern aber einfach überlegt, wer am ehesten ins Elternhaus einziehen würde, statt es zu verkaufen. Vielleicht hingen sie sehr an ihrem Haus und wollten sicherstellen, dass es in der Familie bleibt. Ob das ein sinnvolles Anliegen ist, mag dahingestellt sein, jedenfalls müssen solche Entscheidungen nicht unbedingt mit besonderen Sympathien gegenüber einzelnen Erb*innen zu tun haben. Oft lässt sich nicht genau sagen, was sich die Eltern bei ihren Verfügungen gedacht haben. Jeder schaut dann durch seine eigene Brille, projiziert frühere Verletzungen oder negative Erfahrungen mit der Familie in die Willenserklärung der Eltern hinein und zieht womöglich Schlussfolgerungen, die gar nicht zutreffen. Das kann extrem belastend sein, im schlimmsten Fall trägt man die Enttäuschung sein Leben lang mit sich herum.

Und wieder einmal trifft das besonders Frauen, weil sie in solchen Situationen oft emotionaler reagieren. Cathrin Beckervordersandfort, Fachanwältin für Erbrecht aus Münster, erlebt das in ihrer Kanzlei immer wieder. Sie hat aber konkrete Tipps, wie sich Enttäuschungen durch offene Gespräche im Vorfeld vermeiden lassen. Und sie hat auch gute Nachrichten für Frauen, wenn es ums Erben geht:

INTERVIEW:
»Frauen leiden besonders unter einem Erbstreit«

Frau Beckervordersandfort, werden Frauen in Testamenten tendenziell benachteiligt?
Wenn ich mir meine Erfahrungen der vergangenen Jahre ansehe, dann gibt es diese Fälle, wo Frauen vor mir sitzen und sagen: Es war klar, dass ich als Tochter enterbt werde und mein Bruder alles bekommt. Das ist aber die Ausnahme. Es kommt heute nur noch selten vor, dass Erblasser Töchter prinzipiell schlechterstellen als Söhne. Wir erleben in unserer Kanzlei vielmehr immer häufiger, dass auch große Unternehmen und Höfe nicht an Söhne, sondern an Töchter vererbt werden.

Können Frauen also darauf vertrauen, dass die Eltern es schon richtig machen, wenn sie ihren Nachlass regeln?
Das wiederum würde ich nicht sagen. In vielen Fällen, die auf meinem Tisch landen, geht es darum, dass sich jemand ungerecht behandelt fühlt, weil die Eltern ihre Kinder unterschiedlich bedacht haben. Das trifft Männer genauso wie Frauen. Frauen leiden jedoch meiner Erfahrung nach mehr, jedenfalls offener, unter einer solchen Situation.

Was sind die Gründe für eine Ungleichbehandlung?
Manchmal werden Kinder, die ihre Eltern gepflegt haben, im Testament besonders bedacht, indem sie zum Beispiel das Elternhaus bekommen. Je nachdem, wie hoch der Pflegeaufwand war, können Geschwister das als unangemessen empfinden. In anderen Fällen fühlen sich die pflegenden Kinder aber auch ungerecht behandelt, weil ihr Engagement eben nicht berücksichtigt wurde. Wohnt ein Kind in der Nähe der Eltern, dann gibt es meist eine engere Bindung, auch zu den Enkeln. Auch das kann sich im Testament spiegeln. Oft sind die Beweggründe der Erblasser jedoch unklar. Für die Erben kann das sehr belastend sein.

Besser wäre es doch, noch zu Lebzeiten der Eltern das Gespräch zu suchen. Wie kann man ein solches Gespräch anstoßen?
Kinder sollten deutlich machen, dass es ihnen nicht darum geht, die Entscheidungen der Eltern hinsichtlich ihres Nachlasses infrage zu stellen. Das steht ihnen tatsächlich auch nicht zu. Niemand ist verpflichtet, seine Kinder im Testament gleich zu behandeln. Wenn die Eltern ein Kind zum Haupterben einsetzen und die anderen nur einen Pflichtteil erhalten, dann ist das ihr gutes Recht. Man sollte vielmehr deutlich machen, dass man verstehen möchte, warum die Eltern bestimmte Festlegungen getroffen haben oder treffen wollen. Wenn etwas nachvollziehbar ist, kann man es leichter akzeptieren.

Und wenn man die Entscheidung der Eltern nicht akzeptieren kann?
Dann muss man das Gespräch weiterführen, möglichst mit allen Familienmitgliedern. Das kann natürlich zu Zerwürfnissen führen. Allerdings streitet man dann mit den richtigen Adressaten und nicht später mit den Geschwistern. Es kann auch hilfreich sein, eine juristische Beratung anzuregen, denn oft lässt sich der Wille der Eltern gar nicht so einfach umsetzen. Das gilt besonders, wenn es neue Partner oder Kinder aus früheren Beziehungen der Eltern gibt. Hier sind viele rechtliche Besonderheiten zu berücksichtigen.

Gespräche über das Erbe sind noch immer tabu. Warum scheuen Eltern die Aussprache mit den Kindern?
Ich denke, weil sie der Auffassung sind: Es geht um mein Vermögen, und es ist meine Entscheidung, was ich damit mache. Sie fürchten, dass sich die Kinder zu sehr einmischen, dass sie Forderungen stellen. Ich hatte auch schon Anrufe in der Kanzlei, wo jemand Rat wollte, wie man verhindern könne, dass die Eltern ihr Geld mit vollen Händen ausgeben, bevor sie sterben. Da konnte ich nur sagen: Es tut mir leid, aber das dürfen sie. Es gehört ihnen.

Wie oft vertreten Sie Mandantinnen oder Mandanten wegen eines Erbstreits vor Gericht?

Mein Anspruch ist es, eine gerichtliche Auseinandersetzung zu vermeiden, wo sie nicht erforderlich ist. Solche Verfahren dauern meist Jahre und sind entsprechend teuer. Ich versuche daher, gemeinsam mit meinen Mandantinnen und Mandanten alle Möglichkeiten für eine friedliche Einigung auszuschöpfen. In der Regel gelingt das auch. Natürlich gibt es aber auch Situationen, die so festgefahren sind, dass nur eine gerichtliche Klärung zu einer Lösung führt.

Was du deinen Eltern raten solltest

Eine frühzeitige Regelung des Erbes kann Enttäuschungen verhindern. Und Eltern wollen ihren Kindern am Ende doch etwas Gutes tun und ihnen keine Verletzungen zufügen. Deshalb sollten sie sich genau überlegen, welche Festlegungen sie treffen wollen.

Sehr verbreitet sind sogenannte Berliner Testamente. Darin setzen sich Eltern gegenseitig zu Alleinerben ein. Die Kinder erben erst, wenn der zweite Elternteil stirbt. Theoretisch können sie zwar einen Pflichtteil beim Tod des ersten Elternteils einfordern. Strafklauseln sollen sie aber davon abhalten. Wer auf dem Pflichtteil besteht, wenn der erste Elternteil stirbt, bekommt nach dem Tod des zweiten Elternteils meist ebenfalls nur den Pflichtteil. Das wäre also die Hälfte des vollen gesetzlichen Erbteils.

Hinter einer solchen Regelung steht einerseits der Anspruch der Eltern, die Kontrolle über ihren Besitz so lange wie möglich behalten zu können. Andererseits scheint hier die Sorge durch, dass der Partner oder die Partnerin nach dem eigenen Tod finanziell in Not geraten könnte, wenn auch die Kinder dann schon erben. Bei größeren Vermögen führen diese Testamente aber gleichzeitig dazu, dass deutlich mehr Erbschaftssteuern gezahlt werden müssen und Freibeträge nicht ausgeschöpft werden.

Erbt etwa die Mutter das gesamte Vermögen, wenn der Vater stirbt, muss sie alles, was über ihren Freibetrag von 500 000 Euro hinausgeht, versteuern. Wären auch die Kinder zu diesem Zeitpunkt schon am Erbe beteiligt, hätte jede Person einen Freibetrag, der nicht versteuert werden müsste. Für die Kinder sind das jeweils bis zu 400 000 Euro, bei Enkelkindern bis zu 200 000 Euro. Der steuerpflichtige Betrag wäre insgesamt deutlich geringer. Nach dem Tod der Mutter würde jedes Kind erneut von einem Freibetrag profitieren. Der Unterschied kann unter dem Strich sehr groß sein, wobei so große Vermögen eher selten sind. Ich möchte nicht falsch verstanden werden: Hier sollen keine fragwürdigen Steuertricks verbreitet werden. Die Freibeträge sind gesetzlich festgelegt. Es ist daher nicht verwerflich, sie in Anspruch zu nehmen.

Eine Alternative zum Berliner Testament kann ein sogenanntes Sylter Testament sein. Das ist weniger bekannt. Auch deine Eltern haben möglicherweise davon noch nicht gehört. Es eignet sich, wenn beide Elternteile genug Vermögen oder Rücklagen besitzen, um damit bis an ihr Lebensende gut auszukommen. Im Zweifel können Eltern ihr Vermögen auch entsprechend aufteilen. Im Testament legen sie dann fest, dass schon nach dem Tod des bzw. der ersten Ehepartner*in nur die Kinder erben. Die Eheleute enterben sich also gegenseitig. Diese Testamentsform bietet sich besonders auch für Patchworkfamilien an oder wenn Eltern erwachsener Kinder neue Ehen eingehen. Denn die mitgebrachten Vermögen bleiben getrennt und werden jeweils an die leiblichen Kinder vererbt.

Jede Familie ist ein Einzelfall

Eine Standardlösung für bestimmte Familienverhältnisse können wir hier nicht empfehlen. Jede Familie ist halt anders. Gibt es Kinder aus früheren Beziehungen der Eltern oder sind die Eltern neue Partnerschaften eingegangen, kann es richtig kompliziert werden.

Das sollte aber kein Grund sein, sich vor einer Aussprache zu drücken. Im Gegenteil: Gerade in solchen Familienkonstellationen kann Offenheit helfen, allen Beteiligten das Gefühl zu geben, dass ihre Interessen und Bedürfnisse angemessen berücksichtigt werden. Auch rechtlich gibt es in Patchworkfamilien viel zu beachten. Wenn zu deiner Familie mehr Personen gehören als deine Eltern und deine leiblichen Geschwister, solltest du dich unbedingt beraten lassen. Am besten natürlich mit allen Beteiligten. Das könnt ihr bei einer Anwältin für Erbrecht machen, oder ihr geht zunächst zur Verbraucherzentrale, wo die Beratung kostengünstiger ist. Verzichtet ihr auf juristischen Rat, ist der Erbstreit praktisch schon programmiert und zieht möglicherweise ein langwieriges und teures Gerichtsverfahren nach sich. Davon hat niemand etwas.

Nur ein Beispiel: Wenn deine Mutter nach dem Tod deines Vaters oder nach einer Scheidung noch einmal heiratet, hat der oder die neue Ehepartner*in nach ihrem Tod Anspruch auf einen Teil des Erbes. Selbst wenn deine Mutter ein Testament aufsetzt und dort hineinschreibt, dass der oder die neue Partner*in nichts erben soll, hat die Person einen Pflichtteilsanspruch. Und das ist nicht alles: Bei der Berechnung des Pflichtteils werden auch Schenkungen deiner Mutter an dich und deine Geschwister berücksichtigt, die weniger als zehn Jahre zurückliegen. Der neue Ehepartner kann darauf einen sogenannten Pflichtteilsergänzungsanspruch geltend machen. Die aktuelle Rechtsprechung geht sogar so weit, diesen Anspruch auch anzuerkennen, wenn die Heirat erst nach der Schenkung stattfand.

Selbst Schenkungen, die mehr als zehn Jahre zurückliegen, können noch relevant sein. Das gilt zum Beispiel, wenn deine Mutter ihr Haus schon früh an dich oder eines deiner Geschwister übertragen hat, sich gleichzeitig aber ein lebenslanges Nießbrauchrecht, also Nutzungsrecht, hat einräumen lassen. Dann wird der Hauswert unabhängig vom Zeitpunkt der Schenkung für die Bestimmung des Pflichtteils herangezogen. Ganz unabhängig vom Pflichtteil stellt sich in einem solchen Fall die Frage, ob der oder die neue Ehepartner*in nach dem Tod deiner Mutter aus dem Haus ausziehen muss.

Alles, was der neue Ehepartner oder die Partnerin von deiner Mutter erbt, geht übrigens nach seinem oder ihrem Tod nicht automatisch an deine Geschwister und dich. Denn ihr seid mit dem neuen Partner oder der Partnerin eurer Mutter ja nicht verwandt. Ohne ein Testament, in dem ihr als Erb*innen eingesetzt werdet, würden seine oder ihre Verwandten erben. Darüber sollte sich eure Mutter im Klaren sein. Wenn sie das so möchte, müsst ihr das akzeptieren. Solche juristischen Feinheiten sind aber ein guter Anknüpfungspunkt für ein Gespräch. Denn die vielen rechtlichen Fallstricke sind nur wenigen bekannt. Sie sind für Nichtjurist*innen auch schwer zu durchschauen. Ohnehin verdrängen wir solche Themen gern. Das ist nur allzu menschlich, denn wer denkt schon gern über seinen eigenen Tod nach? Der oder die Erblasserin sollte aber bewusst entscheiden, wem er oder sie etwas vererben möchte.

Mit Beispielen wie diesem öffnest du deinen Angehörigen vielleicht die Augen. Vergiss aber nicht: Der Ton macht die Musik. Statt zu fragen: »Willst du etwa, dass …«, solltest du auf deine Eltern mit Worten zugehen wie: »Weißt du eigentlich, dass …« Selbst wenn du von der Wiederverheiratung deiner Mutter oder deines Vaters nicht begeistert bist, wenn die neue Frau oder der neue Mann vielleicht besonders jung ist und auf dich so gar nicht verliebt wirkt, kann es bei einem Erbgespräch immer nur darum gehen, Klarheit zu schaffen, nicht darum, Lebensentscheidungen der Eltern zu kritisieren.

Ich kenne einen älteren Herrn, der nach dem Tod seiner Frau eine deutlich jüngere Frau aus Thailand geheiratet hat. Sein Sohn hatte damit erhebliche Schwierigkeiten. Man kann sich ausmalen, was er sich dachte, als die neue Frau nach wenigen Jahren nach Thailand zurückging, um dort ihre eigenen Eltern zu pflegen. Sein Vater unterstützt seine Frau und ihre thailändische Familie trotzdem weiter. Telefonisch halten sie Kontakt, und alle zwei Jahre besuchen sie sich. Selbstverständlich wird die Frau nach dem Tod ihres Mannes auch erben.

Ganz ehrlich: Ich kann nachvollziehen, dass der Sohn daran zu knabbern hat. Dass er der Frau vielleicht sogar unterstellt, seinen Vater auszunutzen. Doch für den Vater ist die Beziehung wichtig. Auch wenn es sich inzwischen um eine sehr ferne Fernbeziehung handelt. Die Gespräche mit seiner Frau helfen ihm, sich nicht einsam zu fühlen. Und wenn sie nach Deutschland kommt, macht er Pläne und genießt das Zusammensein. Doch selbst wenn das nicht so wäre, hätte der Sohn kein Recht, die Entscheidung des Vaters infrage zu stellen. Der könnte seine Ersparnisse auch einer Hilfsorganisation vermachen, wenn er deren Arbeit wichtig findet. Damit muss der Sohn leben.

Trennungskinder müssen oft ums Erbe kämpfen

Anders liegt der Fall einer Freundin, deren Eltern sich getrennt hatten, als sie noch ein Kleinkind war. Der Vater heiratete später wieder und bekam mit seiner zweiten Frau weitere Kinder. Inzwischen ist er über achtzig Jahre alt, gesundheitlich angeschlagen und hat ein Testament aufgesetzt. Inwieweit er seine Tochter aus erster Ehe darin berücksichtigt hat, will er nicht offenbaren. Ihr wurde nur gesagt, sie gehe nicht »gänzlich« leer aus. Für meine Freundin geht es gar nicht so sehr um die Höhe der Erbschaft. Sie möchte vor allem, dass ihr Vater keinen Unterschied zwischen ihr und ihren Halbgeschwistern macht. Dass er sie voll anerkennt. Nach der gesetzlichen Erbfolge ist das auch gegeben. Danach sind alle Kinder eines Erblassers gleichgestellt, egal, aus welcher Ehe sie stammen oder ob sie unehelich geboren wurden. Unglaublich, aber wahr: Das gilt erst seit 1998.

Meine Freundin schließt aus Bemerkungen ihres Vaters und seiner zweiten Frau, dass sie im Testament wohl nicht gleichberechtigt berücksichtigt wird. Sie hat versucht, ihren Standpunkt deutlich zu machen. Ohne Erfolg. Der Vater will sich mit ihren Argumenten erst gar nicht auseinandersetzen: »Wenn ihr euch streiten wollt, könnt ihr das nach meinem Tod machen«, so sein Kommentar. Er nimmt einen späteren Familienkrach bewusst in Kauf. Meine Freundin belastet das sehr. Sie fürchtet, dass das bisher gute Verhältnis zur zweiten Frau ihres Vaters und zu den Halbgeschwistern zerbricht, wenn es nach dem Tod des Vaters zu einer Auseinandersetzung um das Erbe kommen sollte.

Der Pflichtteil, das ist klar, steht ihr mindestens zu – und auf den möchte sie auch nicht verzichten. Diese Summe müsste sie allerdings aktiv von ihrer Stiefmutter einfordern, wenn der im Testament genannte Betrag darunter liegen sollte. Dazu müsste sie natürlich zunächst herausfinden, wie hoch ihr Anspruch ist, und ihre Stiefmutter und die Halbbrüder auffordern, den Wert des Nachlasses offenzulegen. Es ist kaum vorstellbar, dass so etwas nicht zum Zerwürfnis führt.

Für alle, die sich in einer ähnlichen Situation befinden, wäre dieses Beispiel sicher ein guter Aufhänger für eine Aussprache. Denn wollen Eltern, die Sprüche von sich geben wie »streiten könnt ihr euch nach meinem Tod«, wirklich, dass ihre Familie sich entzweit?

Besonders problematisch wäre in einer solchen Konstellation übrigens, wenn der Vater seine Ehefrau als Alleinerbin einsetzt und ihr das Recht einräumt, selbst zu bestimmen, wer nach ihrem Tod erben soll. Dann nämlich könnte die Ehefrau nur ihre eigenen Kinder zu sogenannten Schlusserben des gemeinsamen Vermögens erklären und die Stieftochter außen vor lassen. Weil die beiden nicht verwandt sind, stünde der Tochter nach dem Tod der Stiefmutter nicht einmal der Pflichtteil zu.

Wenn du so etwas befürchten musst, bestehst du am besten schon nach dem Tod deines leiblichen Elternteils auf deinen Pflichtteil. Bis zu drei Jahre nach dem Todesfall kannst du den Pflichtteil schriftlich bei den Erb*innen einfordern.

Was internationale Familien beachten müssen

Eine einvernehmliche Lösung vor dem Erbfall ist immer die bessere Variante. Sich allein gleich mehreren Personen gegenüberzusehen, die eine andere Perspektive haben, ist andererseits heikel. Wenn möglich, sollte man sich in diesem Fall Unterstützung suchen. Das muss nicht gleich eine Anwältin sein. Ein anderes Familienmitglied oder sonst jemand, dem die Eltern vertrauen, kann eine gute Mittelsperson sein. Werden Eltern von Personen derselben Generation auf das Thema Erben angesprochen, fällt es ihnen oftmals leichter, sich darauf einzulassen. Interessanterweise kenne ich gleich zwei Beispiele, wo die ältere Schwester eines Vaters sehr hilfreich war. Ältere Schwestern scheinen richtig einflussreich zu sein!

Grundsätzlich tickt jede Familie anders und hat ihre ganz eigene Geschichte. Seit ich teilweise in Frankreich wohne, lerne ich immer wieder deutsche Frauen kennen, die nach ihrer Zeit als Au-pair oder nach einem Studium in Frankreich dort geblieben sind. Eine erzählte mir, dass sie nach dem Tod ihres Vaters, der in Deutschland lebte, in Frankreich Erbschaftssteuern zahlen musste. »Nie im Leben hätte ich gedacht, dass ich in Frankreich Steuern zahlen muss, wenn ich in Deutschland etwas erbe«, sagte sie mir.

Tatsächlich können Erb*innen, die in einem EU-Staat leben und in einem anderen erben, von beiden Staaten belangt werden. Im Fall meiner Bekannten erhebt Deutschland Erbschaftssteuer, weil das Erbe in Deutschland anfällt. Da die konkrete Summe ihren Freibetrag von 400 000 Euro nicht übersteigt, muss sie letztlich aber keine Steuern zahlen. Frankreich wiederum besteuert das gesamte Einkommen und Vermögen von Menschen, die seit mindestens sechs Jahren in Frankreich leben. Dazu zählt auch eine Erbschaft. Da die Freibeträge in Frankreich niedriger sind, wird dort Erbschaftssteuer fällig – und zwar nicht zu knapp. Die Steuersätze liegen deutlich höher als in Deutschland. Bei meiner Bekannten führt das dazu, dass ihr Bruder, der in Deutschland lebt, steuerfrei erbt und nur sie Erbschaftssteuern zahlen muss.

Wenn eine Person ins Ausland zieht, muss sie die Steuern im Land ihrer Wahl akzeptieren. Und Steuern sind per se ja auch nichts Schlechtes, schließlich werden damit wichtige Dinge finanziert. Dennoch wären wohl die meisten von uns nicht glücklich, wenn ihnen etwas Ähnliches passieren würde. Immerhin haben Frankreich und Deutschland ein sogenanntes Erbschafts-Doppelbesteuerungsabkommen geschlossen. Wer in zwei Staaten Steuern zahlen muss, kann sich die Steuern, die zuerst fällig wurden, im zweiten Land auf die Erbsumme anrechnen lassen. Dort reduziert sich die Steuer dann immerhin.

Solche Abkommen sind aber die Ausnahme, nicht die Regel. Mit der Türkei zum Beispiel gibt es zwar ein Abkommen, das Doppelbesteuerung verhindern soll, bei Erbschaftssteuern greift das aber nicht. Ein gesondertes Abkommen wie zwischen Deutschland und Frankreich existiert ebenfalls nicht. Deutschland rechnet die in der Türkei gezahlte Erbschaftssteuer aber immerhin bei der Festsetzung der deutschen Steuer an.

Das deutsch-türkische Nachlassabkommen und die EU-Erbrechtsverordnung wiederum regeln, welches Erbrecht gilt, wenn jemand mit binationalem Hintergrund stirbt. In der EU ist dafür der letzte Wohnort des Erblassers ausschlaggebend. Lebt eine Französin in Deutschland, wird ihr Nachlass nach deutschem Recht abgewickelt. Dann kommt zum Beispiel die deutsche gesetzliche Erbfolge zum Tragen, die sich durchaus von der in anderen EU-Staaten unterscheiden kann. Diese Wohnortbestimmung lässt sich aber durch ein Testament aufheben. Die Französin, die im Ausland lebt, kann in ihrem Testament festhalten, dass französisches Erbrecht gelten soll.

Die Vereinbarungen mit der Türkei unterscheiden sich inhaltlich von der EU-Vereinbarung. So werden hier unter anderem bewegliche Vermögenswerte (wie Sparguthaben) und unbewegliche (also etwa ein Grundstück) getrennt betrachtet. Bewegliche Werte unterliegen dem Erbrecht des Wohnorts des oder der Verstorbenen, Häuser und Grundstücke werden nach dem Erbrecht des Staates vererbt, in dem sie liegen.

Wenn du im Ausland lebst, deine Eltern jedoch in Deutschland – oder umgekehrt –, solltest du keine Zeit verlieren und deine Familie auf die möglichen Folgen aufmerksam machen. Ihr solltet euch genau informieren, welche das in eurem Fall sein könnten, und euch beraten lassen, welche Optionen ihr habt. Am besten sucht ihr nach einer Kanzlei, die sich auf eure Länderkombination spezialisiert hat. Für deutsch-französische Erbschaften, deutsch-türkische oder deutsch-US-amerikanische werdet ihr im Internet ganz sicher jeweils in beiden Ländern kundige Expert*innen finden.

Ein Ausgleich für pflegende Angehörige

Es kommt gar nicht so selten vor, dass sich erwachsene Kinder ihr Erbe schon vor dem Tod ihrer Eltern auszahlen lassen möchten. Wenn die Kinder ein Haus bauen oder eine Wohnung kaufen möchten zum Beispiel und ihnen das nötige Eigenkapital fehlt. Ein Vorgriff aufs Erbe oder eine Schenkung der Eltern könnten da hilfreich sein. In einer solchen Situation stoßen Kinder bei ihren Eltern ziemlich sicher auf Verständnis. Die Eltern verstehen meistens, dass es nicht unbedingt sinnvoll ist, ihr komplettes Vermögen bis ans Lebensende zu horten – sofern klar ist, dass sie selbst darauf verzichten können. Da ist es doch viel schöner, die eigenen Kinder bei ihren Projekten zu unterstützen, erst recht, wenn es sich um ein so traditionelles handelt wie ein Haus oder eine eigene Wohnung. Auf solche bürgerlichen Werte kann man sich in Familien meist einigen.

Ein Bekannter, der nach dem Tod seines Cousins von seiner Tante und seinem Onkel zum Alleinerben eingesetzt wurde, bat diese dagegen vor ein paar Jahren um 50 000 Euro, weil er sich ein Auto kaufen wollte. Die beiden gaben ihm das Geld. Ich war mir aber sicher, dass sie es nicht gern getan haben. Sie hatten sich ihre

Rücklagen mit einem kleinen Gemüseladen über Jahrzehnte mühsam zusammengespart und mussten nun zusehen, wie ein ordentlicher Batzen für ein recht vergängliches Vergnügen ihres Neffen draufging. Einen kleineren Wagen hätte er locker aus eigenen Mitteln finanzieren können.

Dennoch: Für ein konkretes Projekt Geld zu erbitten, kann auch eine gute Idee sein, wenn du in komplizierten Verhältnissen lebst und berechtigte Sorgen hast, dass du bei einer Erbschaft benachteiligt oder sogar ausgebootet werden könntest. Wenn du dir sicher bist, dass ein Gespräch in der Familie nichts bringt, kannst du versuchen, vorab Fakten zu schaffen, indem du zum Beispiel einen Zuschuss für die neue Küche, neue Möbel oder vielleicht sogar für eine Eigentumswohnung bei deinen Eltern erbittest.

Es gibt unendlich viele berechtigte Gründe, sich über das eigene Erbe Gedanken zu machen. Wenn die Schwester oder der Bruder samt Familie ins Haus der Eltern einzieht, die Eltern vielleicht noch viel Geld für An- oder Umbauten ausgeben, um diesen Einzug zu ermöglichen, ist es legitim, zu fragen, ob und wie die Eltern dafür einen Ausgleich für die Geschwister schaffen wollen. Nicht zuletzt möchten pflegende Angehörige wissen, ob ihr Einsatz beim Erbe berücksichtigt wird. Das gilt besonders, wenn jemand beruflich zurücksteckt und damit auf Einkommen verzichtet, um die Pflege zu übernehmen. Meist ist das eine Tochter oder die Schwiegertochter, da Frauen häufig eher bereit sind, Teilzeit zu arbeiten und Care-Arbeit zu leisten. Entsprechend hoch ist der Erwartungsdruck in den Familien. Ohne finanziellen Ausgleich drohen pflegenden Angehörigen jedoch auch auf lange Sicht handfeste Einkommenseinbußen, nicht zuletzt weil ihre Rente geringer ausfällt.

All das macht deutlich, dass es weder unanständig noch raffgierig ist, die Initiative zu einer Klärung zu ergreifen. Wenn du sachlich und mit Empathie an die Sache herangehst, werden dir deine Angehörigen am Ende vielleicht sogar dankbar sein.

Schmerzvolle Schritte – Hausstand auflösen und Erbe aufteilen

Die wenigsten Menschen erben allein. Auch du hast wahrscheinlich Geschwister oder einen Elternteil als Miterb*innen. Gemeinsam bildet ihr eine Erbengemeinschaft und müsst euch um alle Formalitäten im Zusammenhang mit dem Tod eurer Erblasser*in kümmern. Dazu kann gehören, Konten aufzulösen, einen Mietvertrag zu kündigen oder Abonnements und Versicherungen. Die Erbengemeinschaft muss dabei immer gemeinsam auftreten. Entscheidungen können nur einvernehmlich getroffen werden. Eine einzelne Erb*in kann beispielsweise kein Geld vom Konto der verstorbenen Person abheben. Man kann einer Miterb*in aber eine Vollmacht für die Bank und die Abwicklung anderer Dinge erteilen.

Über viele Bestatter erhält man Zugang zu Online-Portalen, auf denen man sehr einfach Abos, Versicherungen oder Mitgliedschaften kündigen kann. Meist besorgen Bestatter auch Sterbeurkunden. Eine gute Anlaufstelle sind außerdem die Erblotsen.[9] Das Portal, ein Start-up von Anwält*innen und Finanzfachleuten, erstellt dir eine konkrete Anleitung für die Abwicklung deines Erbfalls. Du kannst die Erblotsen auch beauftragen, die Abwicklung zu übernehmen, oder dich von ihnen individuell beraten lassen. Die Kosten sind überschaubar. Auf der Seite findest du auch kostenlose Informationen zu allen wichtigen Erbthemen.

Gut zu wissen: Für Verträge gelten Sonderkündigungsfristen, wenn eine Person gestorben ist. Meist reicht es, die Sterbeurkunde einzusenden. Einen Erbschein, der dich als rechtmäßige Erbin ausweist, brauchst du dagegen nicht unbedingt. Wenn ein Testament vorliegt und die Erbfolge klar ist, verlangt in der Regel nicht einmal die Bank ein solches Dokument. Solltest du doch einen Erbschein benötigen, musst du diesen bei dem für die verstorbene Person zuständigen Nachlassgericht beantragen. Nachlassgerichte sind in Deutschland die Amtsgerichte.

Emotional herausfordernd: die Auflösung des Hausstands

Zu den schwierigsten Pflichten von Erb*innen gehört die Auflösung der elterlichen Wohnung. Mit dem Elternhaus verbinden wir Kindheitserinnerungen, und egal, ob man sich gut oder schlecht mit seinen Eltern verstanden hat, bleibt ihr Zuhause immer ein wichtiger Bezugspunkt. Im besten Fall ein Fluchtpunkt in Krisenzeiten. Nichts macht einem so deutlich, dass der Tod der Eltern einen großen Einschnitt im eigenen Leben darstellt, wie die Auflösung ihres Hausstandes. Und natürlich kostet es Überwindung, in den Privatsachen der Eltern herumzuwühlen und einen Teil ihres Lebens auf den Müll zu werfen. Denn darauf läuft es am Ende unweigerlich hinaus. Indem man die Spuren der Eltern verwischt, zieht man einen endgültigen Schlussstrich unter ihre Existenz. Das lässt niemanden kalt.

Diese emotional fordernde und zeitaufwendige Aufgabe solltest du nicht unterschätzen. Christina Erdmann hat über das Thema ein sehr hilfreiches Buch geschrieben.[10] Darin kommen die emotionalen Aspekte bei der Auflösung des elterlichen Hausstands zur Sprache, sie gibt aber auch Tipps und Anleitungen für die praktische Herangehensweise.

Manche Erb*innen warten Jahre, bis sie das Haus der Eltern ausräumen, andere rücken direkt nach der Beerdigung an, um es möglichst schnell hinter sich zu bringen. Welche Vorgehensweise weniger belastend ist, lässt sich pauschal nicht sagen. Wenn du Zeit im Haus deiner Eltern verbringen und deinen Erinnerungen nachhängen möchtest, solltest du dir diese Momente gönnen. Oft hängt der Zeitpunkt aber von äußeren Zwängen ab. Der Bruder oder die

Schwester wohnt weit entfernt und kann oder möchte nicht mehrmals anreisen, oder die Geschwister möchten das Elternhaus möglichst bald verkaufen, um das Erbe aufzuteilen.

Meine Eltern haben es uns in gewisser Weise leicht gemacht, ihren Hausstand aufzulösen. Sie waren im Alter noch einmal in ein neues Haus umgezogen, mit dem wir Kinder uns emotional kaum verbunden fühlten. Außerdem hatten sie vor diesem Umzug ordentlich entrümpelt. Ihre Habseligkeiten waren daher überschaubar. Nach dem Tod meiner Mutter ließen wir das Haus dennoch ein Jahr lang unberührt, denn unser Vater lebte noch, als sie starb. Er wohnte seit Jahren in einem Pflegeheim, und es war klar, dass er nicht nach Hause zurückkehren würde. Seine Demenz war auch schon so weit fortgeschritten, dass er den Tod seiner Frau nicht mehr realisiert und keine Erinnerung an das Haus hatte. Doch sein Zuhause auflösen und es verkaufen, solange er noch am Leben war? Das fühlte sich nicht richtig an.

Irgendwann gewannen aber pragmatische Überlegungen die Oberhand. Der Leerstand tat dem Haus nicht gut, es nutzte niemandem, es jahrelang unbewohnt zu lassen. Die Sachen unseres Vaters lagerten wir ein, den Rest teilten wir auf oder gaben ihn weg. Anschließend verkauften wir das Haus.

Emotional kamen wir mit der Situation gut zurecht. Es gab keine Kinderzimmer und auch keine Erinnerungsstücke mehr aus unserer Kindheit im letzten Haus meiner Eltern. Wir hatten auch nicht sehr viele Familienfotos und meine Eltern wenige Erinnerungsstücke an ihre eigene Kindheit und Jugend. Die persönlichsten Gegenstände, der Schmuck meiner Mutter und die Uhren meines Vaters, haben wir allerdings bis heute nicht vollständig aufgeteilt. Die Schmuckschatulle, in der wir sie verwahren, holen meine Schwester und ich immer mal wieder hervor, um sie am Ende doch wieder wegzuschließen. Ob uns eine emotionale Barriere davon abhält, auch diese Schatulle aufzulösen, kann ich nicht sagen.

Die emotionale Seite der Haushaltsauflösung ist ohnehin eine sehr individuelle Angelegenheit. Sie hängt von der jeweiligen Familiengeschichte ab und von den Beziehungen der Familienmitglieder. Wenn du dich in dieser Situation emotional überfordert fühlst oder wenn Kindheitstraumata aufbrechen könnten, solltest du dich von einer Therapeutin begleiten lassen. Augen zu und durch funktioniert dann sicher nicht.

Was sich verkaufen lässt und was nicht

Mit der Auflösung eines Hausstandes sind auch ganz praktische Probleme verbunden. Vieles, was frühere Generationen angesammelt haben, passt weder in die eigene Wohnung noch lässt es sich verkaufen. Wer eine Antiquitätenhändler*in ins Haus holt, um den Wert des Mobiliars, von Bildern oder Sammlerobjekten bestimmen zu lassen, erlebt nicht selten eine unangenehme Überraschung. Ein großer Bauernschrank aus dem 17. Jahrhundert, eigentlich ein wertvolles Stück, ist heute nahezu unverkäuflich, weil kaum noch jemand Platz für so große Möbel hat. Auch meine Eltern hatten so einen Schrank – und daran seitlich zu allem Überfluss auch noch Kleiderhaken angebracht. Der Antiquitätenhändler, den wir bestellt hatten, winkte da gleich ab. Manchmal sind Händler aber auch nicht ehrlich und versuchen, Erb*innen über den Tisch zu ziehen. Sie rechnen den Wert der Möbel auf einen niedrigen Pauschalpreis herunter und bieten an, auch die vermeintlich unverkäuflichen Stücke mitzunehmen. Das kann in Ordnung sein, um sicherzugehen, sollte man aber ein Zweitangebot einholen. Auch eine Internetrecherche hilft weiter. Bei eBay oder kleinanzeigen.de kannst du nach ähnlichen Möbeln suchen, und wenn du die Signatur eines Gemäldes entziffern kannst, findest du vielleicht andere Bilder derselben Künstler*in. Die Preise, die bei Ebay aufgerufen werden, sind aber nicht automatisch realistisch. Ich hatte dort eine fast identische Truhe gefunden, wie sie auch meine Eltern besessen hatten. 3300 Euro wollte jemand bei eBay dafür haben. Nach einem halben Jahr war das gute Stück noch immer nicht verkauft. Ich verfolgte das Angebot danach nicht weiter. Unsere Truhe behielt ich und brachte sie in meiner Garderobe unter.

Geschirr, Gläser, Teppiche, Silberbesteck – wer gelegentlich auf Flohmärkten unterwegs ist, weiß, dass Nachlässe heute regelrecht verramscht werden. Das Überangebot ist einfach zu groß. Mit der Erbwelle geht eine Flut an Haushaltsauflösungen einher, die sich inflationär auf die Preise für gebrauchten Hausrat auswirkt.

Wenn ich heute einen Flohmarkt besuche, begegnet mir regelmäßig unser chinesisches Teeservice, also das gleiche Service, das auch bei meinen Eltern in der Vitrine stand. »Unseres« war das Verlobungsgeschenk meines Vaters an meine Mutter. Ich war davon ausgegangen, dass es besonders wertvoll ist, weil es so prominent aufbewahrt wurde. Dabei hätte ich wissen müssen, dass sich mein Vater zum Zeitpunkt seiner Verlobung ein teures Geschenk gar nicht hätte leisten können. Ein Flohmarkthändler erzählte mir schließlich, dass diese Service in den 1960er-Jahren einfach in Mode waren. Billigware aus China, mit denen der europäische Markt überschwemmt wurde – und heute die Flohmärkte. Statt so ein Service oder das Tafelsilber billig zu verkaufen, kannst du dir überlegen, es einzulagern. Wenn deine Kinder ausziehen, wäre es doch eine schöne Sache, wenn ihre WG von Omas Geschirr isst. Alternativ kannst du ein Sozialkaufhaus oder eine Sozialstation in deiner Stadt anrufen und den Hausrat spenden. Kleidung bringt man am besten zu einer Kleiderkammer.

Selbst soziale Einrichtungen nehmen allerdings nicht den gesamten Hausstand an. Bücher zum Beispiel wird man nur schwer los, Lexika kann man leider nur noch wegwerfen. Für Platten und CDs hingegen gibt es noch oder wieder einen Markt. Im Internet kannst du Händler finden, die sie für geringe Stückpreise aufkaufen und dann auf Märkten weiterverkaufen. Ganz extrem ist der Wertverfall bei einem weiteren Luxusartikel: Pelze. In den 1970er- und 1980er-Jahren waren sie ein Statussymbol für die neureiche Oberschicht. Meine Schwiegermutter hatte sogar einen Leopardenmantel im Schrank. Heute sind Pelze praktisch unverkäuflich. Wer den Standpunkt vertritt, dass die Nerzjacke oder der Chinchillamantel schließlich schon da sind und dann auch getragen werden sollten, braucht Mut. Dem Stück ist ja nicht anzusehen, dass man es geerbt und nicht selbst gekauft hat.

Wie du mit sensiblen Unterlagen umgehen solltest

Bei älteren Menschen finden sich meist viele medizinische Unterlagen: Röntgenaufnahmen, Befunde, Arztberichte. Solche Dokumente sollte man nicht einfach in den Hausmüll geben, sondern durch ein auf Aktenvernichtung spezialisiertes Unternehmen entsorgen lassen. Dasselbe gilt für Akten, Datenträger und Ausweisdokumente. Unter dem Stichwort Aktenvernichtung wirst du entsprechende Dienstleister für deine Region finden. Teilweise liefern die Firmen Behälter für Akten, sensible Unterlagen oder auch Datenträger wie Festplatten an und holen sie später wieder ab. Andere Firmen geben Kartons aus, die man zu ihnen zurückbringt. Teilweise kann man Behälter auch vor der Abholung versiegeln. Du solltest aber genau sichten und prüfen, welche Unterlagen du möglicherweise behalten musst oder noch brauchen könntest. Bank- und Steuerunterlagen solltest du zur Sicherheit einige Jahre aufbewahren. Das Finanzamt kann einen Steuerbescheid beispielsweise noch vier Jahre rückwirkend abändern, und dann sollte man den Vorgang nachvollziehen können.

Auch Bauakten, die Wartungsbelege der Heizung und andere Unterlagen, die eine Immobilie betreffen, solltest du gut aufheben. Selbst medizinische Unterlagen könnten später noch wichtig werden. Die Röntgenaufnahmen des Knochenbruchs deines Vater gehören sicher nicht dazu, Berichte über den Verlauf einer Krebserkrankung dagegen schon. Solltest du oder sollten andere enge Verwandte an einer ähnlichen Krebsart erkranken, könnte es hilfreich sein, zu wissen, um welche Tumorart es sich bei deinem Vater oder deiner Mutter handelte und welche Therapie womöglich besonders gut angeschlagen hat. Als grobe Richtschnur würde ich raten, Daten über organische Krankheiten aufzuheben.

Den Hausstand gerecht verteilen

Die nächste Bewährungsprobe für eure Erbengemeinschaft steht bevor, wenn ihr entscheiden müsst, wer was aus dem Hausstand übernimmt. Wir haben damals zunächst aussortiert, was niemand behalten möchte, und alles andere, bis auf große Möbel, in einem Raum gesammelt. Mit unterschiedlich farbigen Klebezetteln haben wir jeweils die Dinge markiert, die wir gern übernehmen wollten. Dazu luden meine Schwester und ich auch unseren Bruder ein. Der Rest war dann Verhandlungssache. Hatte jemand mehrere besonders wertvolle Gegenstände markiert, von denen einer strittig war, konnten wir uns recht gut darauf einigen, dass er oder sie auf das Streitobjekt verzichtet. Meiner Erfahrung nach entwickelt man ein ganz gutes Gespür dafür, wie eine gerechte Aufteilung aussehen kann, Kompromissbereitschaft auf allen Seiten vorausgesetzt. Losen mussten wir jedenfalls nicht, was auch eine Aufteilungsmethode sein kann. Exakt gegeneinander aufrechnen kann man die einzelnen Haushaltsgegenstände ohnehin kaum. Wir haben das gar nicht erst versucht.

Wie man ein Haus aufteilt

Verglichen mit der Entscheidung, was mit dem Haus selbst passieren soll, ist die Auflösung des Hausstandes eine einfache Übung. Wenn man in dem Haus selbst aufgewachsen ist, kann es sehr schwerfallen, eine rationale Entscheidung zu treffen. Und wie teilt man ein Haus überhaupt gerecht auf? Vor dieser Frage stehen viele Erbengemeinschaften, wenn vor dem Tod der Eltern in der Familie darüber nicht gesprochen wurde. Gibt es keine Festlegung, wer das

Haus erben soll, fällt es an die Erbengemeinschaft. Es erben also alle Erb*innen gemäß ihrem jeweiligen Erbteil. Der einfachste Weg zur Aufteilung in diesem Fall: Das Haus verkaufen und den Erlös aufteilen. Oft möchte aber eine Erb*in das Haus übernehmen. Im Prinzip wäre auch das unproblematisch. Sind alle einverstanden, kann er oder sie die anderen Erb*innen auszahlen. Den Wert der Immobilie könnt ihr mit Hilfe einer Gutachter*in oder einer Makler*in bestimmen. In vielen Städten sind die Immobilienpreise inzwischen aber so hoch, dass es Erb*innen schwerfällt, das notwendige Kapital aufzubringen, um die Geschwister auszuzahlen. Wenn ihr euch gut versteht und euch einig seid, dass es schön wäre, wenn das Haus in Familienbesitz bleibt, könnt ihr eine Ratenzahlung vereinbaren. So hat es eine Kollegin mit ihrer Familie gemacht. Ihr Neffe zog mit Frau und Kindern in ihr Elternhaus ein und wird es in den kommenden Jahren abbezahlen.

Zwei Schwestern in meiner Nachbarschaft verkauften dagegen das Haus ihrer Mutter, obwohl eine von ihnen, die nach dem Tod der Mutter dort eingezogen war, sehr gern darin wohnen geblieben wäre. Ihre Schwester wollte aber sofort ausgezahlt werden, und das konnte sich die andere nicht leisten. Rechtlich hätte die verkaufswillige Schwester zwar keine Handhabe gehabt, den Verkauf zu erzwingen. Einen Anspruch auf sofortige Auszahlung gibt es nicht. Sie hätte lediglich Miete von ihrer Schwester verlangen können. Wer Streit vermeiden will, beugt sich aber oft dem Druck von Angehörigen. Grundsätzlich gilt: Ein Verkauf ist nur möglich, wenn alle aus der Erbengemeinschaft zustimmen. Wenn sich nur eine Person querstellt, können die anderen nichts machen.

Wer absolut aus der Erbengemeinschaft aussteigen möchte, kann seinen Erbteil allenfalls verkaufen. Die Miterb*innen müssen das akzeptieren, sie haben aber ein Vorkaufsrecht. Im Internet findet man eine ganze Reihe von Unternehmen, die sich darauf spezialisiert haben, Erbteile aufzukaufen. Einen solchen Schritt sollte man aber genau überlegen und möglichst vermeiden, denn für die Miterb*innen wird die Situation deutlich erschwert. Professionelle

Aufkäufer haben letztlich kein Interesse daran, Mitglied einer Erbengemeinschaft zu werden. Sie sind darauf aus, weitere Erbteile zu erwerben und die Immobilie abzustoßen. Und natürlich wollen sie ein gutes Geschäft machen. Ihre Konditionen sollte man sich daher genau anschauen.

Wenn ihr euch nicht einig seid, könnt ihr versuchen, das Haus zunächst zu vermieten. Freunde von Irene, fünf Geschwister, haben das so gemacht. Drei von ihnen wollten sich vom Haus ihrer Eltern nicht trennen. Sie zahlten die beiden anderen Geschwister aus und suchten nach Mieter*innen. Sie fanden sogar welche, die bereit waren, selbst zu renovieren. Die Erb*innen übernahmen die Materialkosten und konnten das Haus so auch noch günstig aufwerten. Eine echte Win-win-Situation. Einmal im Jahr werden die drei von den Mietern zum Kaffee eingeladen. Sie freuen sich, dass ihnen der Bezug zum Haus nicht verloren geht, und wissen es in guten Händen.

Mit zeitlichem Abstand fällt es Erb*innen oft leichter, sich vom Elternhaus zu trennen. Die Erfahrung zeigt, dass die emotionale Bedeutung einer Immobilie mit der Zeit verblasst, wenn dort niemand mehr wohnt, der einem nahesteht. Man sollte sich auch die Frage stellen, ob man wirklich an dem Haus hängt oder eher an dem Ort, an dem es steht. Den Ort kann man auch besuchen, ohne dass man dort ein Haus besitzt.

Nicht jedes Haus ist ein Hauptgewinn

Wer ein Haus erbt, geht in der Regel davon aus, ein ansehnliches Vermögen zu besitzen. Leider ist aber nicht jedes Haus ein Hauptgewinn. Die Immobilienpreise sind in den vergangenen fünfzehn bis zwanzig Jahren zweifellos stark angestiegen. Doch das betrifft vor allem städtische Lagen. In vielen ländlichen Gegenden verharren sie dagegen auf niedrigem Niveau. Ich kenne einige Leute, die Häuser in der baden-württembergischen Provinz geerbt haben und große

Probleme hatten, überhaupt Käufer*innen zu finden. Haben die Eltern wenig in die Instandhaltung investiert, wirkt sich das zusätzlich negativ auf den Verkaufspreis aus. Denn in ein ungedämmtes Haus mit Ölheizung und alten Fenstern müssen mögliche Käufer*innen noch viel Geld stecken. Solltest du überlegen, dein Elternhaus selbst zu übernehmen, kalkulierst du am besten ebenfalls sehr genau, welche Kosten auf dich zukommen könnten. Die Kosten-Nutzen-Rechnung allein muss aber nicht ausschlaggebend für deine Entscheidung sein. Wenn du an deinem Elternhaus hängst und es dir leisten kannst, es zu unterhalten, spricht nichts dagegen, deinen Gefühlen zu folgen.

In meiner Berliner Nachbarschaft kenne ich auch diesen Fall: Die Nachbarin war im hohen Alter gestorben, geerbt haben zwei Kinder, beide Ärzte, über fünfzig Jahre alt und seit Langem weggezogen. Am vernünftigsten wäre wohl gewesen, die Kinder hätten das Haus verkauft, doch das brachte der Sohn nicht übers Herz. Er nahm einen Kredit auf, zahlte seine Schwester aus und renoviert das Elternhaus nun in Etappen. Eingezogen ist erst einmal seine Tochter, für die das Haus eigentlich viel zu groß ist.

Wirtschaftlich rechnet sich das alles sicher nicht. Doch als Arzt mit eigenem Haus am Bodensee ist er gut abgesichert. Seine Frau hat ebenfalls eine gut bezahlte Stelle als Ärztin. Das finanzielle Risiko scheint daher überschaubar, und es gibt auch schlechtere Kapitalanlagen als ein Haus in guter Lage in Berlin.

Was aber vor allem zählt: Für ihn ist das Haus zu einem Projekt geworden, an dem er trotz des üblichen Baustresses große Freude hat. Einen Teil seines Urlaubs verbringt er damit, Regale zu streichen, die Küche neu einzurichten oder den Garten auf Vordermann zu bringen. Abends lädt er dann alte Schul- und Studienfreund*innen – oder Nachbar*innen wie mich – zum Plausch am gemauerten Kamin auf der Terrasse ein. Was sollte daran falsch sein? Am Ende zählt, dass man mit sich im Reinen ist.

Was tun bei einem Erbstreit – Anleitung für den Ernstfall

Ich bin immer wieder erstaunt, zu hören, dass es in so vielen Familien zu Auseinandersetzungen kommt, weil über das Erbe nie gesprochen wurde und nach dem Tod der Eltern Erwartungen enttäuscht werden oder sogar überraschende Dinge ans Licht kommen.

Sobald ich irgendwo erwähne, dass ich zu diesem Thema arbeite, platzt es förmlich aus meinen Gesprächspartner*innen heraus. Selbst Fremde erzählen mir, dass sie sich wegen des Erbes mit der Familie überworfen haben. Wenn du selbst in einen Erbstreit verstrickt bist, kannst du dich zumindest schon einmal damit trösten, dass du nicht allein bist.

Bevor du weiterliest, solltest du noch wissen: Irene und ich sind keine Juristinnen. Wir können dir daher nur sehr begrenzt rechtliche Tipps geben. Uns geht es darum, eigene Erfahrungen und Erfahrungen aus unserem Umfeld im Umgang mit Erbstreitigkeiten weiterzugeben, ergänzt durch Ratschläge von Fachfrauen, um dich für die Fallstricke und mögliche Komplikationen zu sensibilisieren. Das kann dir helfen, deine eigene Lage besser einzuschätzen und dich auf eine mögliche Auseinandersetzung vorzubereiten. Am schönsten wäre, wenn wir dazu beitragen könnten, dass du einen Erbstreit friedlich beilegen oder sogar verhindern kannst.

Irenes Mann musste gleich zweimal um sein Erbe kämpfen: *»Seine Eltern hatten sich getrennt und danach jeweils erneut geheiratet. Beide entschieden sich, mit ihren neuen Partnern ein sogenanntes Berliner Testament aufzusetzen. Das bedeutet: Nach ihrem Tod erbten zunächst die neue Partnerin beziehungsweise der neue Partner. Mein Mann wäre erst nach deren Tod zum Zuge gekommen. Für ihn kam das quasi einer Enterbung gleich. Denn die neue Partnerin und* *der neue Partner konnten mit dem Erbe machen, was sie wollten. Sie hätten es komplett ausgeben können. Diese Gefahr bestand vor allem nach dem sehr frühen Tod der Mutter meines Mannes. Besonders bitter war, dass sie gerade erst von ihrem eigenen Vater etwas geerbt hatte, dem Opa meines Mannes. Auch dieses Geld ging nun an den zweiten Ehemann der Mutter, obwohl der sich mit dem Großvater nicht einmal gut verstanden hatte. Ganz im Gegensatz zu meinem Mann. Der Vater meines Mannes wurde immerhin einundsiebzig Jahre alt. Da er aber in zweiter Ehe eine deutlich jüngere Frau geheiratet hatte, war auch hier ungewiss, ob mein Mann jemals etwas von seinem Vater erben würde. Er entschied sich daher in beiden Fällen, die Herausgabe seines Pflichtteils zu fordern. Angenehm war das nicht, und es ging auch nicht völlig friedlich über die Bühne. Mit etwas Abstand glätteten sich die Wogen aber wieder.«*

Das Beispiel zeigt noch einmal, warum man alle Beteiligten frühzeitig an einen Tisch holen sollte, um das Erbe gemeinsam zu regeln. Doch leider passiert das viel zu selten. Die Vermeidungsstrategie ist noch immer der Normalfall.

Die Ausnahme: Wenn Unternehmen im Spiel sind, klären Familien lieber frühzeitig, wie es nach dem Tod der Chefin oder des Chefs weitergeht. Sie wollen schließlich sichergehen, dass der oder die Bedachte den Job auch tatsächlich übernimmt – und dass die übrigen Erb*innen das Unternehmen nicht durch einen Erbstreit in den Ruin treiben. Wolfgang Grupp, Bekleidungshersteller aus Burladingen (der mit dem Schimpansen als Werbefigur), veranstaltete einen regelrechten Wettbewerb zwischen seinen Kindern, um herauszufinden, wer für die Nachfolge in seiner Firma Trigema am besten geeignet wäre. Das Ergebnis: 2024 zog er sich selbst aus der Unternehmensführung zurück und übergab an Tochter, Sohn und seine deutlich jüngere Ehefrau, wobei Sohn Wolfgang junior als persönlich haftender Gesellschafter etwas mehr Chef wurde als die beiden Frauen. Wer seinen Sohn nach sich selbst benennt, der kann wohl nicht anders. Immerhin hat Wolfgang senior einen Erbstreit voraussichtlich verhindert.

Anders läuft es in der Brauerei Veltins, obwohl auch hier alles geregelt schien. Als Unternehmenschefin Rosemarie Veltins 1994 starb – sie hatte die Leitung der Brauerei 1964 von ihrem Vater übernommen –, erbten ihre beiden Töchter. Eine führt heute das Unternehmen. Der Sohn hatte schon zu Lebzeiten von der Mutter Geld erhalten und ging nach ihrem Tod leer aus. Er nahm das zunächst hin. Dreißig Jahre später klagte er aber gegen seine Schwestern. Nach einer Karriere als Drogendealer samt Gefängnisaufenthalt focht er kurz vor Ablauf der Verjährungsfrist das Testament seiner Mutter an.

Eine Garantie, dass frühzeitige Regelungen einen Erbstreit verhindern, gibt es also nicht. Manche Fälle sind regelrecht kurios: Der Drogerieunternehmer Erwin Müller, auch so ein Patriarch alter Schule, sah sich mit über neunzig einer Klage von drei Jagdfreunden gegenüber, die er 2016 adoptiert hatte. Die Adoption war offenbar ein Winkelzug, um die Position seines leiblichen Sohns im Unternehmen zu schwächen. Auf Erbansprüche hatten seine »Adoptivkinder« gegen Zahlung einer Entschädigung eigentlich verzichtet. Doch auch diese drei änderten später ihre Meinung. Die Verzichtserklärung habe Formfehler, argumentierten sie. Vor Gericht kamen sie damit aber nicht durch.

Wenn du dich mit deinen Geschwistern oder anderen Verwandten über die Unternehmensleitung streitest oder zweifelst, ob dir zugedachte Anteile oder eine Abfindung mit Blick auf den Unternehmenswert gerecht sind, solltest du dir unbedingt juristischen Rat einholen. Unternehmensbewertungen sind eine komplizierte Angelegenheit. Es gibt viele Möglichkeiten, einen Betrieb in den Büchern schlecht aussehen zu lassen, obwohl er eigentlich gut dasteht. Ein unabhängiges Gutachten ist daher empfehlenswert. Dabei können unterschiedliche Bewertungsmethoden angewandt werden. Allerdings kostet das meist eine Menge Geld und nimmt viel Zeit in Anspruch. Und wenn du selbst ins Unternehmen einsteigst, lass dich nicht einschüchtern. Wirtschaft ist keine Zauberkunst. Du kannst dich einarbeiten und lernen.

Valide Statistiken zum Vorkommen von Erbstreitigkeiten gibt es nicht, klar scheint aber: Sie kommen in allen gesellschaftlichen Schichten vor und egal, ob es viel oder wenig zu vererben gibt. Wenn ich mich in meinem Umfeld umschaue, dann sind Auseinandersetzungen im Zuge einer Erbschaft fast der Normalfall. Sehr oft verlieren Menschen so nicht nur ihre Eltern, sondern ihre Geschwister gleich mit, weil sie sich mit ihnen über das Erbe zerstreiten. Es ist wirklich traurig.

Gestritten wird vor allem im Westen

Ist die Erbengeneration, zu der im Allgemeinen die Vierzig- bis Vierundsechzigjährigen gezählt werden, zu anspruchsvoll? Oder treffen ihre Eltern einfach schlechte Entscheidungen? Beides mag zu einem gewissen Grad zutreffen, aber so pauschal stimmt es dann auch wieder nicht. Auseinandersetzungen ums Erbe sind zudem vor allem ein Westphänomen, denn in den westdeutschen Bundesländern wird deutlich mehr vererbt als im Osten. Doch der Reihe nach: Die Elterngeneration aus dem Westen Deutschlands hat das Wirtschaftswunder mitgestaltet, im Osten waren die Verhältnisse bescheidener, aber auch dort ging es in der Nachkriegszeit aufwärts. Die Lebensbedingungen verbesserten sich in beiden deutschen Staaten. Im Westen erreichten die Einkommen allerdings schon bald ein viel höheres Niveau, und die Sparquoten ebenfalls. Außerdem durften Westbürger*innen Grundbesitz erwerben. Im Osten war das vor der Wende nicht möglich.[11] Die Folge: Die Nachkriegsgeneration im Westen baute privates Vermögen auf, die im Osten kaum. Entsprechend erben Menschen aus den ostdeutschen Bundesländern heute nur etwa halb so viel wie Bürger*innen aus dem Westen.[12]

Mein Vater ist ein gutes Beispiel für die Entwicklung in der alten Bundesrepublik. Er gründete in den 1950er-Jahren gemeinsam mit einem Freund einen Schlosserbetrieb in Westfalen. Beide waren damals Mitte zwanzig, hatten eine Handwerksausbildung und keinen Pfennig auf dem Konto. In Westdeutschland begann damals das Ölzeitalter. Mein Vater und sein Freund spezialisierten sich darauf, Öltanks zu schweißen. Das war eine harte, schweißtreibende Arbeit, mit der sie aber ordentlich verdienten. Schritt für Schritt konnten sie ihr Unternehmen vergrößern. Später gingen sie dann aber getrennte Wege. Erfolgsgeschichten wie diese waren nach dem Zweiten Weltkrieg im Westen keine Seltenheit. Man hatte wenig zu verlieren und konnte sich hocharbeiten.

Im Osten sind bis heute viel weniger Unternehmen in Privatbesitz, auch das Lohn- und Rentenniveau ist noch immer niedriger als im Westen. Kurz: Bei der Vermögensbildung sind die Menschen im Osten weiter im Nachteil. Etwas zu vererben haben dort vor allem jene, die inzwischen Haus und Grundstück in einer größeren Stadt oder einer Urlaubsregion besitzen. Die Generation der Erb*innen im Osten erwartet denn auch nicht viel.

Bei den über 40-Jährigen im Westen hingegen ist die Erwartungshaltung hoch – und sie kommt nicht von ungefähr. Ihre Eltern haben ihnen vermittelt, dass sie ihr Leben lang hart gearbeitet haben, um ihnen – den Kindern – etwas hinterlassen zu können. Tatsächlich können und tun sie das auch. Rund 400 Milliarden Euro werden laut dem Deutschen Institut für Wirtschaftsforschung (DIW) jedes Jahr vererbt, mehr als zwei Drittel davon im Westen.[13] Eine wahre Erbschaftswelle rollt auf uns zu, seit die Aufbaugeneration nach und nach stirbt. Angesichts dieser Zahlen ist es nicht überraschend, dass viele aus der Erbengeneration fest mit einer Erbschaft rechnen. Grob wissen die meisten auch, wie ihre Familie finanziell dasteht.

Dass die Eltern ihre Karten selten offen auf den Tisch legen, hängt zum Teil wohl ebenfalls mit den zeithistorischen Umständen zusammen. Sparen und das Geld zusammenhalten war eine wichtige Tugend dieser Generation. Den Kindern sollte es zwar besser gehen, aber sie sollten auch selbst etwas leisten. Auf den Ersparnissen der Eltern ausruhen sollen sie sich nicht. Deshalb hüten sich noch immer viele Ältere, allzu große Begehrlichkeiten bei den Jungen zu wecken – und schweigen.

Leider holt sich die ältere Generation zu selten juristischen Rat, wenn sie ihren Nachlass regelt. Da wird aus dem Internet etwas zusammenkopiert und als Testament betitelt, das am Ende mehr Verwirrung stiftet, als klare Verhältnisse zu schaffen. So tragen Eltern dazu bei, dass es zum Erbstreit kommt und die Familie möglicherweise auseinanderbricht.

Töchter ziehen gleich

Die gute Nachricht immerhin lautet: Zwischen Töchtern und Söhnen machen Eltern keinen Unterschied, wenn sie ihren privaten Nachlass regeln. Diesen Eindruck hat jedenfalls Fachanwältin Cathrin Beckervordersandfort, die regelmäßig ältere Personen oder Paare beim Verfassen eines Testaments berät. Werden Kinder unterschiedlich bedacht, hat das heute in den seltensten Fällen etwas mit dem Geschlecht zu tun. Zu diesem Ergebnis kommt auch ein von der Deutschen Rentenversicherung gefördertes Forschungsprojekt, an dem die Soziologin Claudia Vogel von der Hochschule Neubrandenburg mitgewirkt hat. Ihr Fazit: »Frauen erben nicht anders als Männer – Erbquoten und Erbsummen unterscheiden sich nicht für Frauen und Männer, Frauen erben gleich häufig beziehungsweise gleich selten wie Männer.«[14]

Werden Unternehmen vererbt, sieht die Sache jedoch etwas anders aus. Denn die werden noch immer häufiger von Söhnen übernommen – und die Abfindungen der übrigen Geschwister reichen meist nicht an den tatsächlichen Unternehmenswert heran. Daria Tisch vom Max-Planck-Institut für Gesellschaftsforschung hat in einer gemeinsamen Studie mit Manuel Schechtl herausgefunden, dass Männer durch die Unternehmensübertragungen mehr Vermögen erben und großzügigere Schenkungen erhalten.[15] Die Zahlen zum »Gender Gift Gap«: Frauen erhalten insgesamt 37 Prozent weniger Schenkungen und 13 Prozent weniger Erbschaften. So ganz gleichberechtigt wird also doch nicht vererbt.

Ob die Söhne bei Unternehmensübernahmen bewusst bevorzugt werden oder ob einfach weniger Töchter an der Unternehmensleitung interessiert sind, ist nicht bekannt. Man kann aber davon ausgehen, dass Söhne zumindest in der Vergangenheit Priorität für den Chefposten hatten, entsprechend erzogen wurden und ihre Ausbildung darauf ausgerichtet haben. Diese traditionellen Muster werden noch lange nachwirken. Doch die Frauen holen auf. Cathrin Beckervordersandfort sagt, dass selbst Bauernhöfe immer öfter von Frauen übernommen werden, obwohl das Höferecht traditionell nur Söhne als Erben vorsah.

Die Erfahrung der Fachanwältin zeigt auch, dass Eltern zunehmend im Testament honorieren, wenn sich ein Kind besonders um sie gekümmert und vielleicht sogar die Pflege übernommen hat. In den meisten Fällen sind das die Töchter. Diese Care-Arbeit wird von den Eltern offenbar nicht mehr als selbstverständlich angesehen. Die Geschwister sehen das leider häufig anders. Wenn die pflegende Angehörige ohnehin Teilzeit arbeitet oder einfach näher bei den Eltern lebt, sind sie häufig der Auffassung, dass die Betreuung der Eltern Ehrensache sei. Ohne fachlichen Rat fehlt den Eltern andererseits häufig der Maßstab für die monetäre Anrechnung der Care-Arbeit. Ist es gerecht, wenn die Tochter das Haus erbt, obwohl sie ein paar Jahre lang nur abends und am Wochenende bei den Eltern nach dem Rechten gesehen hat?

Was ist Care-Arbeit wert?

Wenn du in deiner Familie diejenige bist, die die Eltern versorgt oder gepflegt hat, solltest du dir von deinen Miterb*innen nicht einreden lassen, dass du dafür nichts erwarten kannst. Freu dich, wenn deine Eltern dich in ihrem Testament besonders bedacht haben. Du hast es verdient. Ist im Testament kein Ausgleich für deinen Einsatz vorgesehen, spricht nichts dagegen, deine Miterb*innen um eine Entschädigung zu bitten.

Mach doch einmal eine Rechnung auf, wie viel du in der Zeit, in der du deine Eltern betreut hast, in deinem eigentlichen Job verdient hättest. Ob du wegen deiner Eltern, deiner Kinder oder aus ganz anderen Gründen Teilzeit arbeitest, spielt keine Rolle. Die Care-Arbeit für deine Eltern hat so oder so einen finanziellen Gegenwert. Wie oft konntest du nicht in Urlaub fahren, weil die Eltern dich brauchten? Erkundige dich auch, welche Rentenansprüche dir durch die Care-Arbeit entgangen sind. Das kannst du bei der Rentenversicherung erfragen. Dann hast du gute Argumente auf deiner Seite. Zwingen kannst du deine Geschwister allerdings nicht, dir einen Ausgleich zu zahlen, wenn das Testament dies nicht vorsieht. In einer solchen Situation ist also Fingerspitzengefühl gefragt. Haben deine Eltern vor Zeugen davon gesprochen, dass sie die Pflege honorieren wollen oder gab es Verabredungen unter den Geschwistern in diese Richtung, liegt der Fall anders. Dann solltest du dich juristisch beraten lassen, ob du vielleicht doch Ansprüche geltend machen kannst.

Bevor man so richtig in eine Auseinandersetzung mit Miterb*innen einsteigt, sollte man sich jedoch ein paar Dinge klarmachen. Geht es in dem Streit wirklich ums Erbe, also um materielle Dinge? Oder werden in Wahrheit frühere Verletzungen verhandelt? Bei einem Erbstreit kommt alles, was in der Familie einmal vorgefallen ist, wieder zum Vorschein. Jeder projiziert seine eigene Geschichte in die Verfügungen der Erblassenden hinein. Zur Klärung können die nun nicht mehr beitragen. So gelangt man schnell an einen »Point of no Return«: Der Streit eskaliert, weil die Beweggründe der Erblasser*innen objektiv nicht nachvollziehbar sind. Wenn du dich selbst ungerecht behandelt fühlst, solltest du zunächst überlegen, was deine Gefühle auslöst und was alles im Hintergrund mitschwingen könnte. Wenn dir das schwerfällt, kann eine Familienaufstellung ein guter Weg sein, es herauszufinden. Die kannst du ganz allein machen, ohne deine Geschwister oder andere

Angehörige. Gemeinsam mit einer Therapeutin setzt du dabei deine Familienmitglieder räumlich zueinander in Bezug, wobei andere Personen oder Figuren deine Angehörigen vertreten. Wer dominiert im Zentrum, wer steht wem nahe, wer ist weit voneinander entfernt? Aus dem Gesamtbild lässt sich viel über Beziehungsmuster ableiten. Einer Freundin hat das einen völlig neuen Blick auf ihre Familienverhältnisse eröffnet. Sie kann ihre Gefühle nun viel besser einordnen.

Man sollte außerdem versuchen, zu ergründen, ob sich hinter den Festlegungen der Eltern nicht auch gut gemeinte Motive verbergen könnten. So wird ein Haus manchmal nur einem Kind vermacht, weil Eltern denken: »Es kann ja nur ein Kind darin wohnen.«

Manchmal entscheiden Eltern, ein Kind besonders zu bedenken, weil es im Leben viel Pech hatte und finanziell schlechter gestellt ist als die Geschwister. Auch das Gegenteil kommt vor: Das Kind, das sich beruflich reinhängt und erfolgreich ist, wird belohnt, die Geschwister, die sich vermeintlich weniger anstrengen im Leben, haben das Nachsehen. Eines ist klar: Wer aufgrund solcher Überlegungen den Kürzeren zieht, wird sich schlecht behandelt fühlen. Die Wahrscheinlichkeit, dass sich die Geschwister dann zerstreiten, geht gegen 100 Prozent. Doch so weit denken die Eltern eben nicht.

Wenn du lesbisch bist, bekommst du nichts

Nicht nur im Film drohen Eltern ihren Kindern schon mal mit Enterbung, wenn ihnen der Lebenswandel ihrer Nachkommen nicht gefällt. Nach dem Motto: »Wenn du in einer lesbischen Beziehung lebst, bekommst du nichts.« Im wahren Leben ist das – zumindest in Deutschland – aber kaum möglich. Wenn ein Kind per Testament enterbt wird, steht ihm noch der gesetzliche Pflichtteil zu. Das entspricht immerhin der Hälfte des üblichen Erbteils. Soll ein Kind gar nichts erhalten, juristisch spricht man vom Erbausschluss, muss es sich schon einiges geleistet haben. Oft genannte Beispiele: den Eltern nach dem Leben trachten, sie bestehlen oder betrügen. All das muss dann aber auch gerichtsfest nachgewiesen werden. Früher konnten Eltern auch einen »ehrlosen, sittenwidrigen Lebenswandel« ihrer Kinder als Grund für einen Erbausschluss anführen. Doch die Zeiten sind vorbei, denn was bitte soll das sein?

Wenn du eine sexuelle Identität hast, die deinen Eltern nicht passt, oder wenn du nach einer Geschlechtsangleichung mit deinen Eltern Probleme hast, rechtfertigt das ebenfalls nicht, dich vom Erbe auszuschließen. Das Erbrecht geht auf solche Fälle zwar nicht ein, doch Michael Henn, Fachanwalt für Erbrecht in Stuttgart und Vizepräsident der Deutschen Anwalts-, Notar- und Steuerberatervereinigung für Erb- und Familienrecht, hat sie einmal durchgespielt.[16]

Konkrete Urteile gebe es bisher nicht, sagt Henn. Er geht aber davon aus, dass ein Erbausschluss aufgrund der sexuellen Identität oder einer Geschlechtsangleichung nicht durchsetzbar und die Anfechtung eines entsprechenden Testaments erfolgreich wäre. Es spreche vieles dafür, dass die Begründung als sittenwidrig eingestuft würde, denn sie widerspreche dem Recht auf eine unabhängige, persönliche Lebensführung.

Doch Henn warnt: Weil ein Ausschluss vom Erbe begründet werden muss und schwer durchsetzbar ist, könnten Eltern sich entscheiden, ihr Kind »nur« zu enterben. Dafür müssen sie keinen Grund angeben. Das Erbe wäre dann auf den gesetzlichen Pflichtteil beschränkt. Selbst wenn die Vermutung naheliegen sollte, dass die sexuelle Identität des Kindes ausschlaggebend für die Enterbung war und sich die Eltern vielleicht auch so geäußert haben, wäre eine Anfechtung in diesem Fall nicht möglich.

Wenn du testamentarische Verfügungen deiner Eltern, Großeltern oder anderer Personen, die dir nahestanden, nicht nachvollziehen kannst, solltest du versuchen, dich in die Erblasser hineinzuversetzen, um ihre Beweggründe nachzuvollziehen. Das kann dir helfen, emotional besser mit der Situation umzugehen.

Meine Schwester und ich hatten schon vor dem Tod unseres Vaters so eine Ahnung, dass unser Erbvertrag viel Konfliktstoff bietet. Darin stand zwar, unser Bruder sei abgefunden, doch nur ein Teil der Zuwendungen war konkret benannt worden. Um einen späteren Erbstreit zu vermeiden, schlugen wir ein gemeinsames Gespräch mit einer Anwältin vor. Unser Bruder stimmte zunächst zu, ließ sich aber nicht auf Einigungsvorschläge ein. Warum? Ich vermute, dass unser Bruder der Sache allein deshalb nicht traute, weil er sich drei Frauen gegenübersah. Nach dem Tod unseres Vaters kam es dann wie erwartet zur Konfrontation, und obwohl wir am Ende einen Vergleich schließen konnten, letztlich auch zum Bruch.

Was kannst du aus dieser Erfahrung lernen? Es ist grundsätzlich hilfreich, eine außenstehende Person zur Schlichtung eines Erbstreits hinzuzuziehen. Du solltest dabei aber taktisch klug vorgehen. Wenn du eine bestimmte Person vorschlägst, könnte dies das Misstrauen bei deinen Angehörigen wecken, mit denen du im Streit liegst. Du solltest aber auch nicht der Gegenseite freie Hand bei der Auswahl überlassen. Am besten stellst du eine Liste mit neutralen Personen auf, aus der die andere Streitpartei jemanden auswählen kann. So behältst du die Kontrolle, und beide Seiten können darauf vertrauen, dass sie nicht hintergangen werden. Ihr müsst auch nicht gleich eine Anwältin oder einen Anwalt hinzuziehen. Vielleicht gibt es im Freundeskreis eurer Eltern Personen, die sich gut in eure Lage hineinversetzen können, oder andere Angehörige, denen ihr Objektivität zutraut.

Grundsätzlich gibt es in einem Erbstreit viele Dinge zu beachten, die ein ganzes Buch füllen könnten. Die folgende Checkliste enthält ein paar wichtige »Dos and Don'ts«, die du auf jeden Fall berücksichtigen solltest, wenn es bei dir wirklich ernst wird.

Checkliste für den Ernstfall

Behalte die Kontrolle über das Verfahren: Überlasse nicht der Gegenseite die Auswahl eines beratenden Anwalts oder Schlichters, akzeptiere auch nicht den langjährigen Familienanwalt.

Geh nicht allein: Nimm eine Vertrauensperson zu Terminen mit der Gegenseite mit. Mit ihr kannst du das Gespräch später noch einmal analysieren. Man fühlt sich außerdem sicherer, wenn man jemanden an seiner Seite hat.

Lass dich nicht unter Druck setzen: Wenn es beim Anwaltstermin mit anderen Erben heißt, du musst sofort eine Vereinbarung unterschreiben oder sie ist hinfällig, dann unterschreibe auf keinen Fall. Bleib cool und nimm dir Bedenkzeit.

Keine Schnellschüsse: Unterschreibe keine Dokumente, ohne sie zu prüfen. Lass sie möglichst von einer unabhängigen Anwältin oder der Verbraucherzentrale checken.

Frag dich schlau: Scheu dich nicht, Fragen zu stellen, wenn etwas im Streitverfahren oder in einem Kompromissvorschlag unklar ist oder du es nicht verstehst. Du bist keine Erbrechtsspezialistin und musst die komplizierte Materie nicht verstehen.

Keine Frage ist falsch: Wenn dir der Eindruck vermittelt wird, deine Fragen seien dumm und überflüssig, dann sei besonders auf der Hut. Dann will die Gegenseite dich einschüchtern – vermutlich, um dich zu übervorteilen.

Verbeiß dich nicht: Nimm dir immer wieder einen Augenblick Zeit, darüber nachzudenken, ob du wirklich im Recht bist und was es dir wert ist, dafür zu kämpfen.

Perspektivwechsel: Versuch auch, die Situation mit den Augen der anderen Erben zu sehen. Welche Emotionen und vielleicht auch Verletzungen könnten sie antreiben? Stellt das ihre Forderungen vielleicht in ein anderes Licht?

Bleib gesprächsbereit: Wenn die Gegenseite auf dich zukommt, dann verschließ dich nicht. Egal, wie zerstritten ihr seid, eine Versöhnung samt gütlicher Einigung ist immer möglich – und die beste Lösung eines Erbstreits.

Setz nicht deine Gesundheit aufs Spiel: Wenn du merkst, dass dich die Auseinandersetzung zu sehr belastet, musst du die Reißleine ziehen. Dann ist es im Zweifel besser, auf Erbansprüche zu verzichten, denn deine Gesundheit kannst du dir mit deinem Erbe nicht zurückkaufen.

Du darfst das: Wenn du überzeugt bist, im Recht zu sein, dann lass dich nicht unterkriegen. Es gibt keinen Grund, warum du nicht für deine Interessen kämpfen solltest.

Du schaffst das: Du bist eine erwachsene Frau mit Herz und Verstand. Damit hast du alles, was du brauchst, um für dein Recht einzutreten. Für alles andere gibt es Anwältinnen.

Auch wenn Eltern kein Testament hinterlassen haben und die gesetzliche Erbfolge zum Tragen kommt, was übrigens auf Zweidrittel aller Erbschaften zutrifft,[17] ist ein späterer Streit nicht ausgeschlossen. Denn vielleicht hat dein Bruder oder deine Schwester vor dem Tod der Eltern schon Geld erhalten. Das sollte natürlich beim Erbe angerechnet werden. Liegt die Schenkung noch keine zehn Jahre zurück, hat man darauf sogar einen Rechtsanspruch.

Richtig schlimm kann es werden, wenn nach dem Tod naher Angehöriger eine handfeste Überraschung auf die Erb*innen wartet.

Die ältere Schwester einer Kollegin etwa, genauer gesagt ihre Halbschwester, hat kaum Kontakt zu ihrem leiblichen Vater, weil dessen Ehefrau von ihrer Existenz nichts weiß. Die Frau wird das wohl nur erfahren, wenn ihr Mann vor ihr sterben sollte. Verstehen muss man das nicht. Mit der Mutter der Tochter hat der Mann nie zusammengelebt, beide waren noch sehr jung, als sie Eltern wurden. Das alles liegt mehr als fünfzig Jahre zurück und passierte, bevor der Vater heiratete. Es geht also nicht um einen Seitensprung. Trotzdem hat dieser Mann es nie geschafft, sich zu seiner Tochter zu bekennen.

Sollte er vor seiner Frau sterben, wird alles herauskommen, schließlich ist die Tochter erbberechtigt. Offenbar hat er vor, es darauf ankommen zu lassen und die beiden Frauen womöglich in eine Konfrontation zu treiben. Gemeinsame Kinder hat das Ehepaar nicht. Was für die Frau dann schwerer wiegt – der Verlust eines Teils ihrer sicher geglaubten Erbschaft oder die lebenslange Lüge –, sei dahingestellt.

Glücklicherweise kommt es nicht immer zum Streit unter Erb*innen, wenn die Eltern fragwürdige Testamente verfasst oder gar keine Nachlassregelungen getroffen haben. Manchmal schaffen sie es auch, sich gütlich zu einigen. Aber darf man sich überhaupt über den letzten Willen der Eltern hinwegsetzen? Das ist meist weniger eine rechtliche als eine moralische Frage. Wenn die Eltern zum Beispiel ihr Haus unter der Bedingung an eines ihrer Kinder vererben, dass es nicht verkauft werden darf, kommt es allein darauf an, wie die übrigen Erben reagieren, sollte der Erbe oder die Erbin das Elternhaus am Ende doch verkaufen. Halten die anderen still, hat der Verkauf rechtlich keine Konsequenzen.

Tatsächlich wünschen sich Eltern häufig, dass vor allem das Haus, in dem sie einen Großteil ihres Lebens verbracht haben, in der Familie bleibt. Am Ende müssen die Kinder aber ihr eigenes Leben leben. Der Wunsch der Eltern ist zwar nachvollziehbar, doch irgendwie auch übergriffig. Es ist viel wert, wenn sich alle Erb*innen in diesem Punkt einig sind.

Sonderfall Schulden – das solltest du tun, wenn du befürchtest, Schulden zu erben

Eine Erbschaft verbinden wir mit einem Geldsegen, mit der Übertragung einer Immobilie oder anderen Besitztümern. Doch sie kann sich auch als Schuldenfalle entpuppen – und dich als Erbin in große finanzielle Schwierigkeiten bringen. Denn als Erbin musst du für eventuelle Schulden, die dir deine Mutter, dein Vater oder andere Menschen hinterlassen, aufkommen. Deshalb sollten bei dir sämtliche Alarmglocken läuten, wenn du befürchtest, dass die Person, die du beerbst, Schulden gehabt haben könnte.

Du hast die Möglichkeit, ein solches Erbe auszuschlagen. Für eine Erbausschlagung gelten aber strenge Fristen und Bedingungen.

Dies sind die wichtigsten:

1. Du hast nur sechs Wochen Zeit, um ein Erbe auszuschlagen. Lässt du die Frist verstreichen, gilt die Erbschaft als angenommen. Stichtag für die Frist ist der Tag, an dem du von der Erbschaft erfährst. Das kann der Todestag der verstorbenen Person sein, vor allem wenn kein Testament vorliegt, oder der Tag, an dem du benachrichtigt wirst, dass es ein Testament gibt und du Erbin bist.
2. Steht eine Ausschlagung im Raum, darfst du nichts, wirklich nichts aus dem Nachlass der verstorbenen Person an dich nehmen. Selbst persönliche Erinnerungsstücke wie Fotos oder Geschenke, die du der Person gemacht hast, sind tabu. Setzt du dich über diese Vorgabe hinweg, kann dir das bereits als Annahme des Erbes ausgelegt werden.

Worum du dich sofort kümmern musst, wenn du befürchtest, Schulden zu erben: Beschaffe dir so schnell wie möglich eine Sterbeurkunde der verstorbenen Person. Die Urkunde kannst du bei dem für die Person zuständigen Standesamt beantragen. Meist geht das online. So einfach, wie es klingt, ist das aber natürlich nicht. Du musst zum Beispiel durch eine Geburtsurkunde oder andere Dokumente nachweisen, dass du mit der oder dem Toten verwandt bist. Am besten informierst du dich auf der Webseite des Standesamtes, was genau gefordert wird. Oft übernehmen auch Bestattungsunternehmen solche Formalitäten.

Apropos Bestattung. Auch so eine Frage, die sich im Zusammenhang mit einer möglichen Ausschlagung stellt. Die Kosten dafür musst du in der Regel auch dann tragen, wenn du das Erbe ausschlägst. Es gibt zwei Ausnahmen: Nimmt eine andere Person aus der gesetzlichen Erbfolge nach deiner Ausschlagung das Erbe an, muss sie die Bestattungskosten tragen. Wenn du zahlen musst, dir die Kosten aber nicht leisten kannst, springt das Sozialamt ein.

Bevor du entscheidest, ob du ein Erbe ausschlägst, solltest du aber sicher sein, dass den Schulden nicht Vermögenswerte gegenüberstehen, die mögliche Verbindlichkeiten übersteigen. Du musst dir also schnell einen Überblick verschaffen. Die erste Anlaufstelle dafür ist meist die Bank der verstorbenen Person. Um Auskunft zu erhalten, musst du dort die Sterbeurkunde vorlegen oder das Testament, das dich als Erbin ausweist. Einen Erbschein brauchst du hingegen nicht, denn den könntest du erst beantragen, wenn du ein Erbe angenommen hast.

Gleichzeitig solltest du versuchen, herauszufinden, ob sich in den Unterlagen der oder des Verstorbenen Kreditunterlagen befinden, zum Beispiel von Online-Kredithaien oder auch private Schuldscheine. Wurden Möbel, Elektrogeräte oder ein Auto auf Kredit gekauft, die du weiter abstottern müsstest? Handelt es sich bei der verstorbenen Person um einen Mann, der noch minderjährige Kinder oder Kinder in der Ausbildung hatte, könnte er auch Unterhaltsrückstände haben. Und Achtung: Auch mögliche Unterhaltsschulden einer geschiedenen Partnerin oder eines Partners und unter bestimmten Umständen auch säumigen Trennungsunterhalt müsstest du von dem Erbe begleichen. Bestimmte Unterhaltsansprüche werden sogar mitvererbt, Erb*innen müssen dann auch in Zukunft weiter für den Unterhalt aufkommen. Das gilt zum Beispiel für den nachehelichen Ehegattenunterhalt, merkwürdigerweise aber nicht für Kindesunterhalt. Die Unterhaltspflicht ist aber begrenzt und hängt auch davon ab, was nach der Schuldenbilanz vom Erbe noch übrig ist. Lass dich unbedingt von einer Fachanwältin beraten, wenn Unterhaltsansprüche bestehen. Kläre außerdem, ob es Verwandte gibt, die Pflichtteilsansprüche geltend machen könnten. Dafür kommen Kinder und Ehepartner*innen, aber auch noch lebende Eltern der oder des Verstorbenen in Betracht.

Ein stark renovierungsbedürftiges Haus, das nicht gerade in einer attraktiven Gegend liegt, solltest du dir ebenfalls sehr genau ansehen. Lass dich von einem romantischen Garten oder einem großen Grundstück nicht täuschen. Selbst wenn das Haus vermietet sein sollte, könnten die Kosten für die Instandhaltung oder Sanierung dich überfordern. Um zu ermitteln, was ein solches Haus noch wert ist und welche Kosten auf dich zukommen könnten, kannst du eine Maklerin heranziehen.

Wie die Ausschlagung formal abläuft

Kommst du zu dem Schluss, dass eine Ausschlagung für dich die beste Lösung ist, kannst du direkt zum Nachlassgericht gehen, also zu dem für die verstorbene Person zuständigen Amtsgericht, und deine Entscheidung zu Protokoll geben. Oder du setzt eine Verzichtserklärung auf, lässt sie von einer Notarin beglaubigen und dann dem Gericht zukommen. Die Sterbeurkunde solltest du dabeihaben beziehungsweise beifügen. Ganz ohne Kosten kommst du aus so einer Sache allerdings nicht heraus. Für eine Ausschlagung musst du Gebühren zahlen. Für ein überschuldetes Erbe fallen die aber gering aus, derzeit sind es weniger als 50 Euro. Ganz wichtig: Hast du minderjährige Kinder, solltest du das Erbe auch in ihrem Namen ausschlagen. Ansonsten könnten sie für die Schulden belangt werden, wenn sie volljährig sind. Deine erwachsenen Kinder müssen selbst aktiv werden, wenn das Erbe nach deiner Ausschlagung aufgrund der Erbfolge auf sie übergeht.

Hast du dich entschieden und die Ausschlagung rechtzeitig bei Gericht angezeigt, gibt es kein Zurück mehr. Ein Widerrufsrecht hast du nicht. Nur in sehr wenigen Ausnahmefällen kannst du die Ausschlagung anfechten. Das ist zum Beispiel möglich, wenn du über den Wert des Nachlasses getäuscht wurdest. Sagen wir, deine Tante, die in der Erbfolge auf dich folgt, hat dir glaubhaft gemacht, dass das zu erbende Haus vom Schwamm befallen ist, weil sie das Haus selbst haben möchte. Tatsächlich ist der Zustand des Hauses aber gar nicht so schlecht.

Hast du vor der Ausschlagung einfach nicht genau hingeschaut und stellst erst später fest, dass die verstorbene Person zwar durch einen Kredit verschuldet war, auf ihrem Bankkonto aber ein kleines Vermögen angehäuft hatte, hast du schlicht Pech gehabt. Doch solche Fälle kommen selten vor. Meist wird sehr schnell klar, ob eine Person praktisch nur Schulden hinterlassen hat. Eine Ausschlagung ist dann absolut die richtige Entscheidung. Emotional kann sie allerdings hart sein, weil man auch auf alle persönlichen Gegenstände verzichten muss. Warum das so ist? Vermutlich lässt sich mitunter schwer unterscheiden, was als Erinnerungsstück zählt und was als Wertgegenstand. Außerdem könnte etwa ein Fotoalbum für die nächstmöglichen Erb*innen in der Erbfolge genauso einen hohen emotionalen Wert haben wie für die Person, die das Erbe ausgeschlagen hat.

Falls du ein Erbe ausschlagen musst, weil du sonst auf einem Berg Schulden sitzen würdest, bleibt dir nur, dich mit möglichen nachfolgenden Erb*innen in Verbindung zu setzen, solltest du Erinnerungsstücke übernehmen wollen. Tritt niemand das Erbe an, fällt der Nachlass an die Gemeinde der verstorbenen Person.

Dann gibt es keine Chance mehr, Erinnerungsstücke auf legalem Weg zu retten.

Es gibt Alternativen zur Ausschlagung

Solltest du dir nach der Sichtung von Konten, Vermögenswerten und Unterlagen nicht sicher sein, ob die Negativ- oder die Positivposten überwiegen, kannst du eine Ausschlagung umgehen, indem du beim Nachlassgericht eine Nachlassverwaltung oder ein Nachlassinsolvenzverfahren beantragst. Der Vorteil: Du bleibst Erbin, bist aber aus der Schuldenhaftung raus. Dieser Weg lohnt sich aber nur, wenn es um größere Summen und Vermögenswerte geht, denn beide Verfahren sind mit Kosten verbunden. Die Gebühren können stark variieren. Genaue Informationen erhältst du beim zuständigen Nachlassgericht. Bei der Nachlassverwaltung kümmert sich eine vom Gericht bestimmte Person darum, dass die Schulden der oder des Verstorbenen soweit wie möglich aus vorhandenem Vermögen beglichen werden. Bleibt am Ende Geld übrig, geht das an dich. Geht alles für die Schuldentilgung und die Nachlassverwaltung drauf, erbst du immerhin einige Erinnerungsstücke.

Wenn sich durch die Nachlassverwaltung herausstellt, dass überwiegend Schulden vorhanden sind, musst du ein Nachlassinsolvenzverfahren beantragen. Bist du relativ sicher, dass du vor allem Schulden erbst, möchtest das Erbe aber trotzdem antreten, um bestimmte Dinge aus dem Nachlass übernehmen zu können, kannst du auch direkt ein solches Verfahren beantragen. Das Gericht stimmt dem allerdings nur zu, wenn gesichert ist, dass zumindest die Verfahrenskosten gedeckt sind. Es schaltet dann eine Insolvenzverwalter*in ein, die oder der Vermögenswerte verwertet und mit Gläubigern verhandelt. Auch hier fällt ein möglicher Überschuss an dich. Lehnt das Gericht das Insolvenzverfahren ab, weil abzusehen ist, dass allein die Gerichtskosten das Erbe übersteigen, bleibt dir noch, eine sogenannte Dürftigkeitseinrede gegenüber den Gläubigern der verstorbenen Person zu erheben. Die Gläubiger können dann eine Zwangsvollstreckung von Vermögenswerten aus dem Nachlass einleiten. Sie können aber nicht auf dein eigenes Vermögen zugreifen. Nähere Informationen und Musterbriefe dafür erhältst du bei Schuldnerberatungen. Hier kannst du auch Unterstützung erhalten.

Bevor du eine so schwerwiegende Entscheidung wie eine Erbausschlagung triffst oder eine Nachlassverwaltung oder die Nachlassinsolvenz beantragst, solltest du dich in jedem Fall bei der Verbraucherzentrale oder von einer Fachanwältin beraten lassen. Auch die schon erwähnten Erblotsen bieten günstige Beratungstermine mit einer Schuldnerberater*in und kostenlose Basisinformationen zu verschuldeten Erbschaften an.[18]

Teil 2

Geld macht glücklich

Erbe und Lebensplanung –

dein Weg zu finanzieller Selbstbestimmung

Irenes Rezept für eine Finanzstrategie, die im Einklang mit deinem Leben steht

Was würdest du mit einer Million Euro tun?

»Ich würde gerne eine Million Euro haben«, verkündete mein Sohn eines Tages beim Abendessen. Da war er sieben Jahre alt. Ich fragte ihn, was er denn mit einer Million Euro tun würde, und war gespannt, ob er eine Antwort darauf hätte. Sie folgte prompt: »Einen Lamborghini kaufen, nur noch Businessclass fliegen und ein eigenes Fußballfeld kaufen.« Ich war gleichermaßen beeindruckt und entsetzt.

Beeindruckt war ich, weil seine Wünsche sehr konkret waren. Intuitiv hatte er Geld die Rolle zugewiesen, die es hat: Wir können es nutzen, um Wünsche zu verwirklichen. Wenn wir älter werden, verlieren wir oft die Fähigkeit, konkrete Wünsche zu formulieren. Wenn ich meine Kundinnen frage, was sie mit einer Million Euro anfangen würden, können sie das nie so klar ausdrücken wie mein Sohn. Wir verlieren den Glauben daran, dass wir unsere Träume verwirklichen können, und darüber verlieren wir das Träumen an sich.

Entsetzt war ich andererseits, weil zwei der Wünsche meines Sohnes so gar nicht zu meinen Werten passten und zu dem, was ich ihm gerne mitgeben würde. Ich arbeite hauptberuflich in der Entwicklungszusammenarbeit, deren Ziel es ist, die Welt im Sinne von mehr sozialer, ökonomischer und ökologischer Nachhaltigkeit zu verändern. Und da träumt mein Sohn von einem Auto, das so gar nicht ressourcenschonend ist, und er möchte Businessclass fliegen – ebenfalls ein No-Go, wenn man auf die Umweltbilanz schaut. Fliegen ist natürlich generell umweltschädlich. In der Economyclass befinden sich aber immerhin mehr Sitze, der ökologische Fußabdruck von Economy-Passagier*innen fällt daher etwas besser aus als der von Business-Reisenden.

Es störte mich auch, dass es sich um Dinge handelte, die mit Luxus und Status verbunden sind. Verdenken konnte ich es ihm aber nicht. Ich arbeitete zu der Zeit als Beraterin im Ausland, wo wir ein sehr privilegiertes Leben führten. Meine Organisation bezahlte die teure Privatschule für unseren Sohn – so kam er auf den Lamborghini, von dem die Jungs in seiner Klasse schwärmten –, und wir flogen zweimal im Jahr um die halbe Welt, um Familie und Freunde in Deutschland zu besuchen. Daher wusste er, dass es neben der Economyclass, in der wir reisten, auch noch die sehr viel komfortablere Businessclass gibt. Dort hatten es ihm vor allem die großen Fernseher angetan. So einen hätte er auch gerne gehabt.

Was Träume für uns tun können

Wenn du wie Ulrike vor der Frage stehst, was du mit deinem geerbten Geld machen willst oder wie du es gut verwalten kannst, solltest du dir zunächst diese Frage stellen: »Wie will ich leben?« Ulrike war etwas überrascht, als wir in der Beratung zunächst gar nicht über Geldanlagen sprachen. Ich hatte den Eindruck, dass sie am liebsten einen Plan von mir erhalten hätte, was sie mit ihrem Geld anstellen soll. Aber diesen Blaupausen-Plan gibt es nicht. Finanzentscheidungen sind immer individuell und hängen von vielen Faktoren ab. Diese Faktoren zu kennen und sie dann auf sich selbst anwenden zu können, ist ein Prozess, der etwas Zeit und Geduld braucht. Aber er lohnt sich. Denn wenn du weißt, wie du leben möchtest, kannst du Geld zu deinem Werkzeug machen. Ansonsten bestimmt Geld, wie du lebst.

Bevor wir also über Geld sprachen, wollte ich von Ulrike wissen, wie sie sich ihr Leben in Zukunft vorstellt. Was passiert, wenn die Kinder aus dem Haus sind? Wo möchte sie leben? Wie lange und wie viel möchte sie noch arbeiten? Hat sie Pläne für die Zeit nach der Rente?

Das sind große und wichtige Fragen. Doch wer hat schon Zeit und Muße, darüber nachzudenken? Viele Frauen erben zu einem Zeitpunkt, an dem sie froh sind, den Alltag mit Kindern, Job, Familie und sonstigen Verpflichtungen einigermaßen hinzubekommen. Dennoch ist es für ein gutes Geldmanagement unerlässlich, sich diese Fragen zu stellen. Und mit deinem Erbe hast du einen guten Anlass, um innezuhalten und Antworten darauf zu finden.

Ulrike gewann durch diese Überlegungen eine Erkenntnis ganz besonderer Art: *»Angeregt durch Irenes Fragen, stellte ich fest, dass mein Erbe mein Leben schon positiv beeinflusst hatte, bevor es tatsächlich in mein Leben kam. Angesichts der Aussicht auf eine gewisse finanzielle Freiheit hatte ich zum Beispiel keinen Druck, einen sehr gut bezahlten Job zu finden. Als Redakteurin bei einer Berliner Tageszeitung reiste ich in spannende Länder und lernte unglaublich interessante Menschen kennen. Verdient habe ich dort aber eher mäßig. 2018 nahm ich mir eine Auszeit und entschied danach, künftig freiberuflich zu arbeiten. Das hätte ich mir mit Blick auf die gesetzliche Rente nie erlauben können, wenn ich nicht mit einer größeren Erbschaft hätte rechnen können. Seit meiner Scheidung schon gar nicht.«*

Heute lebt Ulrike zeitweise in Frankreich. Als sie begann, über ihre Pläne und Träume für die Zukunft nachzudenken, erkannte sie, dass dieser lang gehegte Lebenstraum für sie oberste Priorität hatte – und schon in greifbarer Nähe lag. Ihre Kinder standen kurz vor dem Abi, sie war geschieden, und als Freelancerin kann sie überall arbeiten. Worauf sollte sie warten? Für ihr künftiges Geldmanagement war der Schritt eine wichtige Weichenstellung. Dazu später mehr.

Ich selbst habe mein Leben bis in meine Vierziger auf mich zukommen lassen. Es wird schon gut werden, dachte ich. Und ich bin nicht schlecht damit gefahren. Mein Mann und ich wollten als junges Paar nach dem Studium unbedingt eine Weltreise machen. Wir hatten zwar keine Ahnung, wie wir das bezahlen sollten, aber wir glaubten trotzdem an unser Projekt. Wir planten, bereiteten vor – und schafften tatsächlich das Unglaubliche: 2002 fuhren wir mit unserem alten Landrover in Richtung Afrika. Zwei Jahre waren wir auf Weltreise. Ich weiß bis heute nicht genau, wie es uns gelungen ist, diese Reise zu finanzieren. Für etwa zwei Jahre, in denen wir beide nach dem Studium arbeiteten, legten wir Geld zurück. Ich hätte jedoch nicht gedacht, dass das reichen würde. Aber ich habe etwas gelernt: Ein großer Traum ist der erste Schritt, so zu leben, wie du leben möchtest. Dafür braucht es keinen Lottogewinn.

Diese Erkenntnis wurde nach unserer großen Reise von den Alltagsgeräuschen um Familie und Job verdrängt. Erst als ich anfing, mich um unseren Vermögensaufbau zu kümmern, kam die Erinnerung zurück. Ich merkte, dass es gar nicht primär ums Geld geht. Es geht darum, mir bewusst zu machen, wie ich leben und was ich erreichen möchte. Langsam erlaubte ich mir, wieder zu träumen. Ich habe mein Leben entrümpelt, gesunde Gewohnheiten entwickelt und gelernt, mich auf das zu konzentrieren, was für mich zählt: Neben meinem Fokus auf Familie und Freunde will ich die Gleichberechtigung der Geschlechter voranbringen. Deshalb berate ich heute Frauen bei ihrem Finanzmanagement – und deshalb habe ich gemeinsam mit Ulrike dieses Buch geschrieben.

Den eigenen Weg gehen

Die Gewissheit zu haben, wie ich leben und womit ich mein Leben verbringen möchte, war für mich ein Schlüssel zu meinem Glück. Ich möchte aber auch den Erbinnen etwas an die Hand geben, die nicht wissen, wo ihre Lebensreise hingeht, und die nicht über ihre Zukunft nachdenken. Sei es, weil sie keine Zeit haben, sich diese Gedanken zu machen, oder weil sie ihr Leben bewusst nicht verplanen möchten. Auch mit einer solchen Einstellung lässt sich eine individuelle Finanzstrategie entwickeln.

Die meisten Erbinnen sind in einer Lebensphase, in der sie viele Entscheidungen bereits getroffen haben. Sie wissen, was sie wollen, und haben sich im Leben eingerichtet. Dennoch kann es hilfreich sein, sich frühere Lebensentscheidungen wieder bewusst zu machen. Sind sie noch immer die richtigen oder ist es an der Zeit, neue Wege einzuschlagen? Das gilt erst recht nach einer Erbschaft, durch die sich die eigenen finanziellen Möglichkeiten verändern. Ein Beispiel: Mir war immer klar, dass ich in einer Großstadt leben möchte. Ich hinterfrage das ab und zu, stelle aber immer wieder fest, dass ich mich nicht auf dem Land sehe. Das wirkt sich natürlich auf finanzielle Entscheidungen aus und darauf, wie ich für die Rente plane. Denn das Leben in der Stadt ist teurer als auf dem Land.

Je nachdem, wo ich lebe, wirkt sich das darauf aus, wie ich meine Prioritäten setze. Wie viel Platz zum Wohnen brauche ich? Möchte ich einen eigenen Garten? Das ginge auch in der Stadt – ein Haus mit entsprechendem Grundstück wäre aber so teuer, dass wir uns als Familie in anderen Dingen sehr einschränken müssten. Da wir sehr gerne reisen und viel unterwegs sind, passte das nicht zu uns. Wir haben uns daher für eine eher kleine Wohnung am Stadtrand mit einer großen Dachterrasse entschieden. Trotz allem lieben wir die Natur. Würden wir eine größere Summe erben, könnten wir überlegen, uns zusätzlich ein Wochenendhaus auf dem Land zu leisten oder doch noch in ein Haus mit Garten in der Stadt umzuziehen.

In einem ersten Schritt schaust du dir also den Status quo deiner Lebenssituation an. Lebst du so, wie du möchtest? Oder sind deine Lebensumstände eher bestimmten Zwängen geschuldet, und du würdest etwas daran ändern, wenn du es könntest? Würde Geld dabei helfen, oder liegen die Ursachen woanders? Hast du dich bei der Lebensplanung beispielsweise nach deinem Partner oder deiner Partnerin gerichtet, oder wohnen die Kinder noch zu Hause, sodass du nur bedingt flexibel bist? Die unten folgenden Fragen kannst du für einen Status-quo-Check-up nutzen und auch, um in die Zukunft zu schauen.

Gehe die Fragen in Ruhe durch. Sie berühren verschiedene Lebensbereiche, die in der Regel im Zusammenhang mit Geld stehen. Sie geben einen Rahmen vor, sind aber keineswegs erschöpfend. Ergänze sie nach Belieben und schreibe alles auf, was dir für deine Zukunftsplanung einfällt.

Wie soll dein Leben in den nächsten fünf bis zehn Jahren aussehen, was hast du vor?

Wie willst du wohnen?

- → Möchtest du eine selbst bewohnte Immobilie erwerben?
- → Besitzt du Wohneigentum, das abbezahlt werden muss?
- → Möchtest du gerne renovieren oder dich schöner einrichten?
- → Willst du raus aus fossilen Energien und eine Photovoltaikanlage oder eine Wärmepumpe installieren?
- → Träumst du von einer eigenen Ferienimmobilie, vielleicht am Meer?

Wie soll deine Mobilität aussehen?

- → Brauchst du künftig ein Auto, um dich fortzubewegen, oder wirst du eher mit dem Fahrrad oder den Öffis unterwegs sein?
- → Welche Neuanschaffungen sind nötig? Ein neues Auto, Fahrrad oder E-Bike?
- → Welches Budget brauchst du für Bahnreisen oder Flüge?

Möchtest du auf Reisen gehen?

- → Welche Reisen planst du? Mit welchem Budget?
- → Wie lange sollen diese Reisen sein? Brauchst du dafür eine Auszeit?

Was brauchst du für deine Gesundheit?

- → Machst du Sport, und welche Kosten fallen dafür an?
- → Hättest du gerne regelmäßige Anwendungen wie Massagen oder Akupunktur?
- → Trägst du eine Brille, oder brauchst du spezielle Schuhe?
- → Stehen Operationen oder Zahnersatz an, für die Kosten auf dich zukommen?

Was brauchst du für dein Wohlbefinden?

- → Würdest du gerne häufiger ins Restaurant gehen?
- → Hättest du gerne mehr oder teurere Kleidung?
- → Würdest du dir gerne Wellness-Anwendungen oder mehr Urlaube gönnen?
- → Liebäugelst du mit kostspieligen Hobbys?

Hättest du gerne mehr Zeit für dich?

- → Möchtest du deine Arbeitszeit reduzieren?
- → Möchtest du ein Sabbatical einlegen? Wovon würdest du in dieser Zeit leben?
- → Was würdest du in dieser Zeit tun? Brauchst du dafür ein Extrabudget?

Womit möchtest du deinen Horizont erweitern?

- → Welche Erfahrungen möchtest du machen? Wildwasser-Rafting, Schweigekloster oder Ehrenamt? (Für Letzteres brauchst du vermutlich kein Geld, aber Zeit und müsstest daher auf Einkommen verzichten.)
- → Möchtest du etwas lernen – eine Fortbildung machen, ein Aufbaustudium absolvieren, ein Musikinstrument spielen oder bei einer Pferdeflüsterin hospitieren?

Welche Kosten kommen mit Kindern auf dich zu?

- → Wie lange möchtest du zu Hause bleiben, wenn du ein Kind bekommst, und wie hoch ist die Differenz deines Einkommens zum Elterngeld? Wie hoch sind die zusätzlichen Lebenshaltungskosten für ein Kind?
- → Was musst du kalkulieren, wenn dein Kind ein Schuljahr im Ausland absolvieren möchte, eine Ausbildung oder ein Studium beginnt oder wenn es ausziehen will und eine Anschubfinanzierung für die erste Wohnung benötigt?

Musst oder möchtest du jemanden unterstützen?

- → Möchte dein Partner oder deine Partnerin eine Auszeit nehmen oder ist chronisch krank, sodass du euren Lebensunterhalt allein stemmen musst?
- → Wie steht es um die Rente deiner Eltern? Möchtest oder musst du sie (regelmäßig) unterstützen?
- → Möchtest du Freunden Geld leihen?
- → Möchtest du eine größere Summe an ein Herzensprojekt spenden?

Wie sieht dein Leben aus, wenn du in Rente gehst?

- → Welches Geld wirst du nach jetzigem Stand zur Rentenzeit monatlich zur Verfügung haben? Wie viel Geld brauchst du zum jetzigen Zeitpunkt monatlich zum Leben? Wie groß ist die Differenz, und musst du diese überbrücken?
- → Möchtest du später etwas an deiner Wohnsituation ändern?
- → Kannst du dir vorstellen, im Alter weiterzuarbeiten?

In einem zweiten Schritt wirst du so konkret wie irgend möglich, was die Budgets angeht. Was möchtest du ändern, und welche finanziellen Mittel benötigst du dafür? Je genauer du das beziffern kannst, desto besser. Es macht aber auch nichts, wenn du noch keine genaue Zahl nennen kannst. Dann arbeitest du mit einem Schätzwert. Ein halbes Jahr Auszeit sind sechs Monatsgehälter, eine Reise nach Australien liegt irgendwo zwischen vier- und zehntausend Euro.

Diese Überlegungen anzustellen, lohnt sich übrigens unabhängig von der Summe, die du geerbt hast. Für manche Veränderungen ist nämlich gar nicht viel oder vielleicht sogar gar kein zusätzliches Geld nötig. Das zeigt das Beispiel von Meike Winnemuth. Sie hat bei *Wer wird Millionär?* eine halbe Million Euro gewonnen. Eigentlich hatte sie nur bei der Sendung mitgemacht, um mit dem gewonnenen Geld eine kleine Reserve anzulegen. Als freie Journalistin wollte sie es sich leisten können, auch mal Aufträge abzulehnen. Da der Gewinn deutlich höher ausfiel als erwartet, konnte sie sich zusätzlich einen Traum erfüllen: Ein Jahr reiste sie um die Welt, indem sie für jeweils einen Monat in einer Stadt lebte, die sie interessierte. Ihre Wohnung in Hamburg vermietete sie währenddessen unter. Und sie nahm sich vor, auch unterwegs zu arbeiten. Nach dem Jahr stellte sie fest, dass die Reise finanziell mehr oder weniger ein Nullsummenspiel war. Sie hätte sie auch ohne den Gewinn realisieren können.[1]

Als Nächstes nimmst du den Zeithorizont in den Blick. Handelt es sich um regelmäßige Ausgaben oder um einmalige Kosten? Wann werden diese Kosten fällig? Auch hier gilt: Leg im Zweifel einen Schätzwert fest. Wenn du davon träumst, irgendwann ein Häuschen am Meer zu besitzen, legst du einen Näherungswert fest: Frühestens, wenn die Kinder aus dem Haus sind, oder spätestens zum Beginn der Rente. Hier kann natürlich auch die Höhe deines Erbes den Zeitpunkt mitentscheiden. Idealerweise hast du jetzt eine Zeitlinie, auf der deine regelmäßigen Kosten und die einmaligen Ausgaben verzeichnet sind. Ich nenne das die »Money Lifeline«. Sie bildet die Basis für deine persönliche Finanzstrategie.

Gleich folgt eine Beispiel-Money-Lifeline, die dir das Prinzip verdeutlicht. Auf der Linie trägst du die absehbaren Ereignisse oder Wünsche mit Datum und Jahr ein, die für deine Finanzplanung relevant sind (zum Beispiel Immobilie ist abbezahlt, Kosten für die Kinder fallen weg, große Reise, regulärer Renteneintritt etc.).

Money Lifeline: Beispiel

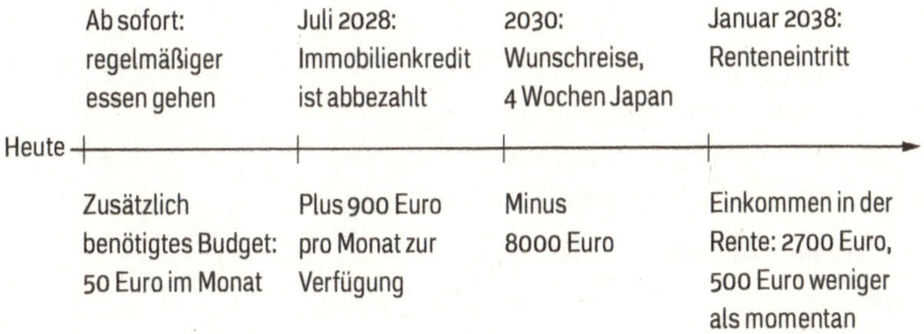

Unter der Linie trägst du ein, was diese Ereignisse bedeuten, also das Preisschild beziehungsweise die Ersparnisse, die du dadurch hast.

Welche Bedürfnisse wir mit Geld stillen können

Die Maslow'sche Bedürfnispyramide[2], benannt nach dem gleichnamigen US-amerikanischen Psychologen, beschreibt und erklärt Motivationen und Bedürfnisse des Menschen, die ohne finanzielle Mittel nicht gestillt werden können. Die breite Basis der Pyramide sind die **Grundbedürfnisse:** Unsere Nahrung, Schlaf und körperliches Wohlbefinden. Hier ist für dein Budget nicht das Ob, sondern das Wie wichtig: Sollen es nur Bio-Lebensmittel sein, oder geht es auch mit Gemüse vom Discounter?

Bei der zweiten Bedürfnisebene, **Sicherheit**, wird es schon etwas komplizierter. Gemeint sind körperliche und seelische Sicherheit, aber auch materielle Absicherung. Geld kann dich in Notfällen oder bei Krankheit absichern und dir einen bequemen Ruhestand ermöglichen. Es kann dir aber auch schlaflose Nächte bereiten, wenn du Angst hast, dein Geld wieder zu verlieren.

In der dritten Ebene stehen die **sozialen Bedürfnisse.** Geld kann nützlich sein, soziale Beziehungen zu pflegen und zu genießen. Wenn man es sich leisten kann, weniger zu arbeiten und mehr Zeit mit Familie und Freunden zu verbringen zum Beispiel.

Nach Maslow sind die ersten drei Ebenen sogenannte Defizitbedürfnisse. Sie sind die allgemeine Voraussetzung dafür, glücklich sein zu können. Sind diese Bedürfnisse erfüllt, kommen die Wachstumsbedürfnisse. Dazu gehört die vierte Ebene, **Wertschätzung** – sowohl sich selbst gegenüber als auch durch andere.[3] Hier kommen Unabhängigkeit, Erfolg und Ansehen ins Spiel. Auch der Wunsch danach, etwas gut zu können – sei es im Beruf oder bei einem Hobby –, steht auf dieser Ebene.

An der Spitze der Bedürfnispyramide steht der Wunsch nach **Selbstverwirklichung** oder, anders ausgedrückt, der Wunsch danach, sein Potenzial voll auszuschöpfen. Möchte ich mich in politische oder gesellschaftliche Debatten einbringen, persönliche Fähigkeiten gewinnbringend einsetzen oder meine Kreativität ausleben? Oder möchte ich mein Geld für wohltätige Zwecke einsetzen? Je besser du verstehst, was dir im Leben wichtig ist, desto leichter fällt es dir, dein Erbe richtig einzusetzen.

Welche Ausgaben machen dich glücklich?

Wenn du eine Vorstellung davon hast, wie du in Zukunft leben möchtest, ist der erste Schritt für einen guten Umgang mit deinem Geld getan. Als Nächstes schaust du auf dein aktuelles Ausgabeverhalten. So kannst du ermitteln, welche Ausgaben tatsächlich zu deinem Glück beitragen und welche du dir sparen kannst, ohne Lebensqualität einzubüßen. Das herauszufinden lohnt sich auch dann für dich, wenn du nach deiner Erbschaft eigentlich gerade nicht ans Sparen zu denken brauchst. Denn wenn du dein Geld für unnütze Dinge ausgibst, kann dein Erbe schnell dahinschmelzen, ohne dein Leben bereichert zu haben.

Als ich anfing, mich mit dem Thema Geld zu beschäftigen, stellte ich mir auch diese Frage: Welche Ausgaben machen mich glücklich? Die folgende, aus finanzieller Sicht erst mal läppische Begebenheit prägte meine Überlegungen zum Umgang mit Geld nachhaltig.

Es war 2019, und ich lebte damals in Kambodscha. Nachmittags holte ich mir meist einen Caffè Latte aus dem Coffeeshop neben meinem Büro. Ein Coffee to go gilt als Paradebeispiel für Geldverschwendung. Wenn immer es darum geht, das Konsumverhalten einer Person zu hinterfragen, wird er als überteuertes Vergnügen angeführt, das letztlich keines ist, weil wir einen Kaffee im Gehen gar nicht richtig genießen können. Also fing ich an zu rechnen: Sagen wir viermal die Woche, macht sechzehn Latte im Monat, mal 2,40 Dollar ist gleich rund 40 Dollar im Monat. Wow, das ist ein Haufen Geld, dachte ich und stellte mir vor, wie es wäre, dieses Geld einzusparen.

Nun wollte ich aber nicht auf meinen nachmittäglichen Kaffee verzichten und überlegte, wie ich es anstellen könnte, die Kosten dafür zumindest zu reduzieren und mein Geld nicht jeden Tag in den überteuerten Coffeeshop zu tragen. Ich bräuchte einen Espressokocher im Büro und müsste Espresso vorrätig haben. Zudem bräuchte ich einen Milchschäumer und Milch. Für die Milch bräuchte ich einen Kühlschrank, den es nur in der Büroküche gab. Dabei müsste ich darauf achten, meinen Kaffee vor 16 Uhr zuzubereiten, da die Küche dann abgeschlossen wurde. Abgesehen davon nutzte ich die Büroküche nicht gerne, seit mir dort einmal eine Ratte entgegengekommen war.

In den Wochen, in denen ich über eine alternative Kaffeelösung nachdachte und mir das oben beschriebene Szenario ausmalte, ging ich weiter zu meinem Coffeeshop – mit einem überraschenden Effekt. Mir fiel plötzlich auf, was ich alles an meinem nachmittäglichen Miniausflug schätzte. Ich hatte eine kurze Pause, in der ich meine Gedanken sortieren konnte. Ich bekam ein paar Schritte Bewegung. Aus der Hitze draußen betrat ich den kühlen Coffeeshop, der angenehm nach Kaffee duftete und schön eingerichtet war. Die Angestellten kannten mich inzwischen und begrüßten mich freudestrahlend mit: »Small Coffee Latte?« Da ich zu dem Zeitpunkt in einem Büro etwas abseits meiner Kolleg*innen saß, tat mir dieser zugewandte soziale Kontakt gut.

Als mir das alles bewusst wurde, brauchte ich nicht weiter darüber nachzudenken, die Ausgaben für meinen Coffee to go zu reduzieren. Ganz im Gegenteil: Ich wusste jetzt, dass meine Ausgabe so viel mehr wert war als die 2,40 Dollar am Tag. Angesichts des glücklich machenden Effekts meines Coffee to go war jeder Cent dafür gut investiert. Der Vollständigkeit halber: Ich brachte immer einen wiederverwendbaren Kaffeebecher aus recycelbarem Bambus mit, den ich eigens für diesen Zweck angeschafft hatte. Dadurch bekam ich meinen Kaffee sogar 20 Cent billiger.

Ich habe aus dieser Begebenheit zwei Dinge gelernt: Was andere als Geldverschwendung empfinden, kann für dich eine ganz andere Bedeutung haben. Und: Mir Dinge zu verkneifen, nur weil sie Geld kosten, ist dann unsinnig, wenn sie mir gut tun und ich sie mir leisten kann.

Für ein gutes Finanzmanagement brauchst du also nicht als Erstes einen Überblick über deine Finanzen, sondern einen Überblick darüber, welche deiner Ausgaben dich glücklich machen. Es ist manchmal gar nicht so einfach, das herauszufinden. Erwartungen von Eltern und Familie, der Druck der Peergroup oder meinungsstarke Freund*innen, unendliche Konsummöglichkeiten und omnipräsente Werbung können das Gefühl dafür verschleiern, was du wirklich möchtest.

Die Frage der Fragen lautet nicht: Kann ich mir mit Geld Glück kaufen? Sie lautet: Wie kann ich mir mit Geld Glück kaufen? Wissenschaftliche Studien legen nahe, dass es Menschen glücklich macht, Geld für andere Menschen und für Erfahrungen auszugeben statt für Dinge. Aber Studien zeigen auch, dass dies nur die halbe Wahrheit ist.[4] Wir sind Individuen, jede von uns braucht unterschiedliche Dinge zu ihrem Glück. Ich zum Beispiel liebe Design. Ich kann 180 Euro für eine Vase ausgeben, und es macht mich jahrelang glücklich, wann immer ich meine Vase sehe. Die meisten Menschen wären ziemlich unglücklich, wenn sie so viel Geld für eine Vase ausgeben müssten, weil sie es als reine Geldverschwendung empfinden. Sind die Dinge, für die du dein Geld ausgibst, die Energie wert, dieses Geld zu verdienen? Finde es heraus!

Wie du dir Klarheit verschaffst

Teile deine Ausgaben in Kategorien auf. Klassischerweise sind das Kategorien wie Wohnen, Leben (Nahrungsmittel, Drogerie, Bekleidung), Gesundheit, Mobilität, Kommunikation, Freizeit und Versicherungen. Dann fügst du weitere Ausgabenkategorien hinzu, die in deinem Leben eine Rolle spielen. In meinem Fall sind das zum Beispiel Interior Design, Ausgehen und Reisen. Überlege dir, welche Kosten über das Jahr verteilt für die einzelnen Kategorien anfallen und welchen Anteil sie an deinen Gesamtausgaben haben. Wenn du bereits ein Haushaltsbuch hast, kannst du diese Kategorien jetzt beziffern und schließlich in Prozente deines Gesamtbudgets umrechnen. Dann siehst du, wofür du dein Geld ausgibst, und kannst dich mit der Frage auseinandersetzen, ob die ermittelten Prozentzahlen zu dem Wert passen, den du dieser Kategorie in deinem Leben beimisst.

Hier noch fünf weitere Dinge, die du tun kannst, um zu reflektieren, welche Ausgaben dich glücklich machen:

1. Schreibe auf, welche drei Käufe dir in letzter Zeit wirklich Freude bereitet haben. Und jetzt die letzten drei Fehlkäufe, über die du dich noch immer ärgerst.
2. Schreibe zwanzig Dinge auf, die dich glücklich machen. Was davon kannst du mit Geld erreichen, und was davon ist kostenlos?
3. Schreib deinen perfekten Tagesablauf auf. Wie sieht so ein Tag aus? Was würdest du tun? Wo wärst du, mit wem? Wenn deine Tage grundsätzlich nicht so aussehen wie deine Idealvorstellung – was davon ließe sich mit Geld einrichten?
4. Lass in einer ruhigen Minute Momente Revue passieren, in denen du glücklich warst. Warum warst du in diesem Moment glücklich? Warst du allein, zu zweit, in einer großen Gruppe? Mit wem warst du zusammen? Wo warst du? Drinnen, in der Natur, am Meer? Was hast du getan? Hast du dich bewegt, geredet, gegessen, etwas produziert? Jetzt schaust

du nach Mustern: Was haben diese Momente gemeinsam, und inwiefern hat Geld eine Rolle gespielt?

5. Zieh dich von Zeit zu Zeit aus dem lauten und stressigen Alltag raus, sei es bei einer Morgenroutine, durch Meditation oder in einem Yoga-Retreat. Was immer es ist: Die Alltagsroutine zu durchbrechen eröffnet den Raum, sich selbst besser kennenzulernen.

Wie meine Coffee-to-go-Geschichte zeigt, musst du nicht unbedingt sofort wissen, ob eine Ausgabe ihr Geld wert ist. Es kann auch erst mal hilfreich sein, dass du achtsamer konsumierst. Beobachte den Effekt, den Anschaffungen oder regelmäßige Ausgaben auf dich haben. Mithilfe deiner Ausgabenkategorien und ihrer Gewichtung und durch einen achtsamen Konsum kannst du mit der Zeit erkennen, welche Ausgaben dich glücklich machen. Du wirst feststellen, dass die Entscheidungen, etwas wegzulassen beziehungsweise weniger oder auch mehr Geld für Dinge auszugeben, dann von ganz allein kommen.

Geld, nein danke? Wie unsere Gesellschaft Frauen bei der Vermögensbildung ausbremst

Du findest Geld irgendwie suspekt? Du hast dich bisher nicht damit befasst und keine Ahnung, wie du Geld anlegen kannst? Du willst lieber gar nicht wissen, wie es um deine Rente steht? Damit bist du nicht allein. Frauen haben im Leben einfach Wichtigeres zu tun, als sich über diese Dinge Gedanken zu machen. Jedenfalls denken sie das. So kam auch Ulrike gar nicht auf die Idee, sich darauf vorzubereiten, für eine große Summe Geld verantwortlich zu sein. Manche Frauen lehnen es sogar ganz bewusst ab, über ihre Finanzen nachzudenken.

Falls es dir bisher auch so ging, bist du mit deinem Erbe plötzlich in einer neuen Situation. Denn wir wissen alle, dass es nicht clever ist, größere Summen einfach auf dem Konto liegen zu lassen. Jetzt bräuchtest du plötzlich Wissen und Erfahrung. Beides hast du nicht, wenn dich Geldfragen bisher nicht interessiert haben. Daraus kann Überforderung entstehen, die lähmt. Bevor ich dir das Basiswissen vermittle, das du brauchst, möchte ich dich daher in diesem Kapitel auf einen weiteren Aspekt aufmerksam machen: Ausblendung und Ablehnung von Gelddingen sind typische Verhaltensweisen von Frauen. Sie sind in erster Linie sozial erlernt und entspringen weniger einer individuellen Einstellung oder einem angeborenen Desinteresse. Denn wie die Autorin Alexandra Zykunov in ihrem Buch *Wir sind doch alle längst gleichberechtigt!* ausführt, werden Frauen »seit Tausenden von Jahren mit Gesetzen, Verboten und gesellschaftlicher Ächtung von Besitz, Macht und Geld abgeschottet«.[5]

Wie Frauen in finanzieller Unmündigkeit gehalten wurden

Im Börsengesetz von 1896 gibt es beispielsweise eine Liste von Personen, die vom Besuch der Börse ausgeschlossen sind. Und nun rate mal, wer hier an erster Stelle steht: »Personen weiblichen Geschlechts«! Danach folgen Personen, also Männer, die bankrott sind, »nicht im Besitze der bürgerlichen Ehrenrechte« oder die sich sonst irgendetwas haben zuschulden kommen lassen. Frauen von Geldgeschäften fernzuhalten, war den Verfassern des Gesetzes wichtiger, als Verbrecher von Geschäften auszuschließen.[6]

Bis in die 1950er-Jahre wurde Frauen in Deutschland die finanzielle Selbstbestimmung vorenthalten. In Westdeutschland durften sie erst ab 1949 ein eigenes Konto eröffnen. Und selbst das blieb zunächst eher eine theoretische Möglichkeit, denn gleichzeitig stand im Bürgerlichen Gesetzbuch (BGB) weiterhin: »Das Vermögen der Frau wird durch die Eheschließung der Verwaltung ihres Mannes unterworfen.« Wenn Frauen Geld für sich zurücklegten, wurde das als »Geheimsparen der Hausfrauen«[7] bezeichnet. Bis 1958 durften Frauen auch nicht gegen den Willen ihres Gatten Geld verdienen. All das stand im Widerspruch zum Grundgesetz, das Männer und Frauen rechtlich gleichstellte.

Dennoch wurden Frauen in der Bundesrepublik erst 1969 für voll geschäftsfähig erklärt. Bis 1977 war die sogenannte »Hausfrauenehe« gesetzlich festgeschrieben, derzufolge die Frau den Haushalt zu führen und die Kinder zu betreuen hatte. Arbeiten hätte sie zwar inzwischen gedurft, doch wann? Auch nach 1977 blieb Frauen wenig Zeit, Geld zu verdienen: Kinderbetreuung für unter Dreijährige gab es nicht, Kindergärten und Schulen endeten mittags – damit die Kleinen pünktlich zum Mittagessen daheim waren. Die Care-Arbeit für die Familie war immer noch Domäne der Frau, denn kaum ein Mann war bereit, sich daran zu beteiligen.

In Ostdeutschland waren Frauen in diesen Jahrzehnten zwar auf dem Papier gleichberechtigt, allerdings beschränkte sich diese

Gleichberechtigung de facto darauf, dass sowohl Frauen als auch Männer berufstätig waren. Die Kinderbetreuung wurde massiv ausgebaut, damit Frauen einer Arbeit nachgehen konnten. Das geschah allerdings nicht, um die Selbstbestimmung der DDR-Bürgerinnen zu fördern. Die Frauen wurden schlicht als Arbeitskräfte gebraucht, um die sozialistische Planwirtschaft zu sichern. In den 1980er-Jahren erreichte ihre Erwerbsquote ein Niveau von mehr als 90 Prozent. Damit hatte die DDR den höchsten Anteil an erwerbstätigen Frauen weltweit.

Der Haken an der Sache: Abgesehen davon, dass die sozialistische Frau berufstätig war – wenn es nach der DDR-Führung ging, bevorzugt in Vollzeit –, blieb von den alten Rollenbildern vieles erhalten. Das bedeutete, dass Frauen überwiegend in schlechter bezahlten Berufen arbeiteten oder für die gleiche Arbeit weniger Lohn und Gehalt bekamen, dass sie kaum in Führungspositionen aufstiegen, und vor allem, dass sie nach ihrer 43-Stunden-Schicht den größten Teil der Haus- und Care-Arbeit übernahmen. Männer opferten pro Woche rund zehn Stunden, um Wäsche zu waschen, einzukaufen, zu putzen, zu kochen, die Kinder zu bespaßen oder den Opa zu versorgen, Frauen über vierzig Stunden.[8] Nicht eine Frau wurde während des knapp vierzigjährigen Bestehens der DDR Mitglied im Politbüro der SED. In den Bezirksleitungen sah es nicht viel besser aus. Unter den entscheidungsbefugten Funktionär*innen waren 1984 gerade mal 4 Prozent Frauen.[9]

Das heutige Deutschland ähnelt insofern der DDR, als die Gesetzgebung Gleichberechtigung suggeriert. Schauen wir uns jedoch die gelebte Realität an, wird deutlich, wie sehr klassische Rollenbilder bis heute nachwirken. So veröffentlichte das Bundesfamilienministerium im Februar 2024 aktuelle Zahlen des Statistischen Bundesamtes zur Aufteilung unbezahlter Sorgearbeit zwischen Männern und Frauen.[10] »Der Gender Care Gap ist kleiner geworden«, heißt es beschönigend im Vorspann. Doch die Fakten sprechen für sich: Frauen wenden demnach täglich über eine Stunde mehr Zeit für Sorgearbeit auf als Männer. Innerhalb von einer Woche sind das für Frauen knapp dreißig Arbeitsstunden und knapp einundzwanzig

Stunden für Männer. In Prozentzahlen: Frauen verbringen 44,3 Prozent mehr Zeit als Männer mit Aufgaben, die sie daran hindern, ihr eigenes Geld zu verdienen.

Nun sind Frauen nicht per se masochistisch veranlagt, und viele können sich etwas Besseres vorstellen, als ihre Freizeit mit Hausarbeit und Familienorganisation zu verbringen. Die einzige schlüssige Erklärung, warum sie dennoch weiter einen Großteil der Haus- und Care-Arbeit übernehmen, ist, dass dies einer Art gesellschaftlichem Common Sense entspricht, der schon erwähnten sozialen Norm. Soziale Geschlechternormen schreiben Männern und Frauen Rollen in der Gesellschaft und der Familie zu und auch bestimmte Verhaltensweisen. Sie prägen unser Zusammenleben seit Generationen und verändern sich nur langsam.

Homeoffice und flexible Arbeitszeitmodelle festigen geschlechtsbasierte Normen sogar noch. Denn für Frauen bedeutet remote zu arbeiten meist, zu Hause Job und Haushalt gleichzeitig zu bewältigen, während sich die Männer im Homeoffice allein auf die Arbeit konzentrieren. Zu diesem Ergebnis kommt eine 2024 veröffentlichte Studie, die auf Daten des European Social Surveys basiert.[11] Yang Hu, einer der Studienleiter der britischen Universität Lancaster, spricht von einem »Flexibilitäts-Paradox«: Je mehr Arbeit Frauen zu Hause übernähmen, desto weniger Aufmerksamkeit könnten sie dem Beruf schenken. Dies verstärke das geschlechtsspezifische Lohngefälle und führe bei Frauen zu Stress und Unzufriedenheit in der Beziehung. Ganz nebenbei, auch das förderte die Studie zutage, hat die Digitalisierung den Frauen sogar noch mehr häusliche Arbeit beschert: Eltern-WhatsApp-Gruppen lassen grüßen!

Die Soziologin Heejung Chung vom Londoner King's College sagte in einem Interview mit der *BBC*, Frauen stünden stärker als Männer unter Druck, das Homeoffice mit Sorgearbeit zu verbinden. »Dies scheint auch dann noch der Fall zu sein, wenn die Frauen in gut bezahlten Führungspositionen sind – eben wegen der gesellschaftlichen Norm, dass Frauen stärker in die Organisation des Familienlebens eingebunden sind«, so Chung.

Die soziale Norm und ihre Auswirkung auf unser Finanzverhalten

Wie wirkt sich die soziale Norm nun auf unser Finanzverhalten aus? Mir ist aufgefallen, dass Frauen, mit denen ich über Geld spreche, geradezu reflexartig sagen: »Geld allein macht nicht glücklich.« Was genau will uns dieser Spruch eigentlich sagen? Macht denn Liebe allein glücklich? Gesundheit? Eine erfüllende Aufgabe? Falls nicht, wäre das ein Grund, auf sie zu verzichten? Ich denke, wir können uns darauf einigen, dass der Mensch ein komplexes Wesen ist. Es müssen schon ein paar Dinge zusammenkommen, damit er glücklich sein kann. *Nichts* macht allein glücklich. No brainer.

Die US-amerikanische Schriftstellerin und Kunstsammlerin Gertrude Stein hat das englische Pendant des Spruchs übrigens einmal ganz wunderbar auf den Kopf gestellt: »*Whoever said, money can't buy happiness didn't know where to shop*« – »Wer auch immer gesagt hat, Glück kann man nicht kaufen, wusste nur nicht, wo er einkaufen soll.«

Doch warum wird ein Glaubenssatz, der keinen Aussagewert hat, ständig wiederholt – zumindest von Frauen? Wie oft hörst du einen Mann sagen, dass Geld allein nicht glücklich mache? Das kommt vor, keine Frage. Doch bei Weitem nicht so häufig wie bei Frauen. Und damit sind wir wieder bei den sozialen Normen. Männern wurde jahrhundertelang eingetrichtert, dass sie für die Familie sorgen müssten. Für sie war Geld eine existenzielle Notwendigkeit, um diese Aufgabe zu erfüllen. Frauen dagegen sollten fürsorglich sein, die Kinder großziehen, die Älteren pflegen. Das Geld, das ihnen der Mann für die Haushaltsführung zur Verfügung stellte, mussten sie sparsam verwalten, es »zusammenhalten«, wie man sagte. Im Gegenzug durften sie sich darauf verlassen, dass der Mann das Geld verdient und sie beschützt.

Auch heute noch sind Frauen in der Rolle gefangen, die ihnen die Gesellschaft vor langer Zeit zugewiesen hat. Eltern empfehlen ihren Töchtern noch immer, Berufe zu ergreifen, die sich mit Kindern besser vereinbaren lassen. Meist sind das soziale Berufe mit geringem Einkommen. Söhne erhalten solche Ratschläge nicht. Frauen nehmen länger Elternzeit als ihre Partner und haben viel häufiger Berufe, in denen sie so schlecht bezahlt werden, dass sie kaum für sich selbst, geschweige denn für eine Familie sorgen können. Dafür tun sie Gutes an der Menschheit und haben verinnerlicht, dass die Befriedigung, die sie daraus ziehen, wichtiger ist als Geld.

Das mag funktionieren, wenn sie einen Mann an ihrer Seite haben, der für sie sorgt. Wenn die Partnerschaft zerbricht, wird es für Frauen aus schlecht bezahlten Berufen jedoch finanziell meist eng. Geld allein macht zwar nicht glücklich, aber alleine ohne Geld wird frau ganz bestimmt auch nicht froh. Alle Appelle, Krankenschwestern (82 Prozent Frauen), Pflegekräfte (75 Prozent Frauen) und Erzieher*innen (92 Prozent Frauen) endlich besser zu bezahlen, werden allerdings verhallen, solange es Frauen gibt, die bereit sind, diese wichtigen und verantwortungsvollen Tätigkeiten für wenig Geld zu übernehmen. Und das tun sie bis heute, angespornt durch ihre intrinsische Motivation, die ihnen die Anerkennung der Gesellschaft verspricht.

Die soziale Norm ist mächtig, und sie funktioniert weitaus subtiler, als es wir denken. Es gibt ein berühmtes wissenschaftliches Experiment zur geschlechtsspezifischen Voreingenommenheit und ihren Folgen. Der Lebenslauf von Heidi Roizen, einer ehrgeizigen und erfolgreichen Unternehmerin aus dem Silicon Valley, wurde Studierenden gegeben, und sie sollten nach bestimmten Kriterien beurteilen, ob sie für diese Person arbeiten möchten oder nicht. Die Hälfte der Studierenden erhielt den Lebenslauf mit Heidis Namen, die andere Hälfte erhielt den identischen Lebenslauf mit dem Namen Howard Roizen. Es zeigte sich, dass sowohl Frauen als auch Männer lieber für Howard als für Heidi arbeiten würden. Die Forscher*innen fanden auch heraus, warum: Die Studierenden fanden eine so erfolgreiche Frau unsympathisch, während sie einen karrierebewussten Mann okay fanden.[12]

Das Vorurteil, Frauen seien das fürsorgliche Geschlecht, verbaut Frauen auch heute noch viele Chancen im Leben. Eine Frau, die Karriere macht, wird kritisch beäugt, wenn sie die ihr zugewiesene Rolle als fürsorgliche Ehefrau, Mutter und Tochter nicht oder vermeintlich nicht erfüllt. Soziale Normen sind auch dafür verantwortlich, dass Frauen weniger verdienen als Männer und dass sie seltener befördert werden. Es fängt damit an, dass Mädchen zwar im Durchschnitt bessere Schulabschlüsse vorweisen können als Jungen und sich dennoch keine ambitionierten Ziele stecken. Dass sie aufgrund der ihnen anerzogenen Bescheidenheit nicht forsch genug in Bewerbungs- oder Karrieregesprächen und bei Gehaltsverhandlungen auftreten. Und sollten sie es doch tun, gewinnen sie nichts, weil sie dann unsympathisch wirken. Ehrgeizige Frauen verletzen die soziale Norm und werden dafür gnadenlos bestraft.

In Deutschland existiert bis heute ein finanzielles Machtgefälle zwischen Männern und Frauen. Weil Frauen den Großteil der Care-Arbeit übernehmen und weniger verdienen, sind sie oftmals auf die Alimentierung ihres besser verdienenden Partners angewiesen. Eine Trennung ist für sie meist mit finanziellen Einbußen und mit der Notwendigkeit verbunden, den Lebensstandard herunterzuschrauben. Die kostenlose Care- und Sorgearbeit für die Familie, verbunden mit den Lohneinbußen, wird bei einer Trennung zu einem Armutsrisiko – spätestens im Alter. Wenn also das Familienmodell nicht mehr funktioniert, das die soziale Norm vorsieht, kommt es Frauen teurer zu stehen als Männer. Das Machtgefälle äußert sich auch in mangelnder finanzieller Selbstständigkeit. 2023 gaben in einer repräsentativen Umfrage 20 Prozent der Frauen an, dass sie kein eigenes Konto besitzen.[13] In einer weiteren Umfrage sagten rund 30 Prozent der befragten Frauen, sie »fühlen sich finanziell abhängig«. 82 Prozent von ihnen sind davon überzeugt, die finanzielle Unabhängigkeit niemals zu erreichen.[14]

Wie oben beschrieben, liegt die Zeit, in der das System des Ernährers und der fürsorgenden Hausfrau sogar gesetzlich geregelt war, noch gar nicht so lange zurück. Und die Studie zu Heidi vs.

Howard Roizen zeigt: In der westlich geprägten Welt werden Frauen bis heute verurteilt, wenn sie nicht der sozialen Norm des fürsorglichen Geschlechts entsprechen.[15] Das geschieht zwar nicht bewusst, doch es wirkt. Sobald eine Frau beginnt, ihre eigenen finanziellen Entscheidungen zu treffen, ein Unternehmen zu gründen oder erfolgreich zu sein, steht sie unter Verdacht, die ihr zugedachten Aufgaben im sozialen Gefüge nicht wahrzunehmen und die männliche Autorität in Geldfragen zu untergraben. Frauen, die über eigene Ressourcen verfügen, gefährden die geschlechtsbasierte Rollenverteilung in der Gesellschaft. Diese Sorge ist sicherlich nicht ganz unbegründet. Wenn das soziale Konstrukt Frauen benachteiligt, werden sie sich davon befreien, sobald sie die Möglichkeit dazu haben.

Die misogyne Hetze gegen Politikerinnen und andere prominente Frauen in sozialen Medien und nicht zuletzt der Aufstieg der AfD zeigen, wie sehr sich Männer vom Ausbruch der Frauen aus tradierten Normen bedroht fühlen. Die Partei wirbt offensiv dafür, dass Frauen sich auf ihre »traditionelle« Rolle besinnen sollen. Ein Instagram-Post der AfD Sachsen, der aufgrund eines Shitstorms wieder aus dem Netz genommen wurde, vergleicht »Die traditionelle Frau« und »Moderne ›befreite‹ Feministinnen«. Die Traditionalistin »Liebt ihre Familie und ihre Heimat«, »ist stolz, für ihre Kinder zu leben, unterstützt ihren Mann in Liebe«. Die Feministin trägt laut AfD »Tonnen von Make-up wegen ihres geringen Selbstbewusstseins«, hat »häufig wechselnde Beziehungen«, »arbeitet im Mindestlohn, weil niemand ihren Gender-Abschluss braucht« und hat »schon ihre dritte Abtreibung mit 22 und ist stolz darauf«.[16]

Was wie eine Satire anmutet und als irrige Fantasie eines Ewiggestrigen abgetan werden könnte, ist leider bitterer Ernst. In diesem Post finden sich einige der stärksten Narrative des Patriarchats gegenüber selbstbestimmten Frauen wieder: Sie sind hässlich, nicht fähig, eine ernsthafte Beziehung zu führen (was hier fehlt: weil die Männer sie ohnehin nicht wollen), sie ergreifen Berufe, die keine gesellschaftliche Relevanz haben (im Gegensatz zu den Berufen von

Männern), und vor allem sind sie durch körperliche Selbstbestimmtheit eine Bedrohung für das Leben an sich.

Care-Arbeit oder die Frage nach bezahlter und unbezahlter Arbeit

Über alle Gesellschaftsschichten hinweg und unabhängig von politischen Gesinnungen finden es in der westlichen Welt sowohl Frauen als auch Männer bis heute ungewöhnlich, wenn eine Frau mehr verdient als ihr Mann. Forscher*innen haben für die USA und die Schweiz herausgefunden, dass Paare beim Einkommen unterbeziehungsweise übertreiben, wenn sie mehr verdient als er. Frauen neigen dann dazu, gegenüber anderen ihr Einkommen herunterzuspielen und das ihres Mannes zu übertreiben. Männer beziffern das Gehalt ihrer Partnerin zu niedrig, um die Differenz zu ihrem eigenen Einkommen zu verkleinern.[17]

Die Ökonomin Joanna Syrda von der britischen Universität Bath hat herausgefunden, dass es Männer sogar psychisch belastet, wenn ihre Frauen wesentlich zum Haushaltseinkommen beitragen. Sobald die Partnerin 40 Prozent oder mehr des Haushaltseinkommens aufbringt, steigt ihr Stresspegel. Rationale Gründe dafür gibt es keine. Laut der Studie macht den Männern die gefühlte Verschiebung der Machtverhältnisse zu schaffen, und sie haben Angst, dass ihre Frau sie verlassen könnte, wenn diese nicht auf ihr Geld angewiesen ist.[18] Die Männer sehen Geld als Mittel, ihre Frauen an sich zu binden. Brutaler ausgedrückt: Männer nehmen den Vorteil, den sie durch eine finanzielle Abhängigkeit ihrer Partnerin haben, durchaus wahr.

Auf die Aufteilung der Aufgaben im Haushalt, auch das hat die Forscherin herausgefunden, hat die Einkommensverteilung von Hetero-Ehepaaren keinen Einfluss. Frauen erledigen den größeren Teil im Haushalt, egal, wie viel sie verdienen. Während man meinen könnte, das würde sich ändern, sobald Kinder ins Spiel kommen, hat Syrda auch hierzu Interessantes zu berichten: Je höher der Einkommensunterschied zwischen den Eltern, desto mehr Care-Arbeit übernimmt die Frau. Und zwar auch dann, wenn sie mehr verdient! »Neutralisierung der geschlechtsspezifischen Abweichung« nennt das eine Theorie aus der Forschung. Sie besagt, dass Paare, bei denen sie mehr verdient als er, die Abweichung von der sozialen Norm mit einer besonders traditionellen Aufteilung der Haus- und Care-Arbeit ausgleichen.[19]

Ich habe das selbst erlebt, als ich eine Zeit lang Alleinverdienerin meiner Familie war. Mein Mann hatte keine Bedenken, zumindest zeitweise finanziell von mir abhängig zu sein. Mein Job ermöglichte es uns, einige Jahre im Ausland zu leben, was uns beiden gut gefiel. Wir profitierten also beide davon, dass ich vorübergehend unser Familieneinkommen allein verdienen konnte. Eines stellte er aber sofort klar: »Ich werde kein Hausmann.« Über Jahre teilten wir uns Haus- und Care-Arbeit, während ich fulltime und er gar nicht erwerbstätig war. Es war ein Kompromiss, mit dem wir beide leben konnten, auch wenn ich manchmal dachte, dass das anders gewesen wäre, wenn ich eine Frau geheiratet hätte. Ich verstand, warum es Männern immer möglich gewesen war, große Karrieren zu machen und trotzdem eine Familie zu haben: Sie hatten Frauen, die sich um die gesamte »Life-Maintenance« kümmerten, und um die Kinder noch dazu. Es versteht sich, dass man sich dann ganz anders auf den Job konzentrieren kann, ganz abgesehen davon, dass man mehr Zeit dafür hat.

Von Wunsch und Wirklichkeit der Chancengleichheit

In Deutschland fällt auf, dass zwar viel über Chancengleichheit gesprochen wird und sowohl Männer als auch Frauen sie für wichtig halten, die Realität das aber nicht widerspiegelt. Einem Bericht des Bundesfamilienministeriums zufolge wollen mehr als die Hälfte der Paare in Deutschland zu gleichen Teilen arbeiten gehen und das Kind versorgen. Doch nur 14 Prozent setzen dieses Modell tatsächlich um, wenn das Kind geboren ist.[20] »Verbale Aufgeschlossenheit bei weitgehender Verhaltensstarre«, so nannte der Soziologe Ulrich Beck dieses Phänomen bereits in den 1980er-Jahren.[21] Heute fällt es unter den Begriff »Unconscious Gender Bias«, also die unbewusste geschlechtsspezifische Voreingenommenheit. Sie führt dazu, dass sowohl Frauen als auch Männer in tradierte Rollenbilder zurückfallen, obwohl sie das eigentlich nicht wollen.

Die Folge: Weil viele Menschen in Deutschland davon ausgehen, dass wir längst gleichberechtigt seien, wird die Forderung nach Gleichberechtigung oft – und besonders lautstark von Männern – als übertrieben abgetan. Dabei muss man sich nur die diversen Gaps ansehen, um zu erkennen, wie weit wir davon entfernt sind. Allen voran der Lifetime-Earning-Gap, der aufzeigt, dass Frauen über ihr gesamtes Leben genau die Hälfte dessen an Einkommen erwirtschaften, was Männer im Lauf ihres Lebens verdienen. Der Gender-Pay-Gap (18 Prozent) und der Gender-Pension-Gap (knapp 40 Prozent ohne Hinterbliebenenrente) sind weitere eindrückliche Beispiele.

»Die Vorstellung eines männlichen ›Ernährers‹ in heterosexuellen Ehepaaren mag altmodisch erscheinen«, schreibt Syrda. »Aber als soziales Konstrukt hat sich die Auffassung, dass die Hauptaufgabe des Ehemanns darin besteht, Geld zu verdienen, als außerordentlich langlebig erwiesen.« Untersuchungen in vielen Ländern zeigten, so die Forscherin, dass die Wahrnehmung von Männlichkeit mit der Rolle des Hauptverdieners verbunden ist.[22]

Es ist daher nicht überraschend, dass Paare deutlich harmonischer zusammenleben, wenn beide Partner*innen gleich viel verdienen oder eine traditionelle Rollenteilung gelebt wird.[23] In Deutschland sind jedoch immer weniger Frauen gewillt, dabei mitzuspielen. Immer mehr von ihnen entscheiden sich ganz bewusst für ein Leben ohne Kind.[24] Jede fünfte Frau hat keine Kinder. »Wir konnten uns beide nicht vorstellen, beruflich kürzerzutreten«, sagte mir eine Bekannte, die eine steile Karriere hingelegt hat und kinderlos ist.

Männer stellen sich die Frage »Kind oder Karriere?« nicht. Sie bauen darauf, dass im Zweifel die Frau beruflich zurückstecken wird. Das Beispiel meiner Bekannten zeigt allerdings, finanziell unabhängige Frauen ziehen da nicht mehr unbedingt mit. So gesehen sind die Ängste der Männer vor unabhängigen Frauen durchaus nachvollziehbar. Sie können sie nicht mehr zwingen, bei ihnen zu bleiben oder Kinder zu bekommen.

Ich erlebte auf LinkedIn, wie entsetzt Männer sind, wenn Frauen traditionelle Rollenbilder infrage stellen. 2023 eröffnete ich einen Post mit den Worten: »Haltet eure Töchter davon ab, zu heiraten und Kinder zu bekommen, und empfehlt es euren Söhnen.« Anlass dieses Posts waren Zahlen des Bundesfamilienministeriums, die mich bis heute schockieren: Lediglich 10 Prozent aller Frauen zwischen dreißig und fünfzig Jahren haben ein Nettoeinkommen von mehr als 2000 Euro, bei Männern sind es 42 Prozent. Von den verheirateten Frauen erreichen sogar nur 6 Prozent dieses Einkommensniveau. Das hat auch mit dem Ehegattensplitting zu tun, das die Steuerlast für das niedrigere Einkommen erhöht, während das ohnehin schon höhere Einkommen weniger belastet wird. Diese günstige Steuerklasse III wird in über 80 Prozent der Fälle von Männern genutzt. Die Angabe, wie viel Prozent der verheirateten Männer ein Einkommen von mehr als 2000 Euro haben, fehlt leider in dem Ministeriumsbericht.[25] Bekannt ist, dass verheiratete Männer im Schnitt mehr verdienen als unverheiratete Männer.[26] Die Einkommen unterscheiden sich noch stärker, wenn Kinder ins Spiel kommen. Frauen mit einem Kind verdienen rund 40 Prozent weniger als Frauen ohne Kind. Bei zwei Kindern sind es 50 Prozent, bei drei Kindern 70 Prozent weniger. Und die Väter? Sie verdienen rund 20 Prozent mehr als kinderlose Männer![27]

Mein Post ging viral, obwohl ich zu diesem Zeitpunkt keine 500 Follower*innen hatte. Grund dafür waren die Kommentare von Männern. Ein Professor erklärte mir, dass man aus diesen Zahlen nicht den Schluss ziehen könne, dass Frauen notgedrungen die unbezahlte Care-Arbeit übernähmen, sondern dass Frauen sich Männer mit Geld suchten, um nicht mehr arbeiten zu müssen (die Frauen sind also selbst schuld); ein anderer Kritiker meinte allen Ernstes, Frauen hätten doch dafür im Gegensatz zu Männern Zeit für ihre Kinder, seien also die Gewinnerinnen dieser Statistiken. Mir wurde vorgeworfen, Äpfel mit Birnen zu vergleichen, und ich würde »beeindruckend kontextlose Zahlen« von mir geben. Das Ganze gipfelte darin, dass ein Kommentator mutmaßte, ich sei eine von denen, die nie einen Mann abbekommen. Insgesamt bekam der Post hundert Kommentare. Darunter auch einige von Frauen, die ihre Entscheidung, bei den Kindern zu bleiben, verteidigten und sich dagegen wehrten, dass ihre Care-Arbeit finanziell aufgerechnet werde.

Die Ökonomin Johanna Posch von der Uni Zürich hat erforscht, warum die langfristigen Einkommenseinbußen von Frauen nach der Geburt des ersten Kindes in Deutschland und in Österreich im Vergleich zu anderen europäischen Ländern so groß sind. Sie kam zu der Erkenntnis, dass nicht etwa fehlende Kitaplätze die Erklärung sind, sondern soziale Normen. So findet beispielsweise die Frage, ob eine Mutter mit Kindern im Vorschulalter zu Hause bleiben sollte, in Deutschland 35 Prozent Befürworter*innen, in Österreich 40 Prozent. In den skandinavischen Ländern wird die Frage nur von 10 Prozent bejaht. Dort arbeitet denn auch die Hälfte der Mütter Vollzeit, auch wenn sie kleine Kinder haben. In Deutschland sind es nur knapp 16 Prozent. Entsprechend klein sind die Gehaltseinbußen schwedischer Mütter. Das zeigt aus Sicht Poschs: Die Veränderung sozialer Normen ist möglich. Die skandinavischen Gesellschaften seien da schon weiter als die deutsche.[28] Ob die Männer in Schweden abends kochen und den Abwasch machen oder ob eher das Modell DDR gelebt wird, bliebe allerdings noch zu klären.

Interessant war auch das Gespräch, das ich mit einer Soziologie-Professorin führte. Sie erzählte mir, dass sie das Thema Geld Studierenden gegenüber regelmäßig anspricht. Sie möchte darauf aufmerksam machen, dass in sozialen Jobs mitunter sehr wenig verdient wird. Daher ermuntert sie ihre Studierenden, sich mit der Frage auseinanderzusetzen, welche langfristigen finanziellen Auswirkungen ihr Berufswunsch und damit die Schwerpunktsetzung ihres Studiums haben könnte. Die Reaktionen darauf seien gemischt, sagte sie. Einige Studierende freuten sich über die Gedankenanregung. Die Mehrzahl aber sei empört. Wer einen sozialen Beruf ergreife, dem sei Geld nun mal nicht wichtig, laute eine häufige Reaktion.

Mir ist bewusst, dass sich auch in Deutschland schon einiges geändert hat, und ich möchte keinesfalls unterstellen, dass alle Männer mit den traditionellen Rollenzuschreibungen einverstanden sind. Männer sind genauso sozialen Normen unterworfen wie Frauen. Auch sie sehen sich mit Erwartungen konfrontiert und sind gesellschaftlichem Druck ausgesetzt. Als mein Mann in seiner Firma Teilzeit einreichte, um mehr Zeit mit unserem Sohn verbringen zu können, lehnte die Firma den Antrag ab. Bei einer Mitarbeiterin hätte das Unternehmen vermutlich anders entschieden.

Was heißt all das nun für dich? Als Erbin kommst du gleich auf mehreren Ebenen mit tradierten Normen in Konflikt. Du kämpfst mit deiner sozialen Prägung als Frau und mit den allgemeinen gesellschaftlichen Rollenzuschreibungen. Wenn du dich für dein Erbe schämst, dich damit überfordert fühlst oder es innerlich sogar ablehnst, weißt du jetzt, warum. Und sei gewiss: Es geht vielen Frauen so. Negative Reaktionen in deinem Umfeld und auch in der Partnerschaft kannst du dir nun hoffentlich ebenfalls besser erklären. Einfach wegwischen kannst du deine Gefühle und die Einstellungen anderer deshalb natürlich nicht. Soziale Normen wirken unbewusst und sind daher besonders hartnäckig. Ärgere dich also nicht über dich selbst, wenn du dich bisher zu wenig oder gar nicht um dein Geld gekümmert hast. Es liegt nicht an dir. Wenn du diese negative Energie hinter dir gelassen hast, fällt es dir leichter, deine Finanzen aktiv zu managen.

Negative Einstellungen zu Geld überwinden

Neben der Tatsache, dass Frauen in unserer Gesellschaft tendenziell eine negative Einstellung zu Geld beigebracht wird, gibt es noch die individuelle Prägung durch das Elternhaus oder das engere Umfeld. Sie zeigt sich durch Glaubenssätze, die in unserem Unterbewusstsein verankert sind. Ein wichtiger Schritt, negative Gefühle in Verbindung mit Geld zu überwinden, ist daher, sich prägende Glaubenssätze bewusst zu machen. Wenn du deine Glaubenssätze kennst, kannst du herausfinden, ob sie dir nützen oder schaden, und sie entsprechend bearbeiten, sie also verändern. Warum das wichtig ist? Weil die Glaubenssätze einen großen Einfluss auf deine finanzielle Situation haben. Der Glaubenssatz »ich verstehe nun einmal nichts von Geld« bewahrheitet sich, weil du danach handelst: Du tust nichts, um dir Wissen anzueignen. Dieser Glaubenssatz hemmt dich als Erbin definitiv. Höchste Zeit, ihn abzulegen.

Es mag banal klingen, aber wenn wir alte Denkmuster hinterfragen, können wir ganz neue Perspektiven gewinnen. Reframen nennt man das, etwas in einen neuen Kontext stellen. Das funktioniert auch mit unserer Einstellung zu Geld. Der japanische Finanzautor Ken Honda geht davon aus, dass nicht etwa Geld großen Einfluss auf uns hat, sondern wir vielmehr beeinflussen können, wie es um unser Geld steht. In seinem Buch *Happy Money* beschreibt er, wie unsere Einstellung zu Geld uns lähmen oder auch beflügeln kann.[29] Unsere Energie fließt demnach dorthin, wo unser Fokus liegt. Wer in ständiger Angst lebt, nicht genug Geld zu verdienen oder Geld zu verlieren, hat keine Energie mehr, Pläne zu machen, die sein Leben verbessern könnten. Deshalb wirkt der Glaubenssatz »Ich werde nie Geld haben« wie eine selbsterfüllende Prophezeiung, denn mit dieser Einstellung denke ich auch nicht darüber nach, wie ich sparen könnte. Wenn ich der Meinung bin, dass mir Geld immer zwischen den Fingern verrinnt, dann wird genau das passieren.

Wie du in den Money-Flow kommst

Honda zufolge sind wir geradezu besessen von der Vorstellung, dass wir möglichst viel Geld benötigen, um ein gutes Leben führen zu können. Anders gesagt: Um glücklich zu sein, so denken wir, müssen wir materielle Werte besitzen – ein Haus, ein dickes Auto, bei Frauen gerne viel Kleidung oder Schmuck. Natürlich wissen wir alle: Zum Glück gehört viel mehr, entscheidend sind dafür Gesundheit, Freunde und Familie. Dennoch stimmt es, dass wir Getriebene sind. Ständig denken wir, es fehlten uns Dinge zu unserem Glück oder dass andere mehr haben als wir und daher sicher glücklichere Menschen sind. Wir projizieren unsere Gefühle auf Geld, weil wir denken, es bringe uns Sicherheit, Freiheit oder Kontrolle über andere. Selbst reiche Menschen haben nie genug, denn sie vergleichen sich mit noch reicheren Menschen. Honda nennt das den Mythos des Mangels.

Unser Wirtschaftssystem basiert auf diesem Prinzip. Nur wenn wir immer mehr und immer neue Dinge haben wollen, wird der Wirtschaftskreislauf in Gang gehalten. Deshalb suggeriert uns die Werbung, dass Wohlstand sich an rein materiellen Werten bemisst. Wir wissen aber längst, wie selbstzerstörerisch dieser Wachstumswahn wirkt. Und wer sagt, es gebe keine Alternative zum permanenten Wachstum, weil sonst Millionen oder gar Milliarden Menschen ohne Arbeit wären, dem sei unter anderem das Buch *Das Ende des Kapitalismus* von Ulrike Herrmann empfohlen.[30]

Ken Honda äußert sich nicht zu diesem Kreislauf, in seinem Buch bleibt er auf der persönlichen Ebene. Wer weniger konsumiert, übt aus seiner Sicht keinen Verzicht (um einen weiteren, aktuell oft strapazierten Begriff zu benutzen), sondern befreit sich von Angst und Mangelgefühl. Er schreibt: »... wenn wir keinen

Draht mehr zu den zugrunde liegenden Emotionen haben, können wir uns in einer Spirale des ewigen Geldverdienens verlieren, ohne unsere eigentlichen Bedürfnisse zu verstehen.«[31] Honda ermuntert seine Leserschaft, den Blick auf das Wesentliche zu richten: Was macht mir Spaß, was sind meine Stärken? Wenn wir eine erfüllende Aufgabe haben und sie gut erledigen, können wir damit in der Regel Geld verdienen und gleichzeitig richtig zufrieden sein, egal, ob es viel oder wenig Geld ist. Wer sein Geld dann noch mit Bedacht ausgibt und vielleicht sogar etwas sparen kann, der hat den »Fluss des glücklichen Geldes« gefunden, wie Honda sagt. So wirst du zwar nicht unbedingt Millionärin, du befreist dich aber von dem Druck, eine werden zu müssen.

Vielleicht denkst du jetzt: Nun habe ich endlich einmal Geld zur Verfügung, und da wird mir der Spaß am Geldausgeben sogleich vermiest. Wenn du geerbt hast oder erben wirst, steht die Frage, wie du Geld verdienen oder sparen kannst, vermutlich auch nicht gerade oben auf deiner Prioritätenliste. Doch darum geht es auch gar nicht. Bevor du dich daranmachst, dein Erbe zu verplanen, solltest du dir dein Verhältnis zu Geld bewusst machen. Erst dann kannst du gute Entscheidungen treffen, die du später nicht bereust.

Voraussetzung für diesen Befreiungsschritt ist, dass wir uns von den alten Denkmustern lösen, die unser Verhältnis zu Geld so verkrampfen. Noch einmal mit Honda gesprochen: Wir müssen unseren emotionalen Finanzquotienten (EQ) neu ausrichten, der mindestens so wichtig ist wie der Finanz-IQ, also das Finanzwissen. Das sollte uns Frauen doch gelingen, mit Emotionen kennen wir uns schließlich aus.

Wie bereits erwähnt, ist der Satz »Geld allein macht nicht glücklich« durchaus richtig, aber das heißt noch lange nicht, dass Geld nicht zum Glück beitragen kann. Ein finanzielles Polster hilft, Dinge zu verwirklichen, die uns glücklich machen: eine Auszeit mit der Familie zum Beispiel. Und ja, »Reichtum macht einsam«, wenn eine reiche Person nur darauf bedacht ist, ihr Geld zu horten, und Kontakt zu anderen Menschen meidet, weil sie befürchtet, sie könnten nur auf Geschenke oder Finanzspritzen aus sein. Wer seinen Reichtum nutzt, um gemeinnützige Projekte zu unterstützen, und gern Gäste um sich schart, ist bestimmt nicht einsam.

Wir neigen dazu, dass uns die Menschen auffallen, die unseren Glaubenssätzen entsprechen. Wenn ich daran glaube, dass Geld den Charakter verdirbt, sehe ich die Trumps dieser Welt. Wenn ich denke, dass Geld glücklich macht, werden mir Menschen ins Auge fallen, die viel Geld haben und glücklich sind. Unseren Charakter haben wir mit und ohne Geld. Er tritt vielleicht stärker hervor, wenn wir sehr viel oder sehr wenig Geld besitzen. So lassen sich beispielsweise Herrschsucht oder Fürsorglichkeit mit viel Geld einfacher ausleben als ohne.

Hast du schon einmal darüber nachgedacht, welche Attribute du mit Geld verbindest? Schreib deine Glaubenssätze doch einmal auf. Wie wurde in deinem Elternhaus über Geld gedacht, wie darüber gesprochen, und wie locker saß das Portemonnaie? Wie sprichst du in deiner Partnerschaft oder mit Freunden über Geld? Als Hilfestellung haben wir eine Liste gängiger Glaubenssätze zusammengestellt, an denen du dich orientieren kannst. Wo musst du innerlich nicken? Wo hallt etwas wider?

Deine Glaubenssätze können auch ganz andere sein als die aufgelisteten. Wichtig ist, dass du dir darüber klar wirst, welche es sind – egal, ob sie negativ oder positiv sind. Es kann durchaus etwas dauern, bis du deine Liste vervollständigt hast. Wenn es nicht sofort klappt, beobachte dich in den nächsten Tagen und Wochen. In welchen Situationen denkst du an Geld? Was denkst du? Wie fühlt es sich an?

Und noch etwas: Neben den klassischen Glaubenssätzen wie »Geld verdirbt den Charakter« findest du in der Liste auch solche, die erst auf den zweiten Blick etwas mit Geld zu tun haben, zum Beispiel wenn Frauen auf Einkommen verzichten, um Familienmitglieder zu betreuen oder zu pflegen. Auch sie legen sich Geld-Glaubenssätze zurecht, die zu ihrer Lebenssituation passen. Doch Achtung: Hinter solchen Glaubenssätzen verbergen sich nicht selten die im vorherigen Kapitel genannten soziale Normen, die Frauen an einer freien Entfaltung hindern. Wenn du dich auf den Weg zu finanzieller Selbstbestimmung machen willst, solltest du diese Glaubenssätze kennen und kritisch hinterfragen.

Gängige Geld-Glaubenssätze

Die besten Dinge im Leben sind kostenlos.
Geld verdirbt den Charakter.
Ich werde immer einen Weg finden, Geld zu haben.
Wenn ich wollte, könnte ich reich werden, aber ich will gar nicht.
Mütter, die arbeiten, verpassen das Beste im Leben.
Ich verstehe nun einmal nichts von Geld.
Geld ist die Messlatte für meinen Erfolg.
Soziale Berufe und Reichtum passen nicht zusammen.
Ich habe eine Gehaltserhöhung gar nicht verdient.
Geld allein macht nicht glücklich.
Geld haben immer die anderen.
Wenn ich viel Geld habe, habe ich es anderen weggenommen.
Wir können es uns nicht leisten, dass mein Mann wegen der Kinder Teilzeit arbeitet.
Carpe diem – ich will mein Leben jetzt genießen, wozu auf die Zukunft sparen?
Wer reich ist, hat keine Freunde mehr.
Geld muss man verdienen, geschenkter Reichtum hat etwas Anrüchiges.
Reich werden nur die Supertalente.
Kinder, die in Wohlstand aufwachsen, sind lebensuntüchtig.
Reichtum ist obszön.
Wer den Pfennig nicht ehrt, ist des Talers nicht wert.
Reichtum schafft Neider.
Über Geld spricht man nicht.
Wenn ich genug Geld hätte, könnte ich so leben, wie ich will.

Als ich zum ersten Mal eine Liste zu Geld-Glaubenssätzen sah, fand ich sie anfangs nicht sonderlich interessant. Die Liste umfasste etwa fünfzig Sätze, von »Geld stinkt« bis »Geld macht frei«. Ich fing an zu lesen, die ersten Sätze hatten nichts mit mir zu tun. Aber dann stand da »Geld ist nicht wichtig«, und das dachte ich tatsächlich! Vor allem die Trennung meiner Eltern und ihr anschließender Streit ums Geld hatten bei mir Spuren hinterlassen. Zu den ganz konkreten Geldsorgen meiner Mutter, die fünfzehn Jahre lang die klassische Rolle als Hausfrau und Mutter übernommen hatte, kam die Kränkung hinzu, für eine andere Frau verlassen worden zu sein. Diese Kränkung berechtigte sie in ihren Augen für eine besonders hohe finanzielle Entschädigung. Einige Jahre nach der Scheidung verklagte sie meinen Vater auf weiteren Unterhalt. Sie gewann den Prozess. Allerdings hat die Klage in unserer Familie für sehr viel Stress und negative Gefühle gesorgt. Ich war sechzehn Jahre alt und geriet zwischen die Fronten, trotz aller Versuche, mich rauszuhalten.

Wie mir erst viel später bewusst wurde, habe ich durch die Trennung meiner Eltern und den darauffolgenden Streit um Geld zwei Dinge fürs Leben gelernt. Der erste Lerneffekt hat sich letztlich positiv auf mein Leben ausgewirkt: Mache dich niemals abhängig vom Geld anderer! Zu sehen, wie meine Mutter mit vierzig Jahren beruflich von vorne anfangen und ihren Lebensstandard herunterschrauben musste, war schmerzhaft. Für mich stand daher fest, dass ich immer mein eigenes Geld verdienen wollte. Daran habe ich mich gehalten. Der zweite Lerneffekt hatte negative Folgen. Durch den interfamiliären Ärger, den die Klage meiner Mutter ausgelöst hatte, lehnte ich es schlicht ab, mich weiter mit dem Thema zu beschäftigen. Die Auseinandersetzung mit Geld bedeutete Stress, und den wollte ich vermeiden. Größtmögliche Naivität, um nicht zu sagen Dummheit, was meine Finanzen anging, waren die Folge.

Der zweite Satz, bei dem ich innehielt, war »Geld verdirbt den Charakter«. Auch hier verstand ich erst mit der Zeit, dass dieser Glaubenssatz aus der Ecke meiner Mutter kam. Ich kann nicht sagen, ob sie schon immer dieser Meinung gewesen war oder ob sie aufgrund ihrer Situation nach der Trennung diesen Glaubenssatz entwickelt hatte. Jedenfalls wurde mir bewusst, dass reiche Menschen bei ihr grundsätzlich nicht gut wegkamen. Heute würde ich sagen, dass diese Einstellung eine Mischung aus Selbstschutz und Neid sowie aus religiösen, anthroposophischen, linken und reaktionären weltanschaulichen Ideen war. Ob der Stellenwert von Geld oder sein Einfluss auf den Charakter – ich stellte fest, dass ich die beiden genannten Glaubenssätze für allgemeingültige Wahrheiten gehalten hatte, über die ich nie weiter nachgedacht und die ich auch nie hinterfragt hatte. Mit der gleichen Überzeugung hielt ich viele andere Sätze für Unsinn.

Ulrike hat festgestellt, dass ihre Einstellung zu Geld gar nicht so negativ ist: »*Zwar denke auch ich durchaus ›Geld ist nicht alles‹. Wenn ich meine Kindheit betrachte, also die Prägung durch das Elternhaus, dann habe ich jedoch auch positive und förderliche Geldeinstellungen mit auf den Weg bekommen. Ein passender Glaubenssatz wäre vielleicht ›Geld stinkt nicht‹, auch wenn der so nie gefallen ist. Meine Eltern, die beide aus bescheidenen Verhältnissen kamen, haben sich im Laufe ihres Lebens einen sehr hohen Lebensstandard erarbeitet – dank des Geldes, das mein Vater mit seinem selbst gegründeten Unternehmen verdiente. Sozialer Aufstieg, Wohlstand und auch das Ansehen waren für sie mit ihrem Einkommen verbunden. Da sie andererseits bodenständig blieben und ihren Reichtum nicht zur Schau stellten, also nicht damit protzten, habe ich selbst als linksbewegter Teenager nie eine grundsätzliche Abscheu gegen Geld entwickelt. Besonders mein Vater war außerdem sozial engagiert und damit durchaus ein Vorbild für mich. ›Geld‹ und ›gut‹ passten für mich schon immer zusammen. Ich beichte hier aber gern, dass ich durchaus eine Phase hatte, in der ich großspurig verkündete, an einem Erbe nicht interessiert zu sein. Das gab sich später allerdings wieder.*

Was den alltäglichen Umgang mit Geld angeht, ist meine Prägung komplizierter. Geldanlagen hielt mein Vater, der in Finanzfragen bei uns zu Hause das Sagen hatte, fast für unanständig. ›Geld muss arbeiten‹, lautete seine Devise. Damit meinte er: Geld gehört ins – eigene – Unternehmen, also in den Wirtschaftskreislauf, und nicht aufs Sparkonto. So handelte er auch. Gewinne reinvestierte er als Geschäftsmann zum Großteil in den eigenen Betrieb – anders als Privatpersonen, die mit einem Aktienkauf indirekt in fremde Unternehmen investieren. Ich denke, mich hat schon beeinflusst, dass mein Vater mit Geldanlagen allgemein fremdelte. Als er später doch damit anfing, war er nicht sehr erfolgreich. Das allerdings habe ich erst nach seinem Tod erfahren.«

Remake für deine Einstellung zu Geld

Wenn du deine Glaubenssätze identifiziert hast, kannst du damit beginnen, Sätze, die dich in deiner persönlichen Entwicklung behindern, zurückzudrängen und andere zu verstärken. Eine Anleitung findest du weiter unten. Wichtig zu wissen: Das ist ein Prozess, der ein paar Wochen oder auch ein paar Jahre dauern kann, je nachdem, wie stark sich die Glaubenssätze bei dir eingebrannt haben und wie hartnäckig dein Unbewusstes ist. Freud lässt grüßen! Familiäre Schicksalsschläge, bei denen Geld eine Rolle gespielt hat, oder auch starke Überzeugungen der Eltern Geld betreffend lassen sich nicht so ohne Weiteres überwinden. Oft gehen solche Prägungen schon auf die Großeltern oder Urgroßeltern zurück, die vielleicht schwere Krisen wie die Weltwirtschaftskrise Anfang des 20. Jahrhunderts miterlebt haben. Viele Familien haben damals alles verloren, viele wussten nicht, wie sie ihre Kinder ernähren sollten. Es herrschte blanke Not.

Solche Erlebnisse können schwere Traumata verursachen, die sich über Generationen vererben. Es ist nicht leicht, sich davon zu befreien. Dein Unbewusstes lässt nicht einfach locker, nur weil dein Kopf ein paar gute Argumente bringt. Aber keine Sorge, du kannst deine Glaubenssätze beeinflussen. Du brauchst dazu nichts außer deinen Kopf und etwas Geduld.

Die erste Lehre, die du aus deiner Auflistung ziehen kannst, ist folgende: Nichts von alledem, was du aufgeschrieben hast, stimmt, oder alles – es kommt schlicht darauf an, wie du die Welt sehen willst. Deine Glaubenssätze haben nur für dich Gültigkeit und für niemanden sonst. Glaubenssätze von Freunden oder Familienmitgliedern kannst du einfach vergessen, sie spielen für dich keine Rolle.

Als Nächstes nimmst du die Vogelperspektive ein. Analysiere, was hinter deinen Glaubenssätzen steckt. Sagen sie etwas über die Persönlichkeit von Menschen aus oder über soziale Normen der Gesellschaft? In welche dieser Kategorien fallen deine Glaubenssätze, und was bedeutet das? Dient ein Glaubenssatz vielleicht dazu, Frauen kleinzuhalten? Einer wie: »Soziale Berufe ergreift man aus Idealismus, nicht, um Geld zu verdienen.« Könnte ein bestimmter Glaubenssatz vielleicht auch ganz bequem für dich sein, weil er dir hilft, deine Lebenssituation zu rechtfertigen? Wenn Geld nicht wichtig ist, musst du dich schließlich nicht weiterbilden, um einen besser bezahlten Job zu bekommen. Solche Glaubenssätze nennt man pseudopositiv, denn sie dienen dazu, sich negative Umstände schönzureden. Man fühlt sich mit ihnen besser, als wenn man sich täglich vor Augen führt, dass im eigenen Leben etwas schiefläuft. Noch zielführender ist es aber, solche Glaubenssätze zu entlarven und die Weichen im Leben so zu stellen, dass du eine pseudopositive durch eine positive Einstellung ersetzen kannst.

Nach der Vogelperspektive kommt die Lupe. Gerade scheinbar allgemeingültige, aber diffuse Glaubenssätze solltest du auf ihren Inhalt überprüfen und ganz konkret hinterfragen. Probier es aus: Je tiefer du bohrst, desto oberflächlicher erscheinen viele Glaubenssätze. Manche lösen sich sogar in Luft auf.

Geld-Glaubenssätze und wie wir sie knacken

Geld und Glück	
Geld allein macht nicht glücklich.	Machen denn andere Dinge, etwa Liebe oder Gesundheit, allein glücklich? #LeereFloskel
Carpe diem – ich will mein Leben jetzt genießen, wozu auf die Zukunft sparen?	Warum geht nicht beides? #I♥Altersarmut
Die besten Dinge im Leben sind kostenlos.	Gibt es nicht auch tolle Dinge, die nicht kostenlos sind? #UmsonstIstNurDerTod
Wenn ich genug Geld hätte, könnte ich so leben, wie ich will.	Weißt du, wie du leben möchtest? Gäbe es einen anderen Weg, das zu verwirklichen? #AusredeFürPassivität
Geld und Persönlichkeit	
Geld verdirbt den Charakter.	Würdest du mit viel Geld zu einem charakterlosen Menschen werden? Wenn das nicht für dich gilt, warum dann für andere? #Neidalarm
Ich bin es nicht wert, viel Geld zu verdienen.	Sind andere, die mehr verdienen als du, mehr wert? #AutomysogenerQuatsch
Viel Geld bekommt man nur durch Rücksichtslosigkeit.	Sind reiche Künstler*innen rücksichtslos? #Neidalarm_II
Reich werden nur die Supertalente.	Was ist dein Supertalent? #Märchenstunde

Wenn ich wollte, könnte ich reich werden, aber ich will gar nicht.	Warum nicht? Wäre es nicht schön, Geld zu haben? Pseudopositive Vermeidungsstrategie aka #MerkstDuSelberOder?
Ich habe ein schlechtes Gewissen, weil ich mehr besitze als andere.	Geht es anderen dadurch schlechter? Würde es ihnen besser gehen, wenn du weniger hättest? #MasochismusAmLimit
Ich verstehe nichts von Geld.	Kannst du dir das Wissen nicht aneignen? Ausrede aka #Denkfaulheit
Reichtum ist obszön.	Warum? Kann Reichtum oder können Reiche nicht auch Gutes bewirken? #Neidalarm_III
Ich konnte noch nie gut mit Geld umgehen.	Höchste Zeit, das zu ändern! #Selbsterfüllende Prophezeiung
Ich werde immer einen Weg finden, Geld zu haben.	#PositiveEnergie
Geld und Gesellschaft	
Über Geld spricht man nicht.	Was passiert, wenn du über Geld sprichst? #LeereFloskel
Wer reich ist, hat keine Freunde mehr.	Meinst du, deine Freunde würden den Kontakt abbrechen, wenn du reich wärst? #Neidalarm_IV
Es ist nicht gerecht, dass einige reich sind und andere arm.	Nein, ist es nicht, und es gibt Menschen, die können tatsächlich nichts daran ändern, dass sie arm sind. Kannst du etwas daran ändern? #Allgemeinplatz

Geld muss man verdienen, geschenkter Reichtum hat etwas Anrüchiges.	Was ist daran anrüchig, etwas geschenkt zu bekommen? #Neidalarm_V
Männer sollten die Ernährer der Familie sein, Frauen das Geld zusammenhalten.	Wer sagt das? Soziale Norm aka #gähn
Geld und Partnerschaft	
Wer einen Ehevertrag braucht, sollte gar nicht erst heiraten.	Bei jeder Eheschließung unterzeichnest du einen Vertrag. Den liest sich nur keiner durch. Warum ihn nicht auf eure Situation anpassen? #NaivitätGetarntAlsRomantik
Es würde den Stolz meines Mannes verletzen, würde ich mehr verdienen als er.	Ist das dein Problem? Männer sind durchaus lernfähig – probiere es aus, vielleicht wäre es okay! #KotauVorDemPatriarchat
Mein Mann ist klüger als ich, klar, dass er mehr verdient.	Ist das so? Und falls ja, verdienen die Klügeren immer mehr? #SelbstverleugnungBisZurSelbstaufgabe
Mein Partner versteht mehr von Geld als ich.	Woher hat er dieses Wissen? Und schau doch mal genau hin, wie gut verwaltet er euer Geld wirklich? Ausrede aka #Denkfaulheit_II
Geld und Kinder	
Ich habe doch kein Kind bekommen, um es dann fremdbetreuen zu lassen.	Warum hast du ein Kind bekommen? Und: Für Babys sind erst mal alle Menschen fremd – bis sie es nicht mehr sind. Was heißt also fremd? Pseudopositive Vermeidungsstrategie aka #Mutterkeule

Eine Mutter gehört zu ihrem Kind.	Wer sagt das? Soziale Norm aka #Mutterkeule_II
Mütter, die arbeiten, verpassen das Beste im Leben.	Was genau ist das Beste im Leben? Kinder? Und Beziehungen, Freundschaften, eine erfüllende Aufgabe? Und verpassen Mütter, die arbeiten, wirklich ihre Kinder? #Mutterkeule_III
Mütter, die nicht arbeiten, sind Helikoptermütter und verziehen ihre Kinder.	Ist das ein Automatismus? Dann hätten wir in Deutschland ziemlich viele verzogene Kinder. #FrauenMachenEsImmerFalsch
Mütter, die wegen der Kinder nicht arbeiten, sind nur zu faul.	Kann eine Mutter jemals faul sein? Mit Kindern ist doch IMMER etwas tun, oder? #FrauenMachenEsImmerFalsch_II
Wir können es uns nicht leisten, dass mein Mann wegen der Kinder Teilzeit arbeitet.	Dann wird es höchste Zeit, dass du aufholst – während er auf die Kinder aufpasst. Was müsstet ihr ändern, damit ihr das finanziell stemmen könnt? #GrußVomPatriarchat
Kinder, die im Wohlstand aufwachsen, sind lebensuntüchtig.	Wie wäre es damit: Kinder, die im Wohlstand aufwachsen, lernen frühzeitig, ein gesundes Verhältnis zu viel Geld zu haben. #ReinesVorurteil
Geld und Beruf	
Ich arbeite Teilzeit, weil mein Partner mehr verdient.	Höchste Zeit, es herumzudrehen, damit du bald genauso viel verdienst. #Henne-und-Ei-Klassiker
Geld verdienen ist mir nicht wichtig.	Schön, solange jemand anderes finanziell für dich sorgt. Soziale Norm aka #WachAuf!

In meinem Beruf verdient man nun einmal nicht so viel.	Ist das denn gerechtfertigt? Warum suchst du dir dann nicht einen besser bezahlten Job, warum bildest du dich nicht weiter? Schließlich herrscht Fachkräftemangel. #UnnötigeOpferhaltung
Mein Unternehmen kann es sich nicht leisten, hohe Gehälter zu zahlen.	Dann hat dein Unternehmen das falsche Geschäftsmodell. Schnell weg da! #KapitalistischeNebelkerze
Mein Chef ermöglicht mir flexible Arbeitszeiten, dafür verzichte ich gern auf ein höheres Gehalt.	Hängt die Qualität deiner Arbeit denn von der Arbeitszeit ab? Und arbeitest du im Homeoffice weniger oder mehr? Pseudopositive Rechtfertigung aka #VorauseilenderGehorsam
Soziale Berufe ergreift man aus Idealismus, nicht, um Geld zu verdienen.	Warum arbeitest du dann nicht gleich ehrenamtlich? Und sind soziale Berufe für die Gesellschaft nicht besonders wichtig? Sollte sie sich diese Arbeit dann nicht auch etwas kosten lassen? Pseudopositive Rechtfertigung aka #Münchhausen-Stellvertreter-Syndrom
Soziale Berufe und Reichtum passen nicht zusammen.	Ist ein Beruf weniger sozial, wenn du darin gut verdienst? Soziale Berufe sind unterbewertet aka #WirMüssenReden
Wer gute Arbeit abliefert, verdient auch gut.	Mach den Realitätscheck unter deinen Kolleg*innen: Sind es wirklich immer die Besten oder die Fleißigsten, die am meisten verdienen? #AuchSoEinMärchen
Ich habe eine Gehaltserhöhung gar nicht verdient.	Wer sonst? #MasochismusAmLimit_II

Wie steht es also um deine Glaubenssätze? Halten sie der Realität stand? Kennst du zum Beispiel Menschen in deinem persönlichen Umfeld, deren Charakter durch Geld verdorben wurde? Treffen deine Glaubenssätze überhaupt auf dich selbst zu? Oder kannst du im Gegenteil Beispiele finden, die diese Glaubenssätze widerlegen? Gibt es in deinem Umfeld vielleicht Personen, die sich durch eine Erbschaft einen Traum erfüllen konnten und darüber richtig glücklich sind? Kann Geld also vielleicht doch glücklich machen?

Und kann Geld nicht auch Gutes bewirken? Hast du zum Beispiel Freunde oder Verwandte, die regelmäßig Geld spenden, auch wenn es nur kleine Summen sind? Ulrike und ich kennen nicht wenige Menschen, die über berufliche oder private Kontakte Menschen aus dem Ausland kennengelernt haben und nun kleinere oder größere Projekte in deren Heimatländern unterstützen. Wir beide machen es selbst so. Und ich versichere dir: Wer sein Geld so nutzt, hat ein sehr gutes Gefühl dabei. Eine Freundin von Ulrike hat viele Jahre ein Waisenhaus in Kamerun gefördert, wo sie vor einigen Jahrzehnten ein Auslandsjahr verbracht hat. Außerdem unterstützt sie eine ehemalige Kollegin, die gemeinsam mit ihrem Mann eine Gehörlosenschule in Indien aufgebaut hat. »Ich freue mich immer, wenn ich Neuigkeiten von den Schülerinnen und Schülern aus Indien höre. Es ist toll, dass ich etwas dazu beitragen kann, dass sie eine gute Ausbildung bekommen«, sagt sie. Auch Vereine und Stiftungen in Deutschland sind auf Spenden angewiesen – und bekommen auch welche. Es muss also viele Menschen geben, die sich Gedanken machen, wie sie ihr Geld sinnvoll ausgeben können.

Die Meinungen darüber, was sinnvolles Engagement ist, gehen natürlich auseinander. Der frühere Grünenpolitiker Tom Koenigs, der aus einer Bankiersfamilie stammt, verschenkte 1973 sein ererbtes Vermögen kurzerhand der kommunistischen Partei in Vietnam und an chilenische Widerstandskämpfer. »Irgendwas zwischen 500 000 und fünf Millionen Mark« seien es gewesen, sagte Koenigs später lapidar. Er selbst konnte mit dem Geld damals offenbar wenig anfangen. Er lebte in Frankfurt als Hausbesetzer, beteiligte sich an

Straßenkämpfen und arbeitete nach dem Studium eine Zeit lang als Schweißer bei Opel, um die Arbeiter vom Sozialismus zu überzeugen. Ob er seine Entscheidung jemals bereut hat, hat der heute Achtzigjährige nie preisgegeben. In jedem Fall hat er es auch ohne das geerbte Geld weit gebracht. Erziehung, Bildung, Habitus und Netzwerke haben ihm dabei geholfen – alles Dinge, die man nicht mit Geld kaufen kann. Koenigs war Bundestagsabgeordneter, Sonderbeauftragter der UN im Kosovo und in Afghanistan und Beauftragter der Bundesregierung für Menschenrechtspolitik und Humanitäre Hilfe.

Wenn du deinen Gefühlen in Verbindung mit Geld auf die Spur kommen willst, frage dich, wie du zu früheren Geldentscheidungen stehst. Welche siehst du heute noch als richtig an und warum? Welche haben sich im Nachhinein als falsch erwiesen, und wie wirkt das nach?

Grundsätzlich gilt: Es gibt nicht den einen Weg, um Glaubenssätze zu Geld zu hinterfragen. Zum einen, weil sie verschiedene Ursachen haben, zum anderen, weil wir alle Individuen sind. Du musst deinen eigenen Weg finden, deine Glaubenssätze zu überprüfen – und sie, wenn nötig, zu ändern. Auch die nachfolgenden Strategien können dabei hilfreich sein.

Weitere Strategien, um an deinen Glaubenssätzen zu arbeiten

Hinterfrage deine Glaubenssätze: Ist das wirklich so? Woher weiß ich das? Woran erkenne ich das? Finde ich vielleicht Beweise für das Gegenteil, wenn ich danach schaue?

Mach den Faktencheck: Wir neigen dazu, die Information wahrzunehmen, die unsere Meinung und unsere Glaubenssätze untermauern, und unterliegen dabei dem sogenannten *Confirmation Bias*, der unsere Wahrnehmung verzerrt. Gehe mit frischem Blick an das Thema Geld heran und recherchiere die Fakten. Wenn du einigermaßen Englisch verstehst, kann du zum Beispiel spannende Forschung zum Thema Geld und Glück bei TED Talks als gut verständliche Kurzvorträge auf YouTube finden.[32] Falls dein Englisch nicht ausreicht, kannst du auch nach deutschen TED Talks suchen, oder du nimmst künstliche Intelligenz zu Hilfe.[33] ChatGPT fasst YouTube-Videos zusammen, den Text wiederum kannst du dann von einem Übersetzungsprogramm übersetzen lassen.[34]

Drehe deine Glaubenssätze um: Sage dir beispielsweise: »Geld ist wichtig!« oder »Geld macht aus dir einen besseren Menschen«. Das ist gewöhnungsbedürftig, schließlich hattest du es dir jahrelang mit den gegenteiligen Überzeugungen gemütlich gemacht. Geld nicht wichtig zu finden, so dachtest du, würde dich davor bewahren, ein schlechter Mensch zu werden. Aber hast nicht auch du schon Gutes mit Geld bewirkt und jemandem ein schönes Geschenk bereitet, das die Person sich selbst nicht leisten konnte? Und was müsstest du dir selbst verkneifen, wenn du mit sehr wenig Geld auskommen müsstest? Ein Essen in einem Restaurant vielleicht, ein neues Fahrrad, eine schöne geräumige Wohnung oder Urlaube? Wäre dein Leben ohne all das genauso gut? Vermutlich nicht.

Spiel den Advocatus Diaboli: Eine recht radikale, aber sehr effektive Methode ist, die Rolle des sogenannten Anwalts des Teufels einzunehmen. Dazu diskutierst du am besten mit einer Freundin über Geld, wobei du jeweils die gegenteilige Meinung zu deinem Glaubenssatz vertrittst. Das hat den Effekt, dass du Argumente für die Gegenseite finden musst, die du sonst ausblendest. Und wer weiß, vielleicht findet dein Unterbewusstsein diese Argumente gar nicht so abwegig.

Suche dir Vorbilder: Suche dir Vorbilder für den Glaubenssatz, den du gerne hättest.

Versuche es mit bejahenden Aussagen: Suche dir einen Glaubenssatz, den du gerne annehmen würdest, und klebe ihn dir auf einem Post-it auf den Badezimmerspiegel oder auf den Kühlschrank. Das Gute daran: Unser Gehirn glaubt, was es täglich sieht, hört, liest. Wenn du einen positiven Glaubenssatz täglich siehst, wird er langsam einsickern, und du wirst anfangen, deinen Fokus darauf zu richten und dein Verhalten anzupassen.

Geld selbst ist weder gut noch schlecht. Du entscheidest, ob du es für gut oder schlecht hältst, ob du dich von ihm runterziehen oder anspornen lässt und in was du es verwandelst. Dafür reicht positive Energie allerdings nicht aus. Als Nächstes brauchst du vor allem Wissen, um deine Finanzen aktiv und in deinem Sinne zu managen. Und das kannst du auch. Los geht's!

Du bist deine beste Vermögensverwalterin – wie du dir Finanzwissen aneignen kannst

Ich war in meinen frühen Dreißigern und hatte einen Termin bei meiner Sparkasse. Mein Gegenüber war eine freundliche »Beraterin«, deutlich älter als ich. Tatsächlich war sie jedoch eine Verkäuferin und begann unmittelbar ein Verkaufsgespräch, das nichts mit meinem Anliegen zu tun hatte. »Ach, wissen Sie«, sagte ich wahrheitsgemäß, »ums Geld kümmert sich mein Mann.« Das saß, die Dame gab sofort auf.

Beim nächsten Banktermin, etwa ein Jahr später, saß ich einem jungen dynamischen Typen gegenüber. Gleiches Spiel. Ich verwies auf meinen Mann. Seine Antwort: »Kennt Ihr Mann sich denn mit Geld aus?« Ich war empört, was maßte er sich an? Heute ginge er in meinen Augen mit dieser Frage als Held durch, wäre sie nicht dazu da gewesen, mir ein teures Produkt zu verkaufen, das bestenfalls die Bank, nicht aber mich reicher gemacht hätte. Und mal abgesehen davon – hätte der Bankangestellte mehr Ahnung von Geld als beispielsweise mein Mann, wäre er wohl kaum Verkäufer bei einer Sparkasse.

Heute weiß ich: Mein Mann hatte nicht viel mehr Ahnung von Geld als ich, obwohl er eine Banklehre absolviert hat. Die Ausbildung half ihm aus zwei Gründen wenig: Er hat nie in dem Beruf gearbeitet. Der zweite Grund: In Banken wird nicht unbedingt das Wissen für ein vernünftiges Finanzmanagement vermittelt. Privatkundenberater*innen sind in erster Linie Verkäufer*innen der Finanzprodukte, die die Bank anbietet. Diese Produkte sind auf Gewinnmaximierung der Bank ausgelegt, nicht auf Vermögensmaximierung der Kunden. Aus Sicht der Banken ist das nachvollziehbar – sie sind Wirtschaftsunternehmen, keine Wohltätigkeitsvereine. Ein gutes Finanzmanagement sollte jedoch dich in den Mittelpunkt stellen – und eine auf deine Bedürfnisse abgestimmte Gewinnmaximierung. Hohe Gebühren für gemanagte Fonds oder Sparprodukte ohne nennenswerte Renditen erfüllen diese Kriterien sicher nicht.

So hat Ulrike die Situation erlebt: *»Gut drei Jahre nach meiner Erbschaft kann ich kaum fassen, wie naiv ich war. Obwohl ich mich als Journalistin ständig in neue Themen einarbeiten muss, kam ich beim Thema Geldanlage zunächst gar nicht auf die Idee, die Dinge selbst in die Hand zu nehmen. Das traute ich mir nicht zu, ich dachte außerdem gar nicht, dass es notwendig wäre. Wozu hatte ich ein Depot bei einer Hamburger Traditionsbank und wozu einen Bankberater? Der war schließlich Profi – dachte ich. Auf seine Empfehlung hin schloss ich eine Lebensversicherung ab, in die ich sofort einen hohen Betrag einzahlte, weil ich bis zur Rente nicht mehr sehr viel Geld ansparen kann. Als Irene mir den Rat gab, den Vertrag von der Verbraucherzentrale durchleuchten zu lassen, kam das böse Erwachen: Rechnet man die unterschiedlichen Gebühren des Vertrags hoch, zeigt sich, dass ich wohl erst mit über hundert Jahren in die Gewinnzone kommen würde. Profitiert hat von diesem Geschäft vor allem mein Berater, der eine fette Provision eingesteckt hat.«*

So wie Ulrike geht es vielen Frauen. Wie im vorherigen Kapitel erläutert, können sie sich gar nicht erst vorstellen, ihre Finanzen selbst zu verwalten. Risikoscheu, zögerlich und perfektionistisch sind Verhaltensweisen, die Frauen im Umgang mit Geld zugeschrieben werden. Sie denken, sie hätten kein oder zu wenig Wissen; sie haben Angst, Geld zu verlieren, und vor allem haben sie Angst, Fehler zu machen. So handeln sie entweder gar nicht und verlieren durch die Inflation tatsächlich Geld, oder sie verlassen sich auf vermeintliche Berater*innen, die ihnen unpassende oder überteuerte Finanzprodukte verkaufen. Mit beidem ist nichts gewonnen.

Und es kommt noch schlimmer. Studien zeigen, dass Frauen bei einer klassischen Bankberatung diskriminiert werden. Ihnen werden teurere Produkte empfohlen als Männern, und sie bekommen seltener einen Rabatt auf den Ausgabeaufschlag, also die Kaufgebühr für Fonds. Die Bankberater*innen wissen, dass Frauen das Thema schnell erledigt haben wollen und Angebote meistens nicht vergleichen. Sie müssen ihnen keinen Rabatt anbieten. Allein das Versprechen, die Angelegenheit unkompliziert zu regeln, reicht meist schon aus, um die Kundin von einer bestimmten Anlage zu überzeugen.

Auch vermeintlich nachhaltige Geldanlagen lassen sich vergleichsweise leicht an die Frau bringen. Denn Frauen wollen ihr Geld sinnvoll investieren. Ulrike ließ sich deshalb zusätzlich von einer Ökobank beraten. Dass Investitionen in eine einzige Branche oder in Fonds mit wenigen Unternehmen mit hohen Risiken einhergehen und wie diese Risiken aussehen, sagte ihr dort niemand. Sie bekam nur den Hinweis, dass Aktien allgemein mit Risiken verbunden sind.

Auch sogenannte Frauen-Fonds sind beliebt. Sie setzen auf Unternehmen, die beim Thema Gleichstellung vorbildlich dastehen, etwa durch einen hohen Anteil von Frauen in Führungspositionen. Das klingt gut, und ich war Feuer und Flamme, als ich zum ersten Mal von solchen Fonds las. Wie viele Frauen wollte ich mit meiner Investition etwas unterstützen, das meinen Werten entspricht. Die Gleichstellung der Geschlechter und Diversität gehören für mich definitiv dazu. Als ich mir die Fonds dann genauer anschaute, war ich nicht mehr so überzeugt. Der Ausgabeaufschlag, also die Ausgabegebühr, und die laufenden Kosten dieser Fonds sind besonders hoch. Einen sachlichen Grund dafür konnte ich nicht erkennen. Solche Fonds gibt es, weil Frauen bereit sind, diese hohen Gebühren zu zahlen – entweder, weil sie sich nicht auskennen, weil sie nicht vergleichen oder weil sie eher auf Inhalte achten als auf die Rendite. Bei einem Anlageprodukt ist das allerdings nur bedingt zielführend.

Die Abneigung, sich mit Geld zu beschäftigen, führt dazu, dass sich Frauen unsicher fühlen, wenn sie es dann doch tun wollen oder, im Falle einer Erbschaft, nicht darum herumkommen. Dieser Mangel an Selbstbewusstsein hat verschiedene Ursachen. Mit der sozialen Norm fängt es an. Sie spiegelt sich bereits in der Werbung von Finanzinstituten. Studien aus England zeigen: Frauen werden mit kleinen Geldbeträgen, Sparschweinen oder Shopping-Bags gezeigt, während es bei Männern eher große Scheine und Laptops sind.[35] Geldgeschäfte, so die Botschaft, sind Männersache, Frauen gehen lieber einkaufen. In einem derart klischeebehafteten System finden Frauen kaum zeitgemäße Role Models, an denen sie sich orientieren könnten.

Die Finanzbranche hat ihre Kommunikation auf Männer ausgerichtet.[36] Deshalb gehen ihre Produkte und ihre Beratung an den Bedürfnissen von Frauen vorbei. Die Verhaltensökonomin Christine Laudenbach hat herausgefunden, dass Frauen anders kommunizieren als Männer, wenn es um Geldanlagen geht. Deshalb benötigen sie eine andere Ansprache. Frauen nutzen weniger technische Begriffe, sie interessieren sich nicht in erster Linie für Renditen, sondern mehr für potenzielle Verluste, und sie wollen wissen, wie zeitaufwendig eine bestimmte Anlageform ist.[37] Letzteres ist nicht verwunderlich, wenn man bedenkt, dass Frauen im Schnitt täglich eine Stunde mehr Zeit mit Care-Arbeit verbringen als Männer. Zeit ist für die meisten Frauen ein knappes Gut, und sie möchten möglichst wenig davon für Geldangelegenheiten opfern. Wir erinnern uns: Erst kommt die Familie, dann das Geld.

Laudenbachs Forschung zeigt jedoch: Frauen überschätzen den Zeitaufwand, der mit Aktieninvestments an der Börse einhergeht. Auch das ist nicht verwunderlich. Glaubt man den Medien, dann sind Investoren Männer, die vor großen Bildschirmen mit unübersichtlichen Grafiken sitzen und die permanent den Verlauf der Börse scannen. Hinzu kommen Geschichten über Extreme – mit Geld um sich werfende Gewinner und Selbstmord begehende Verlierer. Die unaufwendige und erfolgversprechende Buy-and-Hold-Strategie, also das langfristige Investieren in einen breit gestreuten Fonds, ist medial nicht attraktiv. Sie verspricht keine spannende Geschichte.

Warum wir Finanzwissen für Frauen brauchen

Doch wie können sich Frauen ein realistisches Bild vom Finanzmarkt machen? Die Finanzwirtschaft hat kein Interesse daran, Informationen zu vernünftigen Investitionen zu vermitteln, sie verdient schließlich an der Unwissenheit ihrer Kund*innen und auch am mangelnden Selbstbewusstsein von Frauen in Finanzfragen. Das liegt auch an der Leerstelle in der schulischen Bildung. Dort steht Finanzwissen in Deutschland nicht auf dem Lehrplan. Mich macht es fassungslos, dass ein Land, das kapitalistisch organisiert und zu den reichsten Nationen der Welt zählt, es nicht schafft, seinen Bürger*innen Finanzwissen und Grundlagen der Betriebswirtschaft beizubringen.

Finanzbildung bleibt bis auf Weiteres ein privates Thema. In einer Studie von Mastercard und dem Start-up Bling gaben rund 80 Prozent der befragten Kinder und Jugendlichen zwischen zehn und achtzehn Jahren an, ihre Eltern seien die wichtigste Quelle für ihr Finanzwissen.[38] Wer Glück hat, bekommt im Elternhaus eine solide Finanzbildung vermittelt. In den meisten Fällen leben diese Glücklichen allerdings in wohlhabenden Haushalten. Mit anderen Worten: Kinder reicher Leute lernen, wie sie noch reicher werden können, Kinder aus armen Haushalten bekommen kaum oder gar kein Finanzwissen mit auf den Weg. Das trägt dazu bei, dass sich die Schere zwischen Arm und Reich in Deutschland immer weiter öffnet. Die Kinder wohlhabender Eltern wachsen privilegiert auf. Sie bekommen von klein auf das Wissen für ein erfolgreiches Finanzmanagement vermittelt und können sich dann noch auf eine Erbschaft freuen. In Haushalten mit wenig Geld werden die Kinder auf Mangel programmiert und erfahren nicht einmal, wie sie mit einem Sparplan fürs Alter vorsorgen könnten. Ein Teufelskreis.

Frauen haben gleich doppelt das Nachsehen. Studien zeigen, dass Eltern mit Mädchen weniger und anders über Geld sprechen als mit Jungen.[39] Mädchen wird beigebracht, zu sparen, Jungs, wie sie ein

Vermögen aufbauen können. Und: Väter sprechen eher mit ihren Söhnen, Mütter eher mit den Töchtern über Geld. Das hat in zweierlei Hinsicht negative Folgen für Mädchen. Mütter haben in der Regel weniger Finanzwissen als Väter, und sie haben, wie wir im vorhergehenden Kapitel gesehen haben, durch ihre soziale Prägung eine eher negative Einstellung zu Geld. Die Folge: Jungen bekommen das Thema Finanzen als Chance vermittelt, bei Mädchen geht es um Sparsamkeit, also Restriktion.[40]

Wie wichtig es ist, dass Frauen über Geld sprechen und schreiben, habe ich selbst erlebt. Mein Mann hatte mir 2010 das Buch *Der Investment-Punk* zu lesen gegeben.[41] Der Autor Gerald Hörhan beschreibt, wie die Mittelschicht in Deutschland abgezockt wird, ohne es zu merken. Als Beispiele nennt er die geringen Gehaltssteigerungen von Angestelltenjobs, die Eigenheimkredite, die man ein Leben lang abbezahlen muss und die den Kreditnehmer*innen keinen Spielraum für andere Investitionen lassen, und dass Geringverdiener*innen und Angestellte im Vergleich zu Unternehmer*innen und Großverdiener*innen überproportional hohe Steuern zahlen. Ich wusste sofort: Da gehöre ich dazu! Das war der Auslöser, mich näher mit Vermögensbildung zu beschäftigen.

Den selbstgerechten Ton Hörhans, seine neoliberalen Ansichten – Geld und Macht kann jeder bekommen, der sich genug anstrengt – und nicht zuletzt negative Äußerungen über Frauen empfand ich allerdings als abstoßend. Von solchen Typen hatte ich erst einmal genug. Doch auch auf anderen Geldbüchern schauten mich ausschließlich selbstzufrieden aussehende Männer an. Hörhans Buch hatte etwas in Bewegung gebracht, aber ich fand kein Buch, das mich angeregt hätte, tiefer in die Materie einzusteigen. Schon damals dachte ich, warum schreiben keine Frauen Bücher über Geld? Helma Sick war eine rühmliche Ausnahme, doch ihren Finanzratgeber für Frauen fand ich zu bieder und zu trocken geschrieben.[42] Es sollte noch ein paar Jahre dauern, bis Influencerinnen wie Claudia Müller mit dem »Female Finance Forum«[43] oder Natascha Wegelin aka »Madame Moneypenny«[44] die sozialen Medien und die Bestsellerliste eroberten und den richtigen Ton für Frauen trafen.

Auf dem deutschsprachigen Markt erscheinen zudem fast ausschließlich reine Finanzratgeber. Als ich im Ausland lebte, entdeckte ich die Welt der englischsprachigen Finanztitel von Frauen und war fasziniert, wie anders diese Bücher waren. Persönlich, emotional und mit dem Thema Persönlichkeitsentwicklung verbunden. Die wenigsten davon gibt es in deutscher Sprache. Wenn du Englisch lesen kannst, empfehle ich dir daher, dich nach englischsprachigen Büchern umzusehen. Lass dich dabei nicht von den Titeln abschrecken. Auch da scheint der angelsächsische Raum anders zu ticken als wir hier in Deutschland. *Get Rich Lucky Bitch*, *You Are a Badass at Making Money* oder *Rich Bitch* sind durchaus seriöse, lehrreiche und gut lesbare Bücher.[45]

Interessant ist auch die Frage nach den tatsächlichen Wissenslücken von Frauen in Sachen Finanzen. Die gibt es zwar, sie sind aber kleiner, als Frauen denken. Frauen unterschätzen ihr Finanzwissen, während Männer es eher überschätzen.[46] Das zeigt sich, wenn in Tests zu Finanzwissen die Antwortoption »weiß nicht« gestrichen wird. Frauen neigen dazu, hier zuzustimmen – deutlich häufiger als Männer. Steht diese Option nicht zur Verfügung, entscheiden sie sich häufig für die richtige Antwort.

Ich habe mich lange gefragt, warum Frauen nicht anfangen, sich das notwendige Wissen anzueignen, wenn sie denken, nichts von Geld zu verstehen. Denn gleichzeitig haben sie oft berechtigte Zukunftsängste – Stichwort Altersarmut. Die logische Konsequenz dieser Angst wäre doch, sich zu informieren, um besser vorsorgen zu können. Vorher jedoch greift die mächtigste Emotion, die Frauen durch ihre soziale Prägung verinnerlicht haben: Ablehnung.

Die Stiftung Finanztip will helfen, solche Hemmschwellen zu durchbrechen.[47] In einem Newsletter und auf verschiedenen Social-Media-Kanälen vermittelt sie leicht verständliches Finanzwissen und gibt auch Produktempfehlungen. Gegründet wurde die Stiftung von zwei ehemaligen Bankern, die aus dem Bankgeschäft ausgestiegen sind und sich dem Verbraucherschutz verschrieben haben. Mit der Finanztip-Autorin Anika Görner spreche ich darüber, wodurch Frauen sich vom Investieren abhalten lassen und wie sie das ändern können.

INTERVIEW:

»Wir müssen nicht die ganze Finanzwelt verstehen«

Anika, was zeichnet Finanztip als Wissensquelle aus?

Bei Finanztip wollen wir, dass Verbraucherinnen und Verbraucher die richtigen Finanzentscheidungen treffen. Dafür bieten wir fundiert recherchierte Ratgeber, leicht verständliche Schritt-für-Schritt-Anleitungen und konkrete Produktempfehlungen. Finanztip ist kein normales Unternehmen. Wir gehören zur gemeinnützigen Finanztip Stiftung, die den Auftrag hat, die Finanzbildung in Deutschland zu fördern. Alle Gewinne, die Finanztip ausschüttet, gehen an die Stiftung und werden dort für gemeinnützige Projekte verwendet – wie zum Beispiel unsere Bildungsinitiative Finanztip Schule.

Anfang 2020 habt ihr einen eigenen Podcast für Frauen gestartet – was war der Grund?

Gender-Pay-Gap, Gender-Care-Gap, weibliche Altersarmut – das spricht alles eine deutliche Sprache. Mir ist es wichtig, dass Frauen finanziell unabhängig sind und ihr Leben selbstbestimmt gestalten können. Deshalb haben wir mit »Auf Geldreise« ein spezielles Finanztip-Format für Frauen geschaffen. Die Finanzempfehlungen für Frauen unterscheiden sich ehrlich gesagt nicht von denen für Männer. Aber die Ansprache ist doch eine andere, und Frauen haben häufig andere Lebensrealitäten als Männer.

Was unterscheidet eurer Erfahrung nach Frauen im Umgang mit Finanzwissen von Männern

Mein Eindruck ist, dass Frauen sich einfach weniger zutrauen als Männer. Wichtig ist: Wir müssen nicht die ganze Finanzwelt verstehen und täglich verfolgen, was an der Börse passiert, um uns langfristig finanziell gut aufzustellen.

Welche häufigen Fehler machen Frauen im Umgang mit Geld?
Es ist ein großer Fehler, gar nicht erst anzufangen und das Geld auf dem Girokonto liegen zu lassen. Natürlich ist es wichtig, möglichst früh mit der Geldanlage zu beginnen, um am besten vom Zinseszinseffekt zu profitieren. Aber zu spät ist es nie. Am besten gemeinsam mit einer Freundin das Thema Finanzen anpacken. Dann kann man sich gemeinsam ins Thema einlesen und sich gegenseitig motivieren, am Ball zu bleiben. Dabei auch schon kleine Erfolge feiern, etwa die Eröffnung des Tagesgeldkontos oder des Depots.

Dein persönlicher Tipp an alle Frauen, die Geld geerbt haben.
Sich ausreichend Zeit nehmen, den Todesfall zu betrauern. Und sich dann zeitnah kümmern: Große Geldsummen nicht einfach auf dem Girokonto liegen lassen. Denn dort verliert es durch die Inflation über die Jahre an Wert. Je nach persönlicher Situation zunächst Schulden tilgen, das Tagesgeldkonto für Notfälle füllen und für die langfristige Geldanlage das Geld investieren. Einfach und günstig sind weltweite Aktienindexfonds (ETFs).

Vertrauen in das eigene Wissen entwickeln

Wenn Frauen anfangen, sich für Finanzwissen zu interessieren, kann das in der Familie übrigens auf Widerstand oder zumindest auf Unverständnis stoßen. Denn Frauen, die investieren, gehen meist anders vor, als Partner, Brüder oder Väter es tun. Damit stellen sie die Kompetenz der Männer infrage – und am Ende vielleicht auch noch ihre Autorität? Was das im Patriarchat bedeutet, haben wir im Kapitel zur sozialen Norm gesehen. Eine Frau, die eigene finanzielle Entscheidungen trifft, greift die männliche Identität an.

Eine Freundin von mir brachte dieses Gefühl einmal folgendermaßen auf den Punkt. Sie hatte eine fünfstellige Summe von ihrer Tante geerbt. Ihr Vater hatte das Geld für die Tante, also seine Schwester, vor Jahren in gemanagten Fonds angelegt, die nicht schlecht liefen. Meine Freundin hat allerdings bereits selbst an der Börse investiert und weiß, dass gemanagte Fonds in der Regel nicht die beste Wahl sind. »Was hält dich davon ab, das Geld umzuschichten?«, fragte ich sie. »Die Fonds, die mein Vater angelegt hat, aufzulösen und das Geld anders anzulegen, ist in etwa so schlimm, als würde jemand seinem katholischen Vater sagen: ›Ich trete aus der Kirche aus‹«, kam die prompte Antwort. Die Familie meiner Freundin ist nicht religiös, doch das Bild verdeutlicht die Dramatik der Situation. Sie entschied sich letztlich, das Geld in eine Immobilie zu stecken. So kam sie gut aus der Sache heraus, denn ein Hauskauf stellte die Investitionsstrategie des Vaters nicht unmittelbar infrage.

Als ich mich entschloss, unsere vor sich hin dümpelnden gemanagten Fonds umzuschichten, musste ich zuerst meinen Mann überzeugen. »Never change a running system«, sagte er und war keineswegs gewillt, unsere Fonds aufzulösen. Was er unter »running system« verstehe, fragte ich. Wir hatten uns diese Fonds von einer Finanzberaterin empfehlen lassen, und die würde schon wissen, was sie tut, war mein Mann überzeugt. Ob er wisse, wie viel Rendite uns diese Fonds bisher gebracht hätten, fragte ich weiter. Er wusste es nicht. Ich berichtete ihm, dass sie bei 2 Prozent lag. Das deckte zu der Zeit gerade mal den Inflationsverlust eines Jahres, und selbst mein Mann sah ein, dass 2 Prozent über einen Zeitraum von knapp zehn Jahren, in denen die Fonds liefen, nicht gerade ein überwältigendes Ergebnis darstellen. Trotzdem war er damals nicht überzeugt, statt in gemanagte Fonds in ETFs zu investieren, da er noch nie etwas von »Exchange Traded Funds« gehört hatte. Ich komme im nächsten Teil des Buches darauf, warum ETFs gemanagten Fonds vorzuziehen sind. Jedenfalls ließ ich die Sache zunächst auf sich beruhen. Ein paar Monate später war mein Mann über den Finanzratgeber eines seiner Lieblingsautoren gestolpert. Nachdem er das Buch gelesen hatte und dort ziemlich genau das stand, was ich bereits gelernt und ihm gesagt hatte, schichteten wir unsere Investitionen schließlich um.

Inzwischen hört mein Mann in Sachen Investition auf mich. Aber er brauchte seinen eigenen Zugang, und ich war gut damit gefahren, ihm Zeit zu geben, ihn zu finden. Seit wir 2018 umgeschichtet haben, liegen wir zur Zeit der Drucklegung dieses Buches mit unseren ETFs, Fonds und Aktien trotz Corona-Krise und Ukraine-Krieg auf dem Papier bei einem Plus von etwa 30 Prozent. Eine geradlinige Entwicklung war das indes nicht, das möchte ich nicht verschweigen. Die Krisen unserer Zeit haben uns zwischendurch auch Kopfschmerzen bereitet. Unsere Aktien und ETFs sackten ab, und selbst unsere Anleihen, die als Sicherheitspolster gedacht waren, verloren zeitweise massiv an Wert. Nicht vergessen darf man auch: Würden wir unsere Gewinne realisieren, also unsere Anlagen verkaufen, würden auf die Gewinne 25 Prozent Kapitalertragsteuer plus Solidaritätszuschlag fällig. Trotz all dem stehen wir heute sehr viel besser dar als zu der Zeit, als wir uns in Geldfragen auf den Rat anderer verlassen haben.

Nicht nur mein Mann hatte eine hohe Meinung von Finanzberater*innen. Gerade Frauen mit ihrer Sorge, nicht genug über Geld zu wissen, vertrauen lieber jemandem, der sich besser auskennt als sie. Doch die Finanzkompetenz von Berater*innen lässt sich schwer prüfen. Wenn du gerne lecker isst, aber nicht gerne oder gut kochst, kannst du ins Restaurant gehen. Du bezahlst für dein Essen und kannst leicht beurteilen, ob es das Geld wert war. Ob Finanzberater*innen ihren Job gut machen und ob sie in deinem Interesse handeln, lässt sich nicht so unmittelbar beurteilen. Eine schlechte Beratung erkennst du im Zweifel erst, wenn es zu spät und dein Geld verschwunden ist.

Ulrike hat hier einiges an Lehrgeld bezahlt: *»Immer wieder bin ich verblüfft, wie wenig Bankberaterinnen oder -berater wissen. Reihenweise wurden mir schlechte Empfehlungen gegeben, und die Voraussagen, was die allgemeine Entwicklung der Weltwirtschaft und der Börsen angeht, hätte ein Medium durch den Blick in eine Glaskugel genauso gut* *oder eben schlecht hinbekommen. Als die Fonds und Anlagen aus meiner Erbschaft Ende 2021 in meinem Depot landeten, attestierte mein Berater sogleich, meine Eltern hätten eine viel zu konservative Anlagestrategie verfolgt. Obwohl wir uns mitten in der Corona-Krise befanden, riet er zu einigen Umschichtungen. 2022/23 ging es an den Börsen dann aber bergab, und es hieß, glücklicherweise sei ein Teil des Geldes ja konservativ angelegt gewesen. Der Rest rauschte in den Keller. Dem Berater konnte das egal sein, er hatte seine Provision eingestrichen. Ende 2023 wurde mir dann geraten, die größten Verlustbringer unter den Fonds, die mir in den vergangenen zwei Jahren verkauft worden waren, direkt wieder abzustoßen, um noch größere Verluste zu vermeiden. Mein Berater stellte das sogar als eine tolle Sache hin, weil die Verluste bei der Steuererklärung mit Aktiengewinnen verrechnet würden. Nach dem Motto: Besser kann man gar nicht Steuern sparen. Und jetzt kommt das Beste: 2024 feierte sich der Bankberater regelrecht, weil in meinem Depot jetzt wieder die Pluszeichen dominierten. Das habe sich doch alles toll entwickelt, sagte er. Ich frage mich manchmal, ob sich seine Bank, die ihren Kund*innen inzwischen auch Konzerttickets verkauft, vielleicht ganz auf das Showgeschäft konzentrieren sollte.«*

Das Problem dieser Art von »Beratung«: Erstens kann niemand in die Zukunft schauen, und zweitens wird so getan, als wären Investitionen eine mathematische Angelegenheit, die sich mit Tabellen und Prognosen perfekt steuern ließe. Das funktioniert allerdings nicht. Geldanlagen sind eine äußerst volatile, also schwankende Angelegenheit. Selbst vermeintlich sicheres, auf dem Konto geparktes Geld kann innerhalb von einem Jahr plötzlich zehn Prozent weniger wert sein, wenn eine Krise wie der Ukraine-Krieg die Inflation in die Höhe treibt. Zinsen können nach Jahren des Stillstands rasant steigen oder fallen, Aktienkurse einbrechen oder in die Höhe schießen. Die Zusammenhänge, die zu solchen Veränderungen führen, sind so komplex, dass wirklich niemand – auch nicht die erfahrensten Volkswirt*innen – sie zuverlässig voraussagen kann.

Finanzberater*innen vermitteln ihren Kund*innen dennoch, dass sie genau das könnten. Und gerade Frauen sind für diese vermeintliche Sicherheit besonders anfällig. Dabei will ich gar nicht unterstellen, dass Berater*innen bewusst betrügen oder böswillig handeln. Viele haben nur tatsächlich selbst wenig Wissen. Zugeben können sie das natürlich nicht. Vermutlich ist es ihnen auch gar nicht bewusst, schließlich wird ihnen in ihrer Ausbildung genug Pseudo-Wissen beigebracht, das ihnen ein Überlegenheitsgefühl verleiht. Bei Ulrike führte das dazu, dass ihr Bankberater über ihren Kopf hinweg über ihr Geld entschied – ein besonders krasser Fall paternalistischen Verhaltens:

»Als mein Bankberater nach einem Online-Gespräch Fonds von mir kündigte, bevor ich das durch meine Unterschrift bestätigt hatte, war mein Vertrauen endgültig dahin. Ich hatte zwar mündlich zunächst dem Verkauf zugestimmt, dann aber schriftlich mitgeteilt, dass ich doch nicht verkaufen wollte, und den Verkaufsauftrag auch nicht unterschrieben. Da es sich um Fonds mit einjähriger Kündigungsfrist handelte, merkte ich erst einmal nichts. Erst Monate später kam heraus, dass die Fonds trotz meines Rückziehers gekündigt worden waren. Ein Termin mit meinem Berater und seinem Chef wurde anberaumt, in dem mir mitgeteilt wurde, der Berater habe ja in meinem Interesse gehandelt. Eine Entschuldigung gab es nicht. Die weiteren Auseinandersetzungen mit der Bank sind nicht sehr erbaulich. Nur das noch: Als ich deutlich machte, dass ich mit diesem Berater nicht weiterarbeiten möchte, wurde mir eine ›sehr nette Kollegin‹ als Nachfolgerin empfohlen. Eine kompetente wäre mir lieber gewesen, denn nette Frauen kenne ich schon genug. Die neue Beraterin war dann schnell wieder weg. Diesmal wurde mir als Nachfolgerin eine Frau vorgeschlagen, die laut ihrem Vorgesetzten ›gut zu mir passt‹. Eine Partnerin suchte ich allerdings auch nicht.«

Ich frage mich, ob der Berater bei einem männlichen Kunden auch so gehandelt hätte. Und falls ja, ob sein Chef sich ebenfalls mit der lapidaren Begründung, man habe im Interesse des Kunden gehandelt, aus der Affäre gezogen hätte, ohne sich zu entschuldigen.

So oder so führt kein Weg daran vorbei, dass du dich selbst um dein Geld kümmerst. Denn nur du selbst handelst in deinem eigenen Interesse und weißt, was für dich das Beste ist. Und da niemand in die Zukunft sehen kann, beherrschst du Finanzen mit etwas Übung genauso gut wie alle anderen. So verständlich der Wunsch ist, Fehler zu vermeiden und Risiken beim Investieren zu minimieren – eine Investition ist immer eine Wette auf die Zukunft. Es gibt Prognosen dazu, wie sich der Immobilienmarkt verändert und wie sich Aktien oder Zinsen entwickeln könnten. Manche dieser Prognosen treffen ein, zumal, wenn sie auf profundem Wissen basieren. In manchen Bereichen lässt sich auch durchaus aus der Vergangenheit lernen. Aber dann kommt etwas wie die Coronapandemie, und alles sieht plötzlich ganz anders aus. Das Ziel ist also nicht, in die Zukunft schauen zu können, sondern einige grundlegende Prinzipien zu lernen, die immer gelten – auch in turbulenten Zeiten.

Du kannst dir diese Grundprinzipien viel leichter aneignen, als du denkst. Und dieses Wissen steht kostenfrei oder in Form von Büchern für wenig Geld zur Verfügung. Mit diesen Kenntnissen kannst du dann selbst entscheiden, wie du dein Geld managst, welche Risiken du eingehst und wie du konkret investierst.

Es kann trotzdem Situationen geben, in denen es ratsam ist, sich an eine Finanzberater*in zu wenden:

→ Du möchtest dir Vorschläge für deine eigene Investitionsstrategie machen lassen oder dir zu einer bestimmten Anlageklasse oder bestimmten Produkten wie etwa Versicherungen spezielles Wissen aneignen, das eingeschränkt zugänglich ist oder dir schwer verständlich erscheint. Entscheidend ist, dass du dir unabhängige Finanzberater*innen suchst. Sie werden auf Stundenbasis bezahlt und erhalten keine Provision für Produkte, die du bei ihnen erwirbst. Unabhängige Berater*innen bekommen ein Honorar, und du entscheidest selbst, wen du beauftragst. Finden kannst du sie über den Berufsverband Finanzdienstleistungen oder auf der Website der »FinanzFachFrauen«.[48]

→ Du brauchst einen Kredit für einen Immobilienkauf. Das können versierte Berater*innen der großen Finanzierungsvermittler in der Regel besser und schneller als du. Sie kennen den Markt und können innerhalb kürzester Zeit Kredite heraussuchen, die genau zu deinen Bedürfnissen passen. Zudem können sie tagesgenau die Preise und Zinsen vergleichen. Solche Kreditmakler arbeiten provisionsbasiert und werden vom Kreditinstitut vergütet. Deine Konditionen sind dadurch aber nicht schlechter. Welche Anbieter seriös sind, kannst du bei Finanztip herausfinden.

→ Du hast Versicherungsprodukte – von der Berufsunfähigkeitsversicherung bis hin zur Riesterrente – und möchtest wissen, ob sich diese Produkte für dich lohnen. Auch hier ist es sinnvoll, eine Person zu fragen, die sich damit auskennt. Das kann eine unabhängige Beraterin oder ein Berater sein oder auch die Verbraucherzentrale.

Woran erkennst du seriöse Informationen?

Als Nächstes stellt sich die Frage, wie du seriöse Informationen von unseriösen unterscheiden kannst. Das sollte dir nur am Anfang schwerfallen. Sobald du die Grundlagen des Geldmanagements verinnerlicht hast, erkennst du schnell, ob dir jemand Unsinn erzählt. Bis dahin achte auf die folgenden drei Dinge:

Angstmache. Vom »Notgroschen« bis zur »Rentenlücke« – wir leben in einem der reichsten Länder der Welt und sind dennoch groß darin, das Thema Geld mit Mangeldenken zu verbinden. Versicherungen machen sich das zunutze, indem sie Mangelgedanken befeuern. Doch glaub mir: Angst ist niemals ein guter Begleiter, wenn es um Geld geht. Wer Angst schürt, will meist nur etwas verkaufen.

Angstmache scheint eine Voraussetzung zu sein, um mit Finanzprodukten Geld zu verdienen. Finanzwerbung für Frauen dreht sich quasi immer um das Thema Rente, verbunden mit dem Szenario, dass die Rente später nicht reichen könnte. Eine Positiv-Motivation funktioniert offenbar nicht. Doch nicht alle Finanzinstitute und Coaches, die so an das Thema herangehen, sind unseriös. Das sind sie nur, wenn der Angsteffekt ausgenutzt wird, um überteuerte und ungeeignete Produkte an den Mann und erst recht an die Frau zu bringen. Wer immer dich dazu bringen will, ein bestimmtes Produkt oder die Produkte einer bestimmten Institution zu erwerben – Finger weg! Ich rate dazu, Coaches, Mentorinnen oder Beraterinnen eine Zeit lang in den sozialen Medien zu folgen, bevor du ihre Tipps beherzigst oder sie zurate ziehst. So kannst du ein Gefühl dafür entwickeln, ob sie vertrauenswürdig sind.

Gier. Es gibt eine Ausnahme, bei der mit Positiv-Motivation gearbeitet wird: beim Versprechen, dir schnell das große Geld zu verschaffen. Eines ist sicher: Es gibt ihn nicht, den geheimen Weg, der dich schnell reich macht. Niemals. Nirgends. Manche Menschen haben mit einer Investition Glück gehabt, andere sind mit Lottospielen Millionär*in geworden. Wie groß oder, besser gesagt, wie gering die Wahrscheinlichkeit ist, tatsächlich Lotto-Millionärin zu werden, ist dir sicher klar – jedenfalls ist auf den Aushängen am Kiosk mit der wochenaktuellen Summe im Lostopf die Gewinnwahrscheinlichkeit mit 1:140 Millionen transparent abgebildet. Wer dir das schnelle Geld verspricht, kann dir ebenso gut vorgaukeln, dass du mit einer bestimmten Methode im Lotto gewinnen kannst. Beides ist einfach unseriös.

Anekdotische Evidenz: Ebenso risikoreich ist es, auf eine sogenannte anekdotische Evidenz zu vertrauen. Der Freund des Cousins, der mit Bitcoins ein Vermögen gemacht hat … ja, auch diese Menschen soll es geben. Die Geschichten können durchaus wahr sein. Die Wahrscheinlichkeit, dass dir das Gleiche gelingt, geht allerdings gegen null. Das Risiko, dass du dein Geld irgendwann verlierst, wenn du es komplett in Kryptowährungen investierst, ist deutlich größer.

Eine besonders tückische Form der anekdotischen Evidenz ist die Ich-Evidenz. Das sind Erfahrungen, die eine Person im unmittelbaren Familien- oder Freundeskreis gemacht hat und für allgemeingültig hält. Wer sich die Finger an Wirecard-Aktien verbrannt und sein Risiko nicht gestreut hat, wird die Börse für alle Zeit verteufeln. Wer eine Wohnung vermietet und an einen Mietnomaden gerät, wird dringend davon abraten, in Immobilien zu investieren. Nicht selten wird er oder sie entsprechende Ratschläge mit großer Vehemenz, also hochemotional, vorbringen. Davon solltest du dich aber nicht beirren lassen.

Erfahrungen anderer zu kennen kann durchaus wertvoll sein, wobei entscheidend ist, welche Erkenntnisse du daraus ziehst. Das kann sich von dem unterscheiden, was einzelne Personen an Konsequenzen für sich ziehen. Die Wirecard-Geschichte lehrt uns, niemals nur auf wenige und nicht alles auf gehypte Aktien zu setzen. Sie sagt uns nicht, dass Investieren an der Börse grundsätzlich zu riskant ist. Die Geschichte mit den Mietnomaden verdeutlicht uns, dass wir potenzielle Mieter*innen möglichst genau unter die Lupe nehmen sollten, um das Risiko zu verringern, an Betrüger*innen zu geraten. Statistisch gesehen sind Investitionen in Immobilien sinnvoll, wenn sie gut vorbereitet sind und du ein paar Regeln beachtest. Risiken beim Investieren an der Börse kannst du ebenfalls eingrenzen. Dazu später mehr.

Die Geschichten von Anlegern, die umsichtig investieren und damit gut fahren, werden seltener bekannt als extreme Einzelschicksale, denn sie sind einfach weniger interessant und medial verwertbar. Unsere Hirne mögen den Skandal, die große Emotion. Wer langsam und stetig sein Vermögen aufbaut, findet kein Publikum.

Wer keine Risiken eingeht, verliert!

Wir sind darauf gepolt, uns auf unser direktes Umfeld zu verlassen, wenn wir Risiken abwägen. Deshalb stützen wir uns vor allem auf eigene Erfahrungen und die von Menschen, die wir kennen. Auch Allgemeinwissen dient als ein wichtiger Bezugsrahmen für Risikoabwägungen. Was wir in Bezug auf Geld für Allgemeinwissen halten, ist jedoch geprägt von Angstmache, anekdotischer Evidenz und großen Geschichten, die sich medial verwerten lassen. Wir müssen lernen, das Thema Geld anders anzugehen.

Dazu gehört auch, dass wir an unserer Bereitschaft zum Risiko arbeiten müssen. Risikofreude ist ein Persönlichkeitsmerkmal, das bei Mädchen und Jungen gleichermaßen vorhanden ist. Das zeigen wissenschaftliche Studien, wenn Kinder in reinen Mädchen- oder Jungenschulen verglichen werden. In gemischten Schulen nimmt die Risikofreude bei den Mädchen dagegen systematisch ab, je älter sie werden.[49] Das liegt an der Erziehung von Mädchen, die jahrhundertelang nur eine Möglichkeit hatten, ihre Zukunft zu sichern: Sie mussten einen Mann finden, der sie versorgt. Und da sie in der Regel nur einen Versuch hatten, den richtigen auszuwählen, wurde ihnen beigebracht, größtmögliche Vorsicht bei Entscheidungen walten zu lassen.

Die geringer ausgeprägte Risikofreude führt heute unter anderem dazu, dass viele Frauen nicht an die Börse gehen. Sie haben Angst davor, Geld zu verlieren, und lassen es lieber auf einem Konto liegen, wo sie es sicher wähnen. Durch die Inflation schmilzt dieses Geld jedoch dahin. Wenn Frauen so handeln, vergeben sie die Chance, ein Vermögen aufzubauen oder es zu erhalten. Sie unterschätzen den Effekt der Inflation und überschätzen die Verlustrisiken. Die gute Nachricht: Die Frauen, die an der Börse investieren, erzielen langfristig mindestens die gleichen und je nach Studie sogar besseren Renditen als Männer. Die Risikofreude der Männer beschert diesen zwar immer mal wieder gute Gewinne, doch Männer verlieren auch viel. Unter dem Strich sind sie daher nicht unbedingt erfolgreicher als umsichtiger agierende Frauen.[50]

Die Angst, Geld zu verlieren, ist übrigens durchaus berechtigt, denn jede Investition birgt Risiken. Es geht also nicht darum, keine Angst mehr vor Verlusten zu haben. Der entscheidende Unterschied zwischen erfolgreichen und nicht erfolgreichen Investor*innen liegt in der Art, wie sie mit dieser Angst umgehen. Für mich war sie lange ein Grund, nicht zu investieren. Es war ein Satz des Amerikaners

Robert Kyosaki aus seinem Buchklassiker *Rich Dad, Poor Dad*, der meine Sicht auf das Thema für immer änderte.[51] Kyosaki sagt, die meisten Amerikaner hätten finanzielle Schwierigkeiten, weil sie aus der Angst heraus handelten, Geld zu verlieren, und nicht aus dem Wunsch heraus, Geld zu vermehren.

Ich möchte das an einem kurzen Rechenbeispiel zeigen:

→ Wenn du zwanzig Jahre lang monatlich 200 Euro, also 10 Prozent, von 2.000 Euro (etwa Durchschnittsnettogehalt in Deutschland) sparst und auf dem Girokonto belässt, hast du am Ende **48.000 Euro.**

Zum Vergleich:

→ 200 Euro monatlich auf einem Sparbuch mit 1,8 Prozent Zinsen jährlich bringen im selben Zeitraum rund **59.000 Euro.**

→ Ein ETF-Sparplan mit einer Rendite von durchschnittlich 5 Prozent pro Jahr ergibt am Ende rund **82.500 Euro.**

Die Inflationsrate betrug in den vergangenen zwanzig Jahren im Durchschnitt 2 Prozent. Die musst du von der Sparsumme abziehen, wenn du die reale Kaufkraft bezogen auf die unterschiedlichen Sparversionen berechnen möchtest:

→ Kaufkraft-Wert des Geldes, wenn es einfach auf deinem Girokonto liegt: rund **32.000 Euro**

→ Kaufkraft-Wert des Geldes auf dem Sparbuch: knapp **40.000 Euro**

→ Kaufkraft-Wert deines ETF-Sparplans: rund **55.000 Euro.**

Was folgt aus diesem Rechenbeispiel? Geld nicht zu investieren bedeutet, dass du langfristig Verluste machst. Es sei denn, du bekommst dauerhaft Zinsen, die die Inflation schlagen. Niedrige Zinsen dagegen kommen selten gegen die Inflation an. Der einzige Weg, dein Geld zu erhalten, ist dann, es zu investieren.

Fehler sind teuer, keine noch teurer

Eine weitere mächtige Angst von Frauen: Sie sorgen sich, Fehler zu machen. Und auch diese Angst ist mehr als berechtigt. Denn es gibt weder die eine richtige noch die perfekte Investitionsstrategie. Investitionen gehen irgendwann an der einen oder anderen Stelle schief, und du verlierst Geld. Auf dieses verlorene Geld kommt es aber nicht an, sondern auf das Gesamtergebnis. Machst du unterm Strich Gewinne, hast du alles richtig gemacht. Es ist besser, einen kleinen Teil zu verlieren, als gar nichts zu gewinnen. Wer Fehler macht, kann es anschließend besser machen. Anders ausgedrückt: Ja, du wirst Fehler machen. Ja, es kann passieren, dass du Geld verlierst. Aber der größte Fehler und finanzielle Verlust ist, nicht zu investieren!

Schau immer auf das Gesamtergebnis. Wenn du mit einem Teil deiner Investitionen Verluste machst, mit dem größeren Teil aber Gewinne, verbuche das insgesamt als Erfolg. Zudem gehören Schwankungen an der Börse dazu. Während der Coronapandemie war zu beobachten, wie Geld an der Börse schlagartig weniger wert wurde. Auch der Ukraine-Krieg war eine harte Probe für Investor*innen. In beiden Fällen haben sich die Börsenkurse aber wieder erholt. Wenn du dein Geld langfristig mit einer sogenannten passiven Investitionsstrategie anlegst, die ich später noch detaillierter erläutern werde, musst du bei Börsenschwankungen nicht in Panik verfallen.

Ulrike empfiehlt aus ihrer Erfahrung heraus, sich wegen des geerbten Geldes erst mal keinen Druck zu machen. Sie rät, im ersten Jahr nach der Erbschaft alles so zu lassen, wie es ist – auch oder gerade wenn Bankberater*innen zu schnellen Investitionsentscheidungen drängen. Das ist deshalb sinnvoll, weil du Zeit benötigst, dich mental auf die neue Situation einzustellen und dir Wissen anzueignen. Ich empfehle aber auch, nicht mehr als drei Monate mit den ersten Investitionen zu warten, nachdem du angefangen hast, dich in das Thema Finanzmanagement einzuarbeiten. Denn sonst läufst du Gefahr, nie den Zeitpunkt zu finden, an dem du dich gut genug informiert fühlst, um zu starten.

Denk dran: Du kannst immer dazulernen, wenn es um Geldanlagen geht. Denn die Welt des Geldes ist komplex und im ständigen Wandel. »Probieren geht über studieren«, lautet ein deutsches Sprichwort. Unsere Intuition will uns zurufen, dass dies in Geldangelegenheiten nicht gelten sollte. Doch da liegt sie falsch. Auch beim Geldmanagement werden wir besser durch Erfahrung, durch negative genauso wie durch positive.

Die Angst vor dem Geld abzulegen, ist befreiend, denn Angst lähmt. Statt dich zu fragen: »Was könnte passieren?«, frage dich lieber: »Wie kann ich mich finanziell gut aufstellen, um auch Unvorhergesehenes gut abfedern zu können?« Der wichtigste Teil dieser Absicherung ist deine Arbeitsleistung, dein Wissen und Können, mit dem du Geld verdienst. Der zweite Baustein sind einige wenige Versicherungen für den Fall, dass du aus irgendeinem Grund nicht mehr arbeiten kannst. Der dritte Baustein ist dein privates Vermögen. Mit deinem Erbe hast du für Letzteres den Grundstein gelegt und kannst es je nach Situation ausbauen oder dafür sorgen, dass es bis ins hohe Alter erhalten bleibt.

Hier noch drei Tipps, wie du dir Finanzwissen aneignen kannst – eine Liste mit weiteren Quellen, Buchtipps und Links findest du im Anhang des Buches:

→ Abonniere den Newsletter von Finanztip unter www.finanztip.de.

→ Suche dir Influencer*innen in den sozialen Medien: Ob auf Facebook, YouTube, TikTok, Instagram oder LinkedIn – in allen sozialen Medien gibt es seriöse Influencer*innen, die ihr Finanzwissen teilen. So kannst du dein Wissen in verträglichen Häppchen nach und nach erweitern. Zudem gibt es sehr gute TED Talks und jede Menge Podcasts mit unterschiedlichsten thematischen Schwerpunkten. Es ist Geschmacksache, aber wenn du irgendwo anfangen möchtest: Ich empfehle den Podcast Finance & Feelings der Journalistin Anissa Brinkhoff.[52]

→ Bücher: Die Klassiker der Finanzratgeber sind von Männern geschrieben und manche aus feministischer Sicht ähnlich schwer zu ertragen wie *Der Investment Punk*. Zum Glück sind das nicht alle, zudem gibt es inzwischen aber auch Frauen, die Finanzwissen ansprechend vermitteln. Hier ein paar persönliche Empfehlungen[53]:
    → Dr. Birgit Happel: *Auf Kosten der Mütter: Warum finanzielle Selbstbestimmung für Frauen mit Familie so wichtig ist – Mit vielen Tipps zur Geldbiografie*
    → Christiane von Hardenberg: *Selbst investiert die Frau: Wie Sie selbstbestimmt und mit Leichtigkeit Ihr Geld vermehren*
    → Ken Honda: *Happy Money. Der entspannte Weg zu Wohlstand und Glück*
    → Thomas Kehl, Mona Linke: *Das einzige Buch, das du über Finanzen lesen solltest: Der entspannte Weg zum Vermögen*

Teil 3

Dein neuer Job: Vermögensverwalterin

Erbe und Geldmanagement –

so verwaltest und erhältst du dein Erbe

Inventur – verschaffe dir einen Überblick über deine Finanzen

Für die Verwaltung von Geld und auch beim Investieren gelten ein paar universelle Grundprinzipien. Leider werden sie nicht in unseren Schulen vermittelt, und gerade Frauen kommen auch später im Leben nicht unbedingt mit Finanzwissen in Berührung. Bevor du also überlegst, wie du dein Erbe ausgibst oder investierst, solltest du einen guten Überblick über deine finanzielle Situation haben und die Grundprinzipien zum Geldmanagement kennen.

Ich war schockiert, dass ich quasi keines dieser Grundprinzipien kannte, als ich mich mit Mitte vierzig an das Thema Geld heranwagte. Das Ergebnis: Ich hatte zwar ein gutes Einkommen – zu dem Zeitpunkt unser Familieneinkommen, da ich Alleinverdienerin war –, wir gaben dieses Geld aber beinahe komplett aus. Mit unseren wenigen Ersparnissen wären wir ohne meinen Job keine drei Monate über die Runden gekommen. Als Hauptverdienerin einer dreiköpfigen Familie und ohne Berufsunfähigkeitsversicherung trug ich ein enormes Risiko. Das wurde mir erst nach und nach bewusst. Nachdem ich die Grundlagen verstanden hatte, setzten wir unser Geldmanagement neu auf und fingen an, Geld gezielt und breit gestreut zu investieren.

Die wichtigsten Voraussetzungen für ein gutes Geldmanagement haben wir bereits beschrieben:

- → Erkenne Emotionen und Geld-Glaubenssätze und verändere sie in deinem Sinne.
- → Überlege dir, wie du leben und wofür du dein Geld ausgeben möchtest.
- → Eigne dir Wissen an.

Jetzt geht es darum, dein geerbtes Geld zu verwalten und anzulegen. Dafür gilt zunächst einmal der Grundsatz: Kenne deine Zahlen.

Zum Umgang mit Finanzen gehören Zahlen, das liegt in der Natur des Geldes. Es geht gar um Mathematik, auch hier wird es uns als Frauen schwer gemacht. Denn ein weit verbreitetes Vorurteil lautet: Frauen sind nicht gut in Mathe. Wissenschaftliche Belege dafür gibt es keine. Es gibt aber eine Studie, die zeigt, wie fatal sich dieses Vorurteil auswirkt. In den USA ließ man asiatisch-amerikanische Mädchen im Alter zwischen fünf und sieben Jahren ein paar altersgerechte Rechenaufgaben lösen, wobei sie direkt vorher ein Bild ausmalen sollten. Enthielt das Bild ein Motiv, das ihre Genderrolle prägt, etwa eine Puppe, schnitten sie beim Mathetest deutlich schlechter ab als die Kontrollgruppe. Malten sie eine Reisschüssel mit Essstäbchen, also ein Motiv, das mit ihrer asiatischen Identität verknüpft ist, schnitten sie deutlich besser ab. Die Forschenden interpretierten das so: Wenn Mädchen unmittelbar vor einem Mathetest daran erinnert werden, dass sie Mädchen sind, beeinflusst das ihre Leistung negativ. Offenbar wirkt sich das Vorurteil, Mädchen könnten kein Mathe, unbewusst auf ihre Performance aus. Die Ergebnisse waren übrigens bei italienischen und deutschen Mädchen mit Motiven aus ihrem Kulturkreis ähnlich eindeutig.[1]

Du musst aber weder Angst vor Zahlen haben noch vor der Mathematik, die du für dein Finanzmanagement brauchst. Für Letzteres gibt es digitale Tools, die die notwendigen Berechnungen für dich erledigen. Ob Taschen-, Prozent- oder Zinsrechner, du findest sie alle kostenlos im Internet.

Die Basis deines Geldmanagements bildet eine Bestandsaufnahme, die vier Zahlen beinhaltet:

1. Wie sieht deine monatliche Bilanz aus – wie hoch sind deine Einnahmen im Verhältnis zu deinen Ausgaben?
2. Wie hoch ist dein Vermögen inklusive Erbe, und wie verteilt es sich?
3. Wie steht es um deine Rente?
4. Kennst du deine Zufriedenheitssumme?

Wichtig bei diesen vier Zahlen: Es kommt nicht auf den Cent an. Es geht darum, einen Überblick zu bekommen und Anhaltspunkte zu gewinnen, wie du dein Geld am besten verwalten und anlegen solltest. Wichtig dabei: Dein Geldfluss ist nicht statisch. Dein Einkommen kann sich steigern oder verringern. Bedürfnisse können sich aufgrund neuer Lebenssituationen ändern, und Ereignisse, die wir nicht vorhersehen oder beeinflussen können, lassen Inflation, Zinsen oder Renditen nach unten oder oben schnellen. Deshalb solltest du dich nicht verzetteln. Ein grober Überblick reicht vollkommen aus, um eine Grundlage für ein gutes Finanzmanagement zu erhalten.

Die erste Zahl: deine Bilanz

Die wichtigste Erkenntnis: Decken deine monatlichen Einnahmen deine monatlichen Kosten? Deine Einnahmen sollten immer höher als deine Ausgaben sein. Gibst du mehr aus, als du einnimmst, hast du zwei Stellschrauben, an denen du drehen kannst: Ausgaben senken oder Einkommen erhöhen. Gerade wenn du geerbt hast, solltest du wissen, wofür du dein Geld ausgibst. Ansonsten droht die Gefahr, dass dein Erbe in kurzer Zeit von deinen laufenden Kosten aufgefressen wird.

Übersicht Einkommen pro Monat	**Betrag**
Netto-Gehalt/Netto-Einkommen *(Durchschnitt im Monat)*	
Weitere Einnahmen: z. B. Kindergeld, Weihnachtsgeld, Mieteinnahmen, Zinseinnahmen, Börsengewinne …	
Einkommen TOTAL	

Übersicht Ausgaben fix *Beträge, die nur einmal im Jahr anfallen, werden auf den Monat heruntergebrochen*	**Betrag**
Summe Wohnen: Miete, Kredit, Hausgeld, Gas, Strom ...	
Summe Kommunikation: Internet, Handy, Beitragsservice ...	
Summe Mobilität: Autokredit, Kfz-Steuer, Versicherung, Benzin, Monatskarte, Nahverkehr, BahnCard, Fahrrad ...	
Summe Versicherungen: Haftpflicht, Berufsunfähigkeit, Hausrat, Rechtsschutz, private Rente, Auslandsreise ...	
Summe Gesundheit: Krankenversicherung, Medikamente, Kurse, Brille ...	
Summe Freizeit: Sportstudio, App-Abos, Zeitungsabos, TV/Film-Abos, Hobbys ...	
Summe Sonstiges: Kontogebühren, Kredite ...	
Summe Spenden (falls regelmäßig)	
Summe weitere Kategorie	
Fixe Ausgaben TOTAL	

Übersicht Ausgaben variabel *Heruntergebrochen auf einen Monat*	**Betrag**
Lebensmittel	
Drogerie	
Bekleidung	
Wohnen: Möbel, Deko, Garten ...	
Freizeit: Ausgehen, Kino, Events ...	
Bildung: Kurse, Bücher ...	
Kinder: Schule, Taschengeld, Hobbys, Nachhilfe ...	
Haustiere: Futter, Streu, Tierarzt ...	
Urlaube/Reisen	
Geschenke	
Feste: Weihnachten, Geburtstage ...	
Variable Ausgaben TOTAL	

Bilanz Einkommen/Ausgaben	Betrag
Einkommen TOTAL	
Ausgaben TOTAL (Summe Fix und Variabel)	
Einkommen TOTAL minus Ausgaben TOTAL =	

Die Unterscheidung zwischen fixen und variablen Kosten hilft dir später bei deinem Finanzmanagement. Denn es gibt eine einfache Gleichung: Je niedriger deine Fixkosten sind, desto beweglicher bist du. Flexibilität ist das A und O beim Geldmanagement. Um deine Ausgaben an deine jeweiligen Bedürfnisse anpassen zu können, brauchst du finanzielle Spielräume. In Deutschland neigen viele Menschen vor allem beim Immobilienkauf dazu, sich zu übernehmen, weil sie den Tilgungskredit zu hoch ansetzen. Viele belasten sich über die Grenze, was sie sich leisten können, hinaus und müssen bis zur Rente hohe Kreditraten zahlen. Dadurch stecken sie über Jahrzehnte in einem engen Finanzkorsett fest, das nur wenige Extras und Spielräume erlaubt. Sie gehen damit auch ein hohes Risiko ein. Eine schwere Krankheit oder ein Jobverlust können sich schnell zur finanziellen Katastrophe entwickeln, weil Kreditraten nicht mehr bedient werden können. Aus finanzieller Sicht ist es daher nicht vernünftig, bei einer Immobilienfinanzierung bis ans Limit zu gehen. Ich gehe im Kapitel »Investieren« noch einmal darauf ein.

Das Schöne an den variablen Kosten: Du kannst sie von Monat zu Monat beeinflussen. Sie lassen sich jederzeit an geänderte Bedürfnisse oder Umstände anpassen. Eine kritische Analyse dieser Ausgaben kann aber nicht schaden. Wo verbergen sich überflüssige Posten, wo gibt es Sparpotenzial?

Stelle aber vor allem deine Fixkosten auf den Prüfstand. Gehe jeden Posten durch und frage dich: Handelt es sich um eine notwendige Ausgabe, und falls ja, kann ich sie senken? Das klassische Beispiel sind Kontogebühren. Es gibt heute genügend Banken, die kostenlose Konten anbieten. Als Ausnahme sehe ich Ökobanken, die mit schmaleren Budgets wirtschaften müssen und bei denen ich Gebühren akzeptieren würde. Typisch sind auch Handyverträge. Sie lassen sich leichter ändern als das Bankkonto, und die Chancen, dass du die gleiche Leistung für weniger Geld bekommst, stehen gut. Das Fitnessstudio, das du ohnehin nicht nutzt? Schnell kündigen, bevor sich der Vertrag verlängert. Netflix und Amazon Prime? Kann monatlich abgeschlossen werden und braucht niemand gleichzeitig. Wie sieht es mit deinen Versicherungen aus? Gibt es eventuell günstigere oder welche mit Leistungen, die besser zu dir passen? Regelmäßig die Fixkosten zu prüfen, lohnt sich immer.

Ulrike war verblüfft, als sie ihre Einnahmen den monatlichen Ausgaben gegenüberstellte. Vor allem ihre variablen Kosten wie Urlaub führten dazu, dass sie in der Gesamtschau Monat für Monat im Minus lag. »*Es war paradox, denn eigentlich hatte ich gerade angefangen, meinen Konsum herunterzufahren, um klimaschonender zu leben. Das Auto hatte ich abgeschafft und war aufs Fahrrad umgestiegen; Kleidung, Möbel, Computer und andere Gebrauchsgegenstände kaufte ich fast nur noch gebraucht. Ich dachte daher, dass meine Ausgabenbilanz im grünen Bereich wäre.*«

Was Ulrike nicht bedacht hatte: Viele ihrer Kosten hatte sie bis zur Trennung nicht allein getragen, sondern gemeinsam mit ihrem Mann. Als Ulrike sich an mich wandte und wir ihre Finanzen unter die Lupe nahmen, lebte sie allerdings schon getrennt. Sie dachte damals, mit dem Kindesunterhalt und ihrem eigenen Einkommen würde sie gut über die Runden kommen. Doch dabei hatte sie vor allem die fixen Kosten im Sinn. Ihr Einkommen als freie Journalistin schwankte außerdem, und irgendwann würde auch der Kindesunterhalt wegfallen.

Die Erbschaft verschaffte Ulrike immerhin erst einmal Luft. So gesehen hat sie noch Glück gehabt. Andere Frauen, die Teilzeit oder freiberuflich arbeiten, weil sich das besser mit der Familie vereinbaren lässt, geraten nach einer Trennung schnell in eine finanzielle Notlage. Im Trennungsjahr wird das Einkommen des Paares noch addiert und je hälftig auf beide verteilt. Wenn dieses sogenannte Trennungsgeld wegfällt, muss jede*r mit den eigenen Einkünften zurechtkommen. Diesen Realitätsschock erleben vor allem Frauen. Schützen kann man sich dagegen am besten mit einem Ehevertrag, in dem festgelegt wird, wie Teilzeit und möglichst auch Care-Arbeit ausgeglichen werden. Eine solche Vereinbarung lässt sich natürlich auch ohne Trauschein treffen. Wichtig ist, sie schriftlich festzuhalten.

Ulrike hatte keinen Ehevertrag. Sie wollte auch nicht schon jetzt anfangen, ihr Erbe für den Lebensunterhalt zu verbrauchen. Deshalb unterzog sie ihre Ausgaben einer genauen Prüfung. Bei den Fixkosten entschied sie, dass sie auf den Luxus einer Haushaltshilfe nicht verzichten möchte, bei den variablen Kosten standen hochwertige Lebensmittel nicht zur Debatte. An allem anderen wurde der Rotstift angesetzt. *»Wenn man genauer hinschaut, entdeckt man überraschend viele Ausgaben, die überflüssig sind. Ich habe diesen Prozess daher auch nicht als Verzicht erlebt, sondern eher als Befreiung. Auch das Gebrauchtkaufen kann ich wirklich empfehlen. Es ist ökologisch und günstig zugleich. Such doch mal bei eBay nach einem gebrauchten Ikea-Sofa, oder schau bei momox Fashion nach Kleidern.«*

Ulrikes Beispiel macht deutlich, wie wichtig eine Einnahmen- und Ausgabenbilanz auch für Erbinnen ist. Im zweiten Schritt kommt dann das Vermögen auf den Prüfstand.

Die zweite Zahl: dein Vermögen

Durch die Analyse deiner Vermögenswerte kannst du ermitteln, wie diversifiziert dein Vermögen ist – hast du sowohl liquide Vermögenswerte als auch Anlagevermögen, und wie steht es um die Streuung innerhalb der jeweiligen Anlageklassen wie Immobilien, Aktien, Anleihen oder Wertgegenstände? Bist du bisher nicht breit aufgestellt, solltest du dein Erbe nutzen, dein Vermögen auf verschiedene Vermögenswerte zu verteilen. Die zweite Frage lautet: Übersteigen deine Vermögenswerte deine Verbindlichkeiten? Sollte dies nicht der Fall sein, nutze dein Erbe, um deine Verbindlichkeiten loszuwerden.

Vermögenswerte (Assets)	
Liquide Vermögenswerte (Liquid Assets) *Hierzu zählen Bargeld und alles, was du auf dem Konto oder angelegt hast*	**Betrag**
Bargeld	
Girokonto	
Tagesgeldkonto / Festgeldkonto	
Sparbuch / Bausparvertrag	
Aktien – aktueller Marktwert	
Anleihen – aktueller Marktwert	
Fonds / ETFs – aktueller Marktwert	
Private Lebens-/Rentenversicherungen – aktueller Rückkaufswert	

Anlagevermögen (Fixed Assets) *Hierzu zählt alles, was du zu Geld machen könntest, wofür du aber erst eine Käufer*in finden müsstest, z. B. Haus, Wohnung, Auto*	**Betrag**
Immobilien – aktueller Marktwert	
Auto – aktueller Marktwert	
Wertvolle Gegenstände: Schmuck, Möbel, Uhren …	
Weitere fixed Assets (z. B. Sammlerstücke)	
TOTAL VERMÖGENSWERTE	

Verbindlichkeiten (Liabilities)	**Betrag**
Schulden	
Kredite für Immobilien – aktuelle Kreditlast	
Autokredit	

Andere laufende Kredite	
Überziehungskredite, z. B. Girokonto	
Ausstehende Rechnungen	
Weitere Verbindlichkeiten	
TOTAL VERBINDLICHKEITEN	
TOTAL VERMÖGEN MINUS TOTAL VERBINDLICHKEITEN =	

Als ich diese Auflistung zum ersten Mal gemacht habe, war ich überrascht festzustellen, dass mein Mann und ich bereits ein Vermögen von etwa einer halben Million Euro hatten. Ich war ziemlich beeindruckt. Wir hatten 2005 eine Wohnung in Frankfurt gekauft. Dank einer Erbschaft konnten wir sie anzahlen und bekamen einen Kredit. Die Entwicklung des deutschen Immobilienmarkts, die in vielerlei Hinsicht problematisch ist, erwies sich für uns als Glücksfaktor, der unser Vermögen ganz von selbst wachsen ließ. Innerhalb von dreizehn Jahren verdreifachte sich der Wert unserer Wohnung.

Zwei Dinge waren dennoch heikel: Unser Vermögen steckte quasi ausschließlich in der selbstbewohnten Immobilie, also in einem Fixed Asset. Deshalb waren wir minimal flexibel. Eine

Wohnung lässt sich nur ganz oder gar nicht verkaufen, und es braucht Zeit, Käufer*innen zu finden. Wir würden in einer unvorhergesehenen Situation wie beispielsweise Trennung oder Verdienstausfall durch Krankheit nie schnell auf dieses Geld zugreifen können, ganz abgesehen davon, dass wir bei einem dringenden Verkauf keine Rücksicht auf die Entwicklung der Immobilienpreise nehmen könnten. Wären sie gerade auf Talfahrt, hätten wir Pech gehabt.

Zweitens betrieben wir, abgesehen davon, dass wir die Wohnung abbezahlten, keinen strategischen Vermögensaufbau und gaben unser Einkommen ungebremst aus. Ich sorgte schleunigst dafür, diesen Umstand zu ändern. Wir diversifizierten unsere Investitionen und bauten nach und nach liquide Assets auf.

Ulrike stellte ebenfalls fest, dass ihr Vermögen aus der Erbschaft nicht optimal angelegt ist. Sie musste außerdem entscheiden, wie sie es nutzen wollte. Dieser Prozess ist noch nicht abgeschlossen. Auf die ersten Ansätze ihrer Finanzstrategie werden wir noch eingehen. Eine große Rolle spielt dabei die Absicherung fürs Alter, denn beim dritten Prüfstein ihrer Finanzinventur sieht es für sie als alleinlebende Frau und Freiberuflerin nicht gut aus.

Die dritte Zahl: deine Rente

Die Rente ist ein gutes Beispiel für unsere krampfhaften Versuche, aus unserem Finanzmanagement eine Wissenschaft zu machen. Die staatliche Rentenversicherung schickt uns regelmäßig Standmitteilungen mit vielen Wenn und Dann, private Versicherungen wollen uns mit großzügigen Beispielrechnungen für mögliche spätere Rentenzahlungen ihre Lebensversicherungen schmackhaft machen. Doch wir können so viele Berechnungen anstellen, wie wir wollen, wir können nun einmal nicht in die Zukunft schauen. Die wohl offensichtlichste unbekannte Variable in diesem Falle ist das eigene Lebensalter.

Wie also kannst du an deine Rentenplanung herangehen? Eine viel zitierte Faustregel[2] besagt, dass du im Ruhestand 80 Prozent deines vorherigen Nettoeinkommens zur Verfügung haben solltest, um gut über die Runden zu kommen. Ich präferiere eine andere Vorgehensweise: Überlege dir deine Zufriedenheitssumme, und plane deine Finanzen nach Möglichkeit so, dass du diese bis ins hohe Alter sichern kannst. Ich werde später auf die Zufriedenheitssumme eingehen und darauf, wie du sie ermitteln kannst.

Wenn du feststellen musst, dass du diese Summe nicht mehr erreichen kannst, beispielsweise aus gesundheitlichen Gründen oder weil das Rentenalter kurz bevorsteht, hast du eine andere Aufgabe. Dann geht es darum, deine Ausgaben so zu optimieren, dass du mit möglichst geringen Kosten eine möglichst hohe Zufriedenheit erreichen kannst. Dafür musst du herausfinden, was konkret zu deiner Lebenszufriedenheit beiträgt.

Zudem wird gerne gepredigt, die »Rentenlücke« – #Mangeldenken – bis ins Detail auszurechnen. Ich halte nicht viel davon. Denn es gibt neben dem Lebensalter diverse Variablen, die sich niemals vorhersehen lassen. So wird deine Rente beispielsweise steigen, solange du weiter arbeitest und weiter in die Rentenkasse einzahlst. Je nachdem, wie weit du noch vom Renteneintritt entfernt bist, wird deine Rente allerdings durch die Inflation geschmälert, zudem musst du damit rechnen, dass sich Rentengesetze verändern. Früher mussten Renten zum Beispiel nicht versteuert werden, heute schon. Aus meiner Sicht ist es daher sinnvoll, die Kalkulation deiner Rente nur als Anhaltspunkt zu verstehen, der dir hilft, deine Finanzstrategie aufzusetzen. Du solltest dich in diesem Punkt nicht mit Annahmen und Details verzetteln.

Deine Erkenntnis nach der Auflistung: Wie viel Einkommen habe ich voraussichtlich im Ruhestand, und in welchem Verhältnis steht das zu meinem jetzigen Lebensstil? Wenn es eine Lücke gibt, was wahrscheinlich ist, solltest du dein Erbe dafür nutzen, sie zu schließen. Im Kapitel übers Investieren erfährst du, wie das gelingen kann.

Rente	Beginn der Auszahlung	Betrag
Gesetzliche Rente (aktueller Stand)		
Betriebliche Rente (aktueller Stand)		
Private Vorsorge (Rentenversicherungen, Riester etc.)		
Weitere Posten		
Summe monatlicher Betrag aus Renten, die lebenslang ausbezahlt werden:		

Wenn dein Einkommen in der Rente deutlich unter deinem jetzigen Einkommen liegt, brauchst du nicht in Panik zu verfallen. Das ist normal. In den Köpfen der meisten Deutschen geistert noch immer die Erwartung herum, die staatliche Rente müsse ausreichen, um unser Alter zu finanzieren. Das funktioniert aber schon seit Jahren nicht mehr (Beamt*innen außen vor gelassen). Wir leben länger, wir haben zu wenige Kinder, die unsere Renten finanzieren, und wir sind immer weniger bereit, vierzig Jahre Vollzeit durchzuarbeiten, um nur ein paar der Gründe zu nennen. 2022 betrug die durchschnittliche Rente von Frauen in Deutschland 1072 Euro. Damit dürften die wenigsten Menschen auskommen, ganz zu schweigen davon, dass es sich hier um den Durchschnittswert handelt. Viele Frauen erhalten noch deutlich weniger. Meine Botschaft auch an Leserinnen, die nicht gut abgesichert sind: Durchatmen,

Flexibilität im Kopf erhöhen, kreativ werden, loslegen. Mit deinem Erbe hast du ein Anfangskapital, das dir zahlreiche Möglichkeiten eröffnet.

Stelle alles auf den Prüfstand

Im nächsten Schritt solltest du herausfinden, was deine Finanzprodukte und Versicherungen dir bringen und was sie kosten. Mit Finanzprodukten meine ich Konten, Bausparverträge, Fonds und so weiter.

Girokonto: Zahlst du Gebühren für dein Girokonto? Verhandeln oder wechseln. Die meisten Konten sind heute kostenlos. Tages- und Festgeldkonten und Sparbücher: Diese Produkte solltest du ab und an prüfen, gerade in Zeiten, in denen die Zinsen steigen oder fallen. Ich habe folgende zwei Begebenheiten erlebt, die gezeigt haben, dass es sich lohnt, genau aufzupassen.

In Deutschland gab es von 2008 bis 2022 eine Niedrigzinsphase. In dieser Zeit erhielten wir einen Brief von der Bank, bei der wir einen Bausparvertrag laufen hatten. Man wollte mit uns sprechen. Wir machten einen Termin, und ein eloquenter »Berater« (also Verkäufer) signalisierte uns, dass ein Umschichten des Vertrags nötig sei. Wir verstanden nicht viel, waren aber nach dem Gespräch überzeugt, dass wir den alten Vertrag auflösen und einen neuen abschließen müssten. Zum Glück befragten wir dazu noch eine unabhängige Finanzberaterin. Und siehe da: Unser Bausparvertrag war mitnichten in irgendeiner Form zuteilungsreif. Wir bekamen 4 Prozent Zinsen auf die Sparsumme, weshalb die Bank den Vertrag dringend loswerden wollte, denn das allgemeine Zinsniveau war damals deutlich niedriger. Als klar war, dass es keine rechtliche Grundlage gab, uns aus dem Vertrag zu werfen, ignorierten wir weitere Briefe der Bank. Irgendwann gab sie auf. Wir zahlen bis heute fleißig weiter auf den Vertrag ein. Er ist ein Sicherheitsbaustein in unserer Investitionsstrategie.

Die nächste Begebenheit liegt noch gar nicht so lange zurück. Wir hatten uns daran gewöhnt, dass es auf Tagesgeldkonten quasi keine Zinsen mehr gab. Daher parkten wir Geld auf einem minimal verzinsten »Online-Sparbuch«. Wenn wir von diesem Sparbuch Geld abheben wollten, mussten wir den gewünschten Betrag drei Monate im Voraus »kündigen«. 2023 stiegen die Zinsen wieder. Ich war dabei, unsere Konten aufzuräumen, und stellte eher zufällig fest, dass das Tagesgeldkonto unserer Bank inzwischen 3 Prozent Zinsen bot, das Sparkonto jedoch nur noch 0,6 Prozent. Wir schichteten unser Geld schleunigst um und können uns seither auch die regelmäßige Kündigung von Beträgen sparen.

Auch deine Investitionen an der Börse gehören unter die Lupe, sofern du bereits investierst: Schau dir die Gebühren an. Was kostet eine Transaktion bei deiner Bank oder deinem Broker? Was kosten Sparpläne, falls du welche hast? Gibt es einen Ausgabeaufschlag für Produkte, die dich interessieren? Wie hoch ist der? Und vor allem: Wie hoch sind die jährlichen Gebühren für deine Fonds – seien es gemanagte Fonds oder auch ETFs? Es lohnt sich auch, auf die bisherige Rendite zu schauen und mit der generellen Entwicklung an der Börse ins Verhältnis zu setzen.

Wenn du wie wir innerhalb der vergangenen zwanzig Jahre zumindest ein paar Jahre lang an der Börse investiert hast und bei einer Rendite von 2 Prozent gelandet bist, hast du entweder auf die falschen Produkte gesetzt oder mit dem Zeitpunkt des Einstiegs wirklich Pech gehabt. Der Januar 2020 war so ein Zeitpunkt, weil die Börse durch die im Februar beginnende Coronakrise eine rasante Talfahrt hinlegte. Allein der DAX brach innerhalb eines Monats um 40 Prozent ein. Es gibt allerdings nur sehr wenige richtig schlechte Einstiegszeitpunkte, und es ist immer besser, heute als morgen damit anzufangen. Wenn deine Renditen sehr gering sind, lohnt es sich mit großer Wahrscheinlichkeit, deine Investitionsstrategie zu überdenken.

Jetzt kommen die Versicherungen dran: Auto-, Hausrat-, Reise-, Lebens-, private Rentenversicherung und so weiter. Es lohnt sich, sie alle zu prüfen. Was genau deckt die Versicherung ab? Passt das zu deinen Bedürfnissen? Wie hoch sind die Kosten und Gebühren? Was bekommst du bei Fälligkeit heraus? Wie wahrscheinlich ist es, dass der Versicherungsfall eintritt, und vor allem: Wie wichtig ist es, dann versichert zu sein?

Manche Versicherungen in Deutschland sind zu Recht verpflichtend: die private Haftpflicht oder die Krankenversicherung. Denn tritt der Ernstfall ein, würde er nicht versicherte Menschen ruinieren. Ähnlich solltest du deine freiwilligen Versicherungen betrachten: Eine Berufsunfähigkeitsversicherung ist ebenso sinnvoll wie eine Wohngebäudeversicherung, sofern du Wohneigentum besitzt. Die meisten anderen Versicherungen sind rechnerisch aber überflüssig. Als Faustregel gilt: Kannst du die Kosten im Versicherungsfall aus deinem Vermögen bezahlen? Dann brauchst du keine Versicherung.

Als ich unsere Versicherungen prüfte, stellte ich fest, dass wir bei Auslandsreisen dreifach versichert waren. Einmal über eine Versicherung, die wir extra dafür abgeschlossen hatten, einmal über unsere ADAC-Mitgliedschaft und dann noch über unsere Kreditkarte. Die Auslandsreiseversicherung konnten wir kündigen und sparten damals immerhin 30 Euro im Jahr.

Eine Lebensversicherung lohnt sich höchstens, wenn es in der Familie eine Alleinverdiener*in gibt, sodass die anderen Familienmitglieder für den Notfall abgesichert sind. Du solltest aber darauf achten, dass es sich um eine Risikolebensversicherung handelt, die im Todesfall eine hohe Summe an die Hinterbliebenen auszahlt. Sogenannte Kapitallebensversicherungen, bei denen du langfristig Geld ansparst, lohnen sich nicht, da sie in Zeiten von Niedrigzinsen zu hohe Kosten verursachen und zu wenig Rendite bringen.

Auch von privaten Rentenversicherungen wird derzeit abgeraten. Bei den Angeboten, die auf dem Markt sind, sind die Gebühren zu hoch. Daher lohnen sich die Versicherungen in der Regel nicht oder nur, wenn man über hundert Jahre alt wird. Leider hat sich auch Ulrike eine solche Versicherung andrehen lassen. Wenn du bereits eine oder mehrere private Rentenversicherungen hast, lasse diese von der Verbraucherzentrale oder von einer unabhängigen Beraterin prüfen. Oft ist es das Sinnvollste, diese Versicherungen stillzulegen und das Geld anderweitig anzulegen.

Die vierte Zahl: Kenne deine Zufriedenheitssumme

Wenn du deine persönliche Einnahme- und Ausgabenbilanz und dein Vermögen kennst, dein voraussichtliches Renteneinkommen abschätzen kannst und deine Finanz- und Versicherungsprodukte geprüft hast, hast du den Grundstein für deine Finanz- und Investitionsplanung gelegt. Jetzt kommt noch eine weitere Zahl ins Spiel. Ich finde sie die interessanteste von allen, denn jetzt beginnt es, richtig Spaß zu machen, sich mit Geld zu befassen: Wie viel Geld brauchst du monatlich, um ein gutes Leben zu führen?

Es ist die Gretchenfrage und der Dreh- und Angelpunkt deines zukünftigen Geldmanagements. Wenn du weißt, wie viel Geld du wofür benötigst, hast du eine Grundlage für deine Planung. Wenn dein Erbe so groß ist, dass du diese Summe über Jahrzehnte aufbringen kannst, herzlichen Glückwunsch! Dann musst du dir dein Vermögen so einteilen, dass du den erforderlichen Betrag bis an dein Lebensende monatlich zur Verfügung hast, und brauchst dir um Geld keine Gedanken mehr zu machen – sofern du selbst nichts vererben möchtest. Das Stichwort hierzu lautet »Entnahmestrategie«. Mehr dazu erfährst du im Kapitel übers Investieren. Ansonsten hast du verschiedene Optionen, dein Zufriedenheitseinkommen zu realisieren. Als Erbin hast du ja bereits eine Grundlage, auf der du aufbauen kannst.

Aber noch einmal einen Schritt zurück: Wie ermittelst du diese Summe? Die amerikanischen Finanzberater*innen Vicki Robin und Joe Dominguez haben in den Nullerjahren regelmäßig Geldseminare durchgeführt. Sie fragten die Teilnehmenden zu Beginn, wie viel Geld sie benötigten, um glücklich zu sein. Und sie stellten fest:

Unabhängig davon, wie hoch das jeweilige Einkommen war, sagten die Teilnehmenden, dass sie zwischen 50 und 100 Prozent mehr Geld bräuchten als das, was sie gerade zur Verfügung hatten.[3]

Wir lernen zwei Dinge daraus. Erstens: Offenbar orientieren wir uns am eigenen Referenzrahmen. Eine Krankenschwester träumt gar nicht erst von einem monatlichen Einkommen von 10 000 Euro. 50 Prozent mehr Einkommen sind dagegen nicht ganz unrealistisch.

Die zweite Sache, die wir lernen, ist etwas verzwickter: Wir denken offenbar immer, dass wir 50 oder 100 Prozent mehr Geld bräuchten, unabhängig davon, wie viel wir schon haben. Auch hier funktioniert der Referenzrahmen, allerdings ohne dass wir jemals zu einem befriedigenden Ergebnis kommen. Deswegen halte ich es für wichtig, nicht nur reflexartig zu sagen: »ich hätte gerne mehr«, sondern sich konkret zu überlegen, was man mit diesem »Mehr« anfangen würde. Die entsprechenden Übungen dazu hast du ja bereits in den vorhergehenden Kapiteln gemacht. Auf Basis dieser Übungen schaust du dir deine aktuellen monatlichen Ausgaben an. Wie viel mehr bräuchtest du, damit du so leben kannst, wie du möchtest?

Bei mir sahen diese Überlegungen so aus: Ich war Mitte vierzig, als ich mein Zufriedenheitseinkommen definiert habe – und stellte fest, dass mein Leben meiner Wunschvorstellung schon sehr nahe kam. Die grundlegende Veränderung, die ich anstrebte, hatte mehr mit dem Inhalt meiner Arbeit zu tun als mit dem Einkommen. Allerdings erkannten mein Mann und ich auch, dass wir nicht abgesichert waren und in der Rente bei Weitem nicht über das Einkommen verfügen würden, das wir bräuchten, um in unseren Augen gut leben zu können. Je nach Komfort-Level hätten wir im Ruhestand gerne etwa 1500 Euro bis 3500 Euro monatlich mehr. Stress habe ich deswegen nicht. Wir sehen drei Stellschrauben, die helfen können, unsere Rente aufzustocken. Erstens: unsere Investitionen erhöhen. Zweitens: Wir arbeiten daran, unser Einkommen bis zur Rente zu steigern. Drittens malen wir uns bereits jetzt aus, was wir nach dem offiziellen Renteneintritt tun könnten. Etwas, woran wir Spaß haben und womit wir weiter Geld verdienen können. Ich habe dafür ein Vorbild: meinen Vater. Er ist heute 85 Jahre alt und hat bis zu seinem dreiundachtzigsten Lebensjahr gearbeitet. Und das – zumindest überwiegend – gerne.

Das geht natürlich nur, wenn ich gesund bleibe und die wirtschaftliche Lage sich nicht massiv verschlechtert. Verlassen kann ich mich darauf also nicht. Ich finde es aber inspirierend, mir vorzustellen, was ich gerne tun würde, und ungemein beruhigend, zu wissen, dass es diese Möglichkeiten gibt. Mir ist aber auch bewusst, dass ich mit einer abbezahlten Wohnung und einem lukrativen und sicheren Job in einer sehr privilegierten Situation bin.

Unser erstes Ziel war also, uns abzusichern, das zweite, unsere Rente aufzustocken. Außerdem wollte ich gerne auf eine Auszeit sparen. Es wurde deutlich, dass wir unser Einkommen erhöhen müssen, um diese drei Dinge bei gleichbleibendem Lebensstandard erreichen zu können. Dass mein Mann inzwischen ein zweites Mal Geld geerbt hat, ändert daran nichts. Diesen Betrag haben wir angelegt, um einen Grundstock für unsere Absicherung im Alter zu legen.

Dein Leben sieht vermutlich vollkommen anders aus, und deine Wünsche und Träume unterscheiden sich sicher von meinen. Jede Finanzsituation ist individuell und nicht vergleichbar, ebenso wie die Dinge, die uns glücklich machen. Das wird schon an Ulrike und mir deutlich.

Es geht beim Zufriedenheitseinkommen um deine ganz persönliche Zahl. Diese Zahl muss nicht in Stein gemeißelt sein. Vielleicht kommst du nur auf eine ungefähre Summe, und es braucht Zeit, bis sich dieser Betrag konkret herauskristallisiert. Was ich zu meinem Finanzmanagement schreibe, ist auch nicht über Nacht entstanden. Es ist ein Prozess, der sich ständig wandelt. Dein Zufriedenheitseinkommen darf sich also mit der Zeit ändern, genau wie du dich ändern wirst und die Welt um dich herum sich ändern wird.

Der Vollständigkeit halber: Mein Mann und ich haben sehr jung geheiratet und unsere gesamten Finanzen in einen Topf geworfen.

Wir haben quasi nur gemeinsame Konten, Depots und Immobilien, und mein Mann hat mir ohne mit der Wimper zu zucken zweimal die Hälfte seines Erbes abgetreten. Heute würde ich aus diversen Gründen Paaren nicht mehr dazu raten, alle Finanzen gemeinsam zu veranlagen. Aber mit diesem Thema könnte ich ein weiteres Buch füllen, insofern würde das hier zu weit führen. Worauf ich hier hinweisen möchte: Die meisten Zahlen, die ich im Zusammenhang mit meiner Geldgeschichte in diesem Buch nenne, beziehen sich auf unser gemeinsames Einkommen, Vermögen und die gemeinsame Rente.

Erste Schritte – wofür du dein Geld ausgeben solltest und wofür nicht

Wenn du dir einen Überblick über deine Zahlen verschafft hast, solltest du dir ein paar weitere Regeln im Umgang mit Geld einprägen, bevor du dich an die Investitionsstrategie machst. Diese Regeln sind universell und gelten unabhängig davon, wie vermögend eine Person ist oder ob sie geerbt hat oder nicht. Werden sie nicht beachtet, können auch große Summen schnell verbraucht sein. Im Internet oder in der Zeitung kannst du mit schöner Regelmäßigkeit von Promis aus dem Bereich Sport, Showbiz und Musik oder von Unternehmer*innen lesen, die pleitegehen, obwohl sie ein Vermögen in Millionenhöhe besessen haben. Ähnliches wird auch immer wieder von Lottogewinner*innen berichtet. Es gelingt längst nicht allen, aus ihrem Gewinn ein langfristiges Vermögen zu machen.

Die Krux: Während viele Menschen denken, dass mehr Geld alle ihre Probleme lösen würde, sieht die Realität anders aus. Denn unser Umgang mit Geld ändert sich nicht unbedingt, wenn wir mehr davon zur Verfügung haben. Wer daran gewöhnt ist, sein Geld komplett auszugeben, tut das mit einem Einkommen von 2000 Euro im Monat genauso wie mit 20 000 Euro. Das geht schnell und einfach: Penthouse statt Zweizimmerwohnung, Prada statt Benetton, New York statt Nordsee – nach oben gibt es kein Limit. Wenn Menschen in sozialen Medien ihr Luxusleben zur Schau stellen, wirken sie unendlich reich. Die Wahrheit sieht meist anders aus. Denn echtes und nachhaltiges Vermögen steckt weder in einem Lamborghini noch in Gucci-Outfits. Vermögen besteht aus dem Geld, das man nicht ausgibt. Es bedeutet, langfristig Mittel zur Verfügung zu haben, ohne dafür arbeiten zu müssen. Echtes Vermögen zeigt sich in der Freiheit, über die Ausgestaltung seiner Zeit entscheiden zu können. Es bleibt unsichtbar.

Mit einem Erbe ist es ähnlich wie bei einem Lottogewinn. Plötzlich hast du Geld zur Verfügung, das du vorher nicht hattest. Die Möglichkeiten, was du damit machen könntest, scheinen unendlich. Mein Mann und ich haben kleinere unerwartete Summen wie eine Steuerrückzahlung oder einen Bonus früher mehrfach verplant oder schnell ausgegeben. »Jetzt können wir uns endlich den neuen Küchentisch leisten.« Vier Wochen später: »Wie gut, dass wir im Urlaub nicht mehr so genau hinschauen müssen.« Und zwischen neuem Küchentisch und Urlaub: »Wir gönnen uns was, lass uns schick essen gehen.« Hinterher hatten wir weniger als vor dem Geldsegen und mussten wieder sparen.

Beide Male, als mein Mann größere Summen geerbt hatte, wussten wir zum Glück schon vorher sehr genau, was wir damit tun wollten. Das erste Erbe nutzten wir, um es als Eigenkapital für unsere Eigentumswohnung einzusetzen, das zweite packten wir in ETFs, also in Investitionen an der Börse, um unser Einkommen in der Rente zu verbessern. Damit dein Erbe nicht in ein paar Jahren verbraucht ist, solltest du dir dein Finanzverhalten bewusst machen und es gegebenenfalls ändern. Hier meine Empfehlungen, wofür du dieses Geld ausgeben solltest – und wofür besser nicht.

Eine Reserve als Basis

Die Organisation für wirtschaftliche Zusammenarbeit und Entwicklung (OECD) fragt Menschen aus aller Welt in ihrem »Toolkit for Measuring Financial Literacy and Financial Inclusion«,[4] eine Art Maßstab für Finanzbildung und finanzielle Teilhabe: »Wie viele Tage oder Monate können Sie Ihre Lebenshaltungskosten decken, wenn Sie Ihre Haupteinkommensquelle verlieren, ohne Geld zu leihen oder umzuziehen?« Es überrascht nicht, dass nur wenige Menschen in Entwicklungsländern ein oder zwei Monate ohne Einkommen überleben können. Doch auch in Industrieländern ist es keine Selbstverständlichkeit, dass Menschen über Rücklagen verfügen.

Eine Geldreserve im Umfang von (mindestens) drei Nettogehältern, auf die du jederzeit zugreifen kannst, gehört zu den Basics eines jeden Geldmanagements. Sie verschafft dir Flexibilität für unvorhergesehene Fälle. Im besten Fall bedeutet sie ein Stück Freiheit, im schlimmsten Fall bewahrt sie dich vor dem Ruin. Denn so viel ist sicher: Es gibt unvorhergesehene Fälle – in jedem Leben.

Mit diesem Geld kannst du deinen Laptop ersetzen, wenn die Festplatte kaputtgegangen ist, ohne dass du einen Kredit aufnehmen musst. Du brauchst nicht in Panik zu verfallen, wenn du deinen Job verlierst, oder kannst kündigen, wenn dein Chef dich mobbt. Du kannst als selbstständige Künstlerin die Covid-Krise überstehen. Apropos: Allen Selbstständigen würde ich raten, eine Reserve von einem halben Jahr anzusparen und zurückzulegen. Dann sind Flauten nicht mehr so bedrohlich, und es muss nicht jeder Auftrag angenommen werden.

Falls du bisher keine Rücklagen besitzt: Lege dir von deinem Erbe zunächst eine Reserve an, die deine Lebenshaltungskosten für drei bis sechs Monate abdeckt. Lege das Geld auf ein Tagesgeldkonto und rühre es nicht an, es sei denn, du verlierst deine Haupteinnahmequelle, oder die Geschirrspülmaschine geht kaputt. Denke aber daran, die Reserve dann wieder aufzufüllen.

So wichtig eine Reserve ist, so dringend gehört der geläufige Begriff dafür abgeschafft: Sie wird häufig als Notgroschen bezeichnet. An diesem Wort stört mich alles. Erstens: Not ist eine Negativ-Motivation und steht konträr zu dem, was es braucht, um vermögend und zufrieden zu werden. Hinzu kommt, dass es zumindest in Deutschland in den allermeisten Fällen nicht mehr darum geht, Geld für Notzeiten zurückzulegen, sondern darum, unerwartete Ausgaben abzufedern oder eine Pause vom Job zu finanzieren.

Und dann kommt zweitens noch der Groschen. Abgesehen davon, dass es schon lange keine Groschen mehr gibt und das Wort ziemlich verstaubt klingt, verleitet es dazu, klein zu denken. Wer Groschen sammelt, muss lange sparen, um von seinen Rücklagen eine neue Waschmaschine kaufen zu können, und er oder sie kann schon gar nicht ein paar Monate davon leben. Zum Glück bin ich nicht die Einzige, die den Begriff Notgroschen nicht mag. Von Fuck-You-Money über Geldpolster bis hin zu Glücksreserve habe ich schon verschiedenste Varianten gelesen. Ich bin gespannt, was sich durchsetzen wird.

Entscheidend ist bei dieser Reserve, dass du jederzeit darauf zugreifen kannst. Dir bleibt also nicht viel anderes übrig, als sie auf einem Tagesgeldkonto zu parken. Bei Finanztip bekommst du aktuelle Infos, welche Bank gerade die besten Konditionen bietet.

Der Umgang mit Schulden

Der einzige vernünftige Grund, einen Kredit aufzunehmen, sind Investitionen. Wobei es eine Ausnahme gibt, und auch sie zählt zu den absoluten Basics: Nimm nie einen Kredit auf, um an der Börse zu investieren. Niemals. Du kannst einen Kredit für dein Business aufnehmen oder für eine Immobilie, in der du wohnen oder die du vermieten möchtest. Vergleiche aber Kreditangebote sehr genau und kalkuliere die Kreditraten realistisch, damit sie zu deinem Einkommen und Budget passen.

Ob du von deinem Erbe noch laufende Immobilienkredite vorzeitig ablösen solltest, kommt auf deine Situation an. Hier gibt es sehr viele Parameter zu beachten. Wie hoch ist der Kredit, und zu welchen Konditionen wurde er abgeschlossen? Sprich, welchen Zinssatz zahlst du im Vergleich zu aktuellen Zinsen? Darfst du überhaupt Sondertilgungen vornehmen, und falls ja, in welchem Umfang und zu welchen Konditionen? Wohnst du selbst in der Immobilie, oder hast du sie vermietet? Falls vermietet: Decken die Mietzahlungen den Kredit? Kannst du durch den Kredit Steuern sparen? Spielt dir die Inflation in die Hände, indem die Schulden an Wert verlieren? Um ein Gefühl dafür zu bekommen, solltest du verschiedene Varianten einmal durchrechnen und dann entscheiden. Zu komplex? Wende dich an eine unabhängige Finanzberatung und lasse dich zu genau dieser Fragestellung beraten.

In vielen Fällen lohnt es sich eher, das Geld an der Börse zu investieren, als einen Immobilienkredit vorzeitig abzulösen. Aber auch hier spielt die Psychologie eine Rolle. Wenn dich der Kredit sehr belastet und du dir mit dem Erbe den Frieden kaufen kannst, diesen Druck loszuwerden, kann es für dich eine gute Lösung sein. In jedem Fall lohnt es sich, die vorhergehenden Fragen durchzugehen und auszurechnen, was du durch eine vorzeitige Ablösung tatsächlich sparen würdest.

Hast du Konsumschulden, solltest du sie in jedem Fall von deinem Erbe begleichen. Dazu gehört neben Ratenkrediten auch der Dispo auf dem Girokonto. Solche Schulden sind tabu, wenn du dein Finanzmanagement auf eine solide Basis stellen willst. Diese Grundregel wird uns besonders schwer gemacht, denn das Geschäft mit den Ratenkäufen brummt. Wir werden mit Angeboten bombardiert, Dinge jetzt zu kaufen und später zu zahlen. Angeblich gerne auch ohne Zinsen, doch dabei handelt es sich um pure Augenwischerei. Unternehmen preisen diese Kredite grundsätzlich ein. Das kannst du leicht feststellen, wenn du in einem Küchenstudio signalisierst, dass du die gesamte Summe sofort bezahlst. Du wirst garantiert einen ordentlichen Rabatt aushandeln können.

Für die Zukunft gilt: Kaufe Dinge nur, wenn du Geld dafür hast. Wenn du dir erst überlegen musst, ob du dir die Anschaffung leisten kannst, ist das ein Zeichen dafür, dass du die Finger davon lassen solltest. Für größere Anschaffungen legst du monatlich Raten zurück, bis du sie dir leisten kannst, und falls ein Arbeitsgerät oder etwas im Haushalt sofort ersetzt werden muss, hast du deine Reserve, die du dann wieder aufstockst.

Träume erfüllen

Natürlich kann dir dein Erbe auch Träume erfüllen – eine tolle Reise, die du schon immer machen wolltest, oder etwas, das du dir gern kaufen würdest, dir bisher aber nicht leisten konntest. Mach es! Du wirst das sicher nicht bereuen, selbst wenn du danach in deinen Alltag zurückkehrst. Doch nicht jeder Traum hält einem Realitätscheck stand. Du wolltest schon immer deinen eigenen Laden oder ein Café eröffnen? Bevor du deinen Job hinwirfst und dein Erbe in ein solches Projekt steckst, solltest du genau prüfen, ob deine Geschäftsidee wirklich trägt. Geh am besten in dein Lieblingscafé und frage die Wirtin nach ihrem Erfolgsrezept und ihren Erfahrungen. Nach welchen Kriterien hat sie den Standort ausgewählt? Was kostet eine gute professionelle Kaffeemaschine? Kann sie sich Personal leisten, oder muss sie alles selbst machen? Tatsächlich lohnt sich ein kleiner Laden meist nur, wenn kein Personal benötigt wird. Bist du bereit, die langen Arbeitszeiten dauerhaft in Kauf zu nehmen? Vielleicht kannst du in der Findungsphase ein Praktikum absolvieren, um entsprechende Einblicke zu bekommen.

Ganz wichtig: Erarbeite einen Businessplan und spreche ihn mit fachkundigen Personen durch. Industrie- und Handelskammern bieten sehr gute Seminare für Existenzgründer*innen an, die zur Vorbereitung eines eigenen Business sehr hilfreich sind. Über die *bundesweite gründerinnenagentur (bga)* findest du zudem Angebote, die sich direkt an Frauen richten.[5] Wenn du glaubst, eine geeignete Gewerbefläche an einem guten Standort gefunden zu haben, gehe dort an verschiedenen Tagen zu verschiedenen Tageszeiten hin, um herauszufinden, was in der Gegend los ist. Übernimmst du ein Café von einer anderen Person, finde heraus, warum sie aufhört. Vielleicht denkst du auch noch einmal über eine andere Geschäftsidee nach. Statt ein Café mit festem Standort zu eröffnen, könntest du zum Beispiel mit einem Barista-Bike über die Spielplätze deiner Stadt touren. Oder wie wäre es mit einem Computer-Shop für Frauen? Einen Onlinehandel kannst du möglicherweise zunächst neben deinem aktuellen Job aufziehen und ohne große Risiken testen, ob dein Businesskonzept aufgeht.[6]

Vermögen bilden

Wenn du mit deinem Erbe ein Vermögen erst aufbauen oder es vergrößern möchtest, musst du es investieren. Ein berühmtes Beispiel für eine Frau, die mit einem einmaligen Startkapital ein Vermögen gemacht hat, ist Beate Sander. Der »Börsen-Oma«, wie sie in den Medien gerne genannt wurde, gelang es, aus einem Startkapital von 30 000 Euro binnen sechzehn Jahren eine Million Euro zu machen.[7] Dabei hat sie erst mit Ende fünfzig angefangen zu investieren. Ihre Investitionsstrategie hat sie in Interviews und Büchern beschrieben. Etwas Glück gehörte allerdings auch bei ihr dazu.

Während die Vermögensbildung über Aktien(-fonds) normalerweise über einen Sparplan läuft, bei dem du regelmäßig Geld anlegst, bist du als Erbin in einer besonderen Situation. Du hast plötzlich eine größere Summe zur Verfügung, um die du dich kümmern musst. Wenn du noch unsicher bist, entwickle deine Investitionsstrategie Schritt für Schritt. Du kannst Gelder erst mal auf Tages- oder Festgeldkonten parken und dein Wissen erweitern. Ich empfehle aber auch, mit einer kleinen Summe, zum Beispiel 10 Prozent deines Erbes, an der Börse anzufangen, um Erfahrungen zu sammeln.

Je nachdem, wie hoch dein Erbe ausfällt, kannst du überlegen, zusätzlich einen Teil deines regelmäßigen Einkommens anzulegen. Das ist sinnvoll, wenn deine Rente nach heutigem Ermessen nicht ausreichen wird, um deinen Lebensunterhalt im Alter zu bestreiten. Die Grundregel dafür lautet: »Spare nicht, was nach dem Ausgeben übrig bleibt, sondern gib aus, was nach dem Sparen übrig bleibt.« So hat es die Investitionslegende Warren Buffett zusammengefasst. Bis zum Monatsende zu warten und zu schauen, wie viel Geld dann noch zum Sparen übrig ist, funktioniert bei den allerwenigsten Menschen. Dreh es um und verbuche deine regelmäßige Investition unter deinen Fixkosten. Als Richtwert solltest du 10 Prozent deines monatlichen Netto-Einkommens am Anfang des Monats für den Vermögensaufbau abzweigen.

Ein No-Go sollte sein, deine regelmäßigen Ausgaben mit deinem Erbe zu bestreiten – es sei denn, dein Erbe ist so hoch, dass du dir davon bis ins hohe Alter monatliche Raten auszahlen kannst. Für alle anderen: Wenn du mit deinem Einkommen nicht über die Runden kommst, hast du zwei Möglichkeiten: Reduziere deine Kosten oder steigere dein Einkommen. Beim Sparen geht es in erster Linie darum, wie im vorherigen Kapitel bereits erläutert, Fixkosten zu reduzieren. Normalerweise lassen sich Posten finden, die gestrichen oder reduziert werden können, ohne dass es wehtut. Variable Ausgaben, etwa für Urlaub, zu reduzieren, fühlt sich dagegen wie Verzicht an. Das kann natürlich auch mal sinnvoll oder notwendig sein, fällt aber auf Dauer schwer und ist daher nicht so einfach, langfristig durchzuhalten.

Manche Menschen haben aus dem Verzicht aber auch eine Art Lebensphilosophie entwickelt. Dazu gehören die Anhänger*innen der sogenannten FIRE-Bewegung.

Weniger ist mehr – durch eisernes Sparen in die finanzielle Unabhängigkeit

Es gibt Menschen, die durch eisernes Sparen und ein systematisches Anlagekonzept genug Vermögen aufbauen, um von den Zinsen leben zu können. FIRE nennt sich diese Bewegung, die Anfang der 1990er-Jahre in den USA entstand und auch in Europa immer mehr Fans findet. Die Abkürzung FIRE steht für *financial independence, retire early*; deutsch: finanzielle Unabhängigkeit, vorzeitiger Ruhestand.

FIRE-Anhänger*innen reduzieren ihre Ausgaben auf ein Minimum: sie fahren Fahrrad statt Auto, kaufen gebraucht statt neu, leben in einer WG statt in der eigenen Wohnung, machen Urlaub im Zelt statt im Hotel. Mit dieser Methode lässt es sich deutlich früher aus dem Job aussteigen – bemessen am Einstiegsalter, an der monatlichen Investitionsrate, am Budget für den Lebensunterhalt. Mit einer Erbschaft als Startkapital kannst du sozusagen als Quereinsteigerin schneller ans Ziel kommen.

Als Grundformel gilt: Wer das Fünfundzwanzigfache des errechneten monatlichen Ausgabenbudgets angespart und solide angelegt hat, kann jährlich 4 Prozent aus seinem Kapitalstock entnehmen und davon leben. Eine Rücklage für Notfälle sollte ebenfalls eingeplant werden. Den radikalen Sparkurs bei den Alltagsausgaben musst du allerdings dein Leben lang beibehalten, wenn das Konzept aufgehen soll.

Viele Menschen, die nach FIRE-Regeln leben, empfinden ihren neuen Lebensstil nicht als Verzicht, sondern eher als Befreiung von Konsumzwang und Überfluss. Im Grunde sind die Mitglieder der FIRE-Bewegung Vorbilder für uns alle, denn die meisten haben auch den Anspruch, ihren ökologischen Fußabdruck möglichst effektiv zu reduzieren.

Inzwischen haben sich verschiedene FIRE-Varianten entwickelt. Die »Barista-Version« etwa ist darauf ausgelegt, dass Menschen sozialversicherungspflichtig in Teilzeit arbeiten und auch weiter Beiträge in die Rentenversicherung einzahlen, wenn sie mit der Kapitalentnahme beginnen. Das ist besonders für Europäer mit gesetzlichem Rentenanspruch empfehlenswert.

Wenn du mehr über FIRE erfahren möchtest, wirst du auf YouTube oder TikTok viele Beiträge dazu finden. Auch zahlreiche Blogs befassen sich mit dem Thema, zum Beispiel »Your Money or Your Life« von Vicki Robin[8]. Gemeinsam mit dem Finanzanalysten Joe Dominguez hat sie auch das gleichnamige Standardwerk zum FIRE-Konzept geschrieben.[9]

Mir war das Thema Verzicht zwar noch nie sympathisch, aber ich versuchte es. Als ich meine Ausgaben unter die Lupe nahm, wollte ich sie auf das reduzieren, was meine Lebensqualität tatsächlich und über den Kick im Moment des Kaufs hinaus steigert. Ich fand das allerdings schwer herauszufiltern. Das lag unter anderem daran, dass nützliche, schöne und Genuss versprechende Konsumgüter nicht zuletzt durch das Online-Shopping immer in unmittelbarer Reichweite sind. Dafür habe ich durchaus eine Schwäche. Zudem bin ich manchmal nicht sicher, ob ich etwas nur haben oder tun möchte, weil es Menschen in meinem Umfeld haben und tun, oder ob es tatsächlich auch zu meiner eigenen Lebensqualität beitragen würde. Würde ein Thermomix mein Leben verbessern, wie einige im Freundeskreis behaupten? Ich habe mich dagegen entschieden, es auszuprobieren, aber wer weiß schon, ob das die richtige Entscheidung ist.

Jedenfalls stellte ich nach und nach fest, dass es wenig zu reduzieren gab, wenn ich meinen Lebensstil bewahren will. Ich liebe Reisen und Interior Design, ich gehe gerne essen, kaufe gerne und aus Überzeugung Bio, ich mag Abwechslung und Neues. Für mich war schnell klar – Geld sparen ist keine Option, ohne an Lebensqualität einzubüßen. Auch wenn ich mich für die Idee des Minimalismus interessiere und mir durchaus vorstellen kann, dass Menschen, die ihren Besitz auf ein Minimum reduzieren, das nicht mehr als Verzicht empfinden. Ich genieße meine Dinge um mich herum zu sehr, als dass ich sie aufgeben möchte. Weniger ist nicht mein Weg.

Zum Glück gibt es noch eine zweite Methode, um Geld zum Investieren zur Verfügung zu haben: Einkommen erhöhen. Da ich quasi nach dem Motto »Einnahmen = Ausgaben« lebte und auf nichts verzichten wollte, war das meine Lösung. Allein diese Erkenntnis hat einiges geändert. Ich habe bei meinem Berufsweg mehr auf die Vergütung geachtet und zum ersten Mal im Leben meine Karriere bewusst vorangetrieben, bis ich eine Führungsposition hatte. Hier in zwei Sätzen niedergeschrieben klingt das einfach, doch so einfach war es natürlich nicht. Ständiges Dazulernen gehörte dazu.

Wenn dein Erbe nur der Startpunkt zur Vermögensbildung ist: Einkommen erhöhen

Die üblichen Tipps, wie man sein Einkommen erhöht, lauten so: Gehalt regelmäßig verhandeln; öfter den Arbeitgeber wechseln; bei neuen Projekten »hier!« rufen und bei Problemen anbieten, sie zu lösen; das eigene Netzwerk pflegen und ausbauen; ein eigenes Unternehmen gründen, um nur ein paar Beispiele zu nennen. Sie alle gelten für Menschen, die Vollzeit arbeiten, flexibel sind und keine sozialen Berufe haben. Auf viele Frauen trifft nichts davon zu. Die Realität sieht meistens so aus, dass Frauen die Hauptlast der unbezahlten Care-Arbeit tragen. Das heißt, dass sie nicht Vollzeit arbeiten können und nicht flexibel sind. Es bedeutet oftmals auch, dass sie sich im Leben nach ihren Männern richten, deren berufliche Entscheidungen als Hauptverdiener mehr Gewicht haben. Zudem arbeiten Frauen eher in sozialen Berufen, in denen Gehaltssprünge kaum oder gar nicht möglich sind.

Hier liegen sehr grundlegende Dinge im Argen. Der erste Schritt zur Lösung des Problems wäre, dass Frauen keine Berufe mehr ergreifen, die ihnen weder ein ausreichendes Einkommen für den eigenen Lebensunterhalt noch für die Versorgung ihrer Kinder ermöglichen. Der zweite Schritt wäre, dass sie ihre Partner von einer paritätischen Aufteilung der Care-Arbeit überzeugen und das auch durchsetzen. Ich will damit keinesfalls behaupten, dass Frauen selbst schuld an dieser Situation sind. Denn wie im Kapitel zu sozialen Normen erläutert, haben Frauen es in dieser Hinsicht ungleich schwerer als Männer. Ich kann verstehen, dass nicht jede Frau gewillt ist, diesen Kampf aufzunehmen und im sozialen Umfeld ständig gegen den Strom zu schwimmen – angefangen beim eigenen Partner. Ich selbst habe das auch nicht so gut hinbekommen, wie ich schon berichtet habe. Klassische Karriereratgeber sind also mit Vorsicht zu genießen – selbst wenn sie sich an Frauen richten. Denn auch hier geht es oft darum, sich selbst zu optimieren, was den Druck auf Frauen nur weiter erhöht. Die Belastungen von Frauen in sozialen Berufen und von Frauen mit Kindern, die Karriere machen möchten, sind strukturell bedingt. Aus meiner Sicht gibt es hier keine individuellen Lösungen.

In jedem Fall macht dich auf Dauer nicht das ausgegebene Geld vermögend, sondern das nicht ausgegebene Geld. Damit am Monatsende mehr übrig bleibt, solltest du darüber nachdenken, ob und wie du dein Einkommen erhöhen kannst. Denn langfristig ist das die beste Investition in deine Zukunft. Mit regelmäßigen höheren Einkünften kann kaum eine Investition mithalten. Der Gedanke liegt selbst dann auf der Hand, wenn du ein sehr hohes Erbe hast und darüber nachdenkst, weniger zu arbeiten. Dann wäre die Frage, wie du deinen durchschnittlichen Stundenlohn erhöhen kannst, damit du möglichst viel reduzieren kannst.

Investiere in dich selbst

Früher schien es mir absurd, viel Geld für Fortbildungen, Retreats oder Ähnliches auszugeben. Schließlich bin ich durch mein Studium sehr gut ausgebildet, und erholen kann ich mich auch in einem normalen Urlaub. Dabei hatte ich bereits erlebt, wie sinnvoll eine solche Investition in mich selbst sein kann. 2002 war ich mit meinem Mann zwei Jahre um die Welt gereist. Diese Zeit hat wie keine andere zu meinem persönlichen Wachstum beigetragen. Die Reise hat mir geholfen, dem Leben mit Zuversicht und Gelassenheit zu begegnen. Und entgegen aller Erwartungen hat sie letztlich sogar dazu beigetragen, dass ich meine späteren Jobs bekommen habe. Viele der Erfahrungen, die ich in den Ländern unterwegs gemacht habe, kamen mir später in der Entwicklungszusammenarbeit zugute.

Allerdings hat diese Reise auch einen Haufen Geld gekostet: Rund 50 000 Euro für zwei Personen und zwei Jahre. Wir haben mit unserem Geld zwar genau das getan, was Vermögen ausmacht – wir konnten entscheiden, wie und mit wem wir unsere Zeit verbringen –, danach waren wir aber auf null. Ich würde also nicht unbedingt empfehlen, dass du dein ganzes Geld für eine Weltreise ausgibst. Erst recht nicht, wenn du schon etwas älter bist und noch für den Ruhestand vorsorgen möchtest. Wir waren jung, gut ausgebildet und hatten die meiste Zeit unseres Arbeitslebens noch vor uns. Unter diesen Voraussetzungen kann man das Risiko eingehen, erst mal nicht an die Vermögensbildung zu denken. Wobei ich das mit meinem heutigen Wissen anders planen und unbedingt eine kleine Summe investieren würde – Weltreise hin oder her.

Nach der Reise bestanden Investitionen in mich selbst vor allem aus neuen Klamotten und Büchern, meist Belletristik. Es ist nichts dagegen einzuwenden, dafür Geld auszugeben, aber diese Dinge haben mein Leben nicht wesentlich beeinflusst. Ich stand lange auf dem Standpunkt: Lernen? Ja, aber bitte nur noch im Job. Wenn Fortbildungen, dann vom Arbeitgeber bezahlt. Selbst etwas in meine Weiterbildung zu investieren, kam mir nicht in den Sinn. Das änderte sich erst, als ich anfing, mich mit dem Thema Money Mindset zu beschäftigen und mit dem Wert, den ich mir selbst beimesse.

2019 besuchte ich zum ersten Mal eine Fortbildungsveranstaltung auf eigene Kosten und flog dafür sogar von Phnom Penh nach Singapur. 400 Frauen aus aller Welt trafen sich zur »Rich Women's Masterclass«, geleitet von Kim Kiyosaki. Sie ist die Ex-Frau des Bestseller-Autors von *Rich Dad, Poor Dad*, hat mit ihm gemeinsam ein Finanzbildungsimperium aufgebaut und wendet sich inzwischen vor allem an Frauen. Die Atmosphäre, die gegenseitige Unterstützung, der Input – es war umwerfend. Noch dazu lernte ich zwei Frauen kennen, mit denen ich ein Stück des Weges meiner Weiterentwicklung gemeinsam gehen konnte. Auch das ist wertvoll: Rauszukommen aus der eigenen Bubble und Menschen zu treffen, die anders auf die Welt schauen und dir neue Impulse geben können. Seit dieser Erfahrung scheue ich mich nicht mehr, Geld für meine eigene Entwicklung auszugeben.

Neben Seminaren, Retreats oder Fortbildungen, die sich mit geerbtem Geld finanzieren lassen, hat Geld noch einen weiteren unschätzbaren Wert: Du kannst damit Zeit kaufen. Zeit, in der du tun und lassen kannst, was du möchtest, ohne deine Existenz sichern zu müssen oder von jemand anderem abhängig zu sein. Ich habe das auch ohne Erbe geschafft, indem ich jahrelang eisern Geld für ein Sabbatical zurückgelegt habe. Ein Jahr lang konnte ich von diesem angesparten Geld leben und mich intensiv in das Thema Frauen und Geld einarbeiten. Das zeitliche Investment hat sich dann auch monetär wieder ausgewirkt, denn mit meinem Mentoringangebot kann ich Geld verdienen. Außerdem habe ich Ulrike kennengelernt, und gemeinsam haben wir den Vertrag zu diesem Buch erhalten. Die zeitweilige Auszeit mit paralleler Selbstständigkeit war letztlich sogar ein Mosaikstein dafür, dass ich in meiner Organisation eine Ebene aufgestiegen bin und meine Traumstelle bekommen habe. Denn durch die Tätigkeit als Finanzmentorin für Frauen konnte ich zusätzliche Qualifikationen nachweisen. Dass ich meiner Firma dafür eine Zeit lang den Rücken zugekehrt habe, um etwas Eigenes auf die Beine zu stellen, hat mir also überhaupt nicht geschadet. Auch das war eine interessante Erfahrung.

Ich probiere auch ganz gezielt neue Dinge aus. Während meines Sabbaticals war ich zum Beispiel bei einem Retreat der Slow-Flower-Bewegung. Dort haben sich Florist*innen und Flowerfarmer*innen zusammengeschlossen, um nachhaltige Schnittblumen zu vermarkten – also aus der Region, saisonal und frei von Pestiziden und Giften. Raus aus dem Alltag, mit der Natur verbinden, in einen kreativen Flow kommen. Es hatte rein gar nichts mit dem Business als Money-Mentorin zu tun, das ich gerade aufbaute, aber danach sprudelte ich vor Energie und neuen Ideen. Selbstfürsorge zu betreiben zahlt sich immer aus. Auf jeden Fall für die eigene Lebenszufriedenheit. Und mit etwas Glück auch monetär, indem du besser darin wirst, was du bereits tust, oder dir ein neues Betätigungsfeld erschließen kannst.

Denk daran: Der größte Wert in deinem Leben ist niemals Geld. Das bist immer du, es ist deine Energie, dein Gehirn, sind deine Träume und das, was du der Welt gibst, indem du diese Träume wahr machst. Investiere immer in dich selbst. Konkret heißt das: Nutze einen Teil deines Erbes für deine persönliche Entwicklung. Reserviere dir Zeit oder buche deine nächste fachliche Weiterbildung, ein Verhandlungstraining, einen Achtsamkeits-Workshop – was immer du gerne machen möchtest und dich weiterbringt!

Investieren – finde Geldanlagen, die zu deinen Bedürfnissen passen

Seit ich Frauen coache, werde ich immer wieder nach der »einen« Investitionsempfehlung gefragt. Wer bis hierhin gelesen hat, dürfte meine Antwort bereits kennen: Es kommt darauf an. Mit geladener Pistole auf der Brust würde ich ohne weiter nachzudenken ETFs sagen, aber wirklich nur dann. Die erste Frage, die du dir beim Investieren stellen musst, ist nicht die nach der Anlageklasse – also ob du in Immobilien, Aktien oder Wertgegenstände investieren solltest. Zunächst musst du über Zeithorizonte nachdenken, über deine Risikobereitschaft und die Frage, wie viel Risiko du dir leisten kannst. Auch deine Lebensplanung spielt eine Rolle. Wenn du eine Weltreise machen möchtest, solltest du vielleicht nicht als Erstes an eine Immobilie denken; wenn du dich rein gar nicht für Wirtschaft interessierst, tust du dir mit Einzelaktien von Unternehmen keinen Gefallen. Nicht zuletzt geht es darum, Risiken abzumildern, indem du dein Vermögen auf unterschiedliche Anlageklassen verteilst.

Das klingt kompliziert? Keine Sorge: Ich erkläre dir, wie du die richtigen Investitionen für dich filterst, und gebe dir konkrete Entscheidungshilfen für die gängigsten Investitionsmöglichkeiten an die Hand. Konkrete Produkte oder Strategien empfehle ich (mit einigen wenigen begründeten Ausnahmen) jedoch nicht. Dieses Buch soll dir helfen, deine eigene Finanzstrategie zu entwickeln. Die Entscheidung für bestimmte Anlagen musst du selbst treffen. Mit anderen Worten: Die Verantwortung für dein Geldmanagement liegt bei dir, und du allein musst die Konsequenzen deiner Entscheidungen tragen. Die Konsequenzen trägst du aber ohnehin, egal, ob du dein Geld selbst managt oder dies einer Bank überlässt. Die gute Nachricht: Selbst zu entscheiden bedeutet, dass du die Kontrolle über dein Geld behältst und damit auch darüber, wie du deine Zukunft gestalten kannst.

Von Anlagehorizont bis Zinseszins – Begriffe, die du kennen solltest

Anlagehorizont: Vor jeder Investition steht die Frage nach dem Anlagehorizont. Wann brauchst du das Geld, das du investieren willst, für andere Projekte oder Nutzungsarten? Wie wichtig ist es, über dieses Geld zu einem bestimmten Zeitpunkt verfügen zu können? Wenn du beispielsweise in ein paar Jahren eine Immobilie kaufen möchtest, etwa um im Alter mietfrei zu leben, solltest du nicht in Aktien(fonds) an der Börse investieren. Denn ein Bärenmarkt, also eine Phase fallender Aktienkurse, kann durchaus ein paar Jahre anhalten. Wenn du in dieser Zeit Papiere verkaufen müsstest, machst du womöglich Verluste. Das solltest du möglichst nicht riskieren. Wenn du hingegen investierst, um dir später eine monatliche Rente auszahlen zu können, brauchst du dein Geld nicht auf einmal. Eine solche Entnahme sollte zwar geplant sein, du kannst aber mit längeren Anlagehorizonten kalkulieren als dem Renteneinstieg.

Grob gesagt gelten folgende Regeln:

- → Für eine kurzfristige Planung, also bis zu einem Jahr, kommt nur ein Tagesgeldkonto oder eine vergleichbar flexible Anlage infrage.
- → Bei einer mittelfristigen Planung, zwei bis zehn Jahre, kannst du dir auch die Konditionen für beispielsweise Festgeldkonten oder Anleihen anschauen.
- → In der langfristigen Anlage, also fünfzehn Jahre und mehr, sind Aktien und Immobilien geeignet.

Informationen zu den genannten Anlageklassen findest du auf den folgenden Seiten.

Diversifikation: Wie bereits erwähnt, gibt es beim Investieren nicht den einen schnellen und sicheren Weg, dein Geld zu vermehren. Niemand weiß, wie sich der Immobilienmarkt entwickelt, egal wo auf der Welt. Kein Mensch kann voraussehen, wie Unternehmen wie Adidas, Amazon oder Apple in Zukunft dastehen werden. Deswegen geht es beim Investieren immer darum, die Regeln des Systems zu kennen, in das man investiert, und Risiken genau abzuwägen. Am besten minimierst du Risiken durch Diversifikation. Das heißt, du investierst in verschiedene Anlageklassen beziehungsweise innerhalb einer Anlageklasse in Produkte mit unterschiedlichen Risikostufen. Der Gegenpol zur Diversifikation ist das sogenannte Klumpenrisiko. Alles Geld in Aktien eines Unternehmens, in eine Immobilie oder eine Anlageklasse zu stecken, ist niemals eine gute Idee. Egal, was du tust, diversifiziere deine Investitionen. Immer.

Konkret heißt das:

→ **Reserve:** Du solltest eine Bargeldreserve haben, das besprochene Fuck-You-Money von mindestens drei Monatseinkommen. Hierfür ist beispielsweise ein Tagesgeldkonto gut geeignet.

→ **Versicherungen:** Hast du eine Berufsunfähigkeitsversicherung? Gut! Wenn nicht, solltest du eine abschließen. Das lohnt sich allerdings in fortgeschrittenem Alter oder mit manchen Vorerkrankungen nicht mehr. Dann gilt es, deine Reserve zu erhöhen oder beim Investieren keine allzu hohen Risiken einzugehen. Wenn deine Familie finanziell von dir abhängig ist, solltest du außerdem eine Lebensversicherung haben. Bei Finanztip findest du Hinweise, worauf du jeweils achten solltest. Wenn du nicht in die staatliche Rente eingezahlt hast, beispielsweise weil du selbstständig bist, stelle außerdem sicher, dass du später eine Rente erhalten wirst, die dein Leben lang monatlich ausbezahlt wird.

→ **Anlagen bei der Bank:** Als Sicherheitsbaustein oder bei kurzfristigen Investitionen sind sie unerlässlich. Darunter fallen Tagesgeldkonten, bei denen du täglich über dein Geld verfügen kannst, Festgeldkonten, auf denen du dein Geld unterschiedlich lange anlegen kannst, oder Sparbücher, bei denen die Zinsen jedoch marginal sind. Das einzige Risiko ist das Ausfallrisiko des Instituts, bei dem dein Geld liegt. Dein Vermögen ist aber bis 100 000 Euro über den Staat abgesichert. Das gesetzliche Einlagensicherungssystem gewährleistet den Schutz deines Bankguthabens im Falle einer Insolvenz des Geldinstituts. Pro Kunde und Geldinstitut sind Einlagen bis zu einem Betrag von 100 000 Euro abgesichert, sofern diese auf einem Girokonto, Tagesgeldkonto, Festgeldkonto oder Sparkonto angelegt wurden. Größere Vermögen sollten daher auf unterschiedliche Banken verteilt werden.

→ **Aktien (inklusive Aktienfonds und ETFs):** Bei der Abwägung von Risiko und Renditen sind Aktien kaum zu schlagen. Voraussetzung ist, dass sie breit gestreut sind. Sie sollten idealerweise Teil deiner Anlagestrategie sein, damit du die Inflation ausgleichst und dein Vermögen langfristig erhältst oder ausbaust.

→ **Anleihen:** Das sind festverzinsliche Wertpapiere, die ebenfalls an der Börse gehandelt werden. Die Laufzeiten bewegen sich zwischen drei Monaten und dreißig Jahren. Anleihen eignen sich, wenn du nur kleine Risiken eingehen möchtest oder keinen langen Zeithorizont hast. Sie können auch ein Sicherheitsbaustein in deiner Anlagestrategie sein. In Zeiten niedriger Zinsen lohnen sie sich aber kaum.

→ **Immobilien:** Beim Thema Immobilien scheiden sich die Geister. Denn für die meisten Menschen bergen sie ein Klumpenrisiko, da Immobilien verhältnismäßig große Anteile ihres Vermögens binden. Wenn du genügend andere Vermögenswerte hast, können Immobilien im Sinne der Diversifikation natürlich sinnvoll sein.

Entnahmestrategie: Wenn du dein Geld nicht investierst, um es zu erhalten oder zu vermehren, sondern daraus regelmäßige Einnahmen generieren willst, brauchst du eine Entnahme- oder auch

Dividendenstrategie. Auch dafür musst du verschiedene Annahmen treffen und deine persönlichen Lebensumstände berücksichtigen. Wie lange soll dein Vermögen reichen, sprich, wie viele Jahre möchtest du Geld entnehmen? Soll am Schluss möglichst noch Geld übrig bleiben für deine Nachkommen? Wie hoch sollen die regelmäßigen Entnahmen sein, und wie stabil muss die Höhe dieser Entnahme sein? Wenn du eine solche Strategie verfolgen willst, solltest du tiefer in die Materie einsteigen und dich zunächst einlesen. Eine Quellenangabe findest du am Ende dieses Abschnitts. Naheliegend erscheint die Entnahme über Dividendenausschüttungen, etwa bei Aktien. Allerdings zahlst du auf jede dieser Ausschüttungen Steuern, da es sich um Gewinne handelt, für die Kapitalertragssteuer fällig wird. Wenn du stattdessen regelmäßig Anteile verkaufst, zahlst du nur auf den Teil der Erlöse Steuern, der durch Gewinne erzielt wurde. Eine berühmt gewordene Entnahmestrategie ist die Vier-Prozent-Regel. Wir hatten sie schon im Zusammenhang mit der FIRE-Bewegung erwähnt. Sie besagt, dass du jährlich 4 Prozent deines an der Börse investierten Vermögens entnehmen kannst, ohne deinen Kapitalstock anzugreifen. Um sicherzustellen, dass dein Geld erhalten bleibt, solltest du deine Entnahmen jedoch an die allgemeine Entwicklung der Börsen anpassen und in Krisenzeiten weniger Geld aus dem Depot rausziehen. Das ist vor allem dann wichtig, wenn du mit der Entnahme bei fallenden Kursen beginnst. Mit steigendem Lebensalter kannst du großzügiger mit dir selbst werden und – sofern du nicht unbedingt Geld vererben möchtest – riskieren, dein angelegtes Vermögen zu verbrauchen.[10]

Freistellungsauftrag: Auf Erträge aus Geldanlagen zahlst du in der Regel Steuern. Das können Zinsen von Tages- oder Festgeldkonten sein, Dividenden und Ausschüttungen aus Fonds und ETFs oder auch Gewinne beim Verkauf von Aktien. Aber es gibt eine gute Nachricht: Zinsen und Gewinne sind bis zu einem Betrag von 1000 Euro pro Person und Jahr steuerfrei. Um diesen sogenannten Sparerpauschbetrag nutzen zu können, musst du einen Freistellungsauftrag bei dem Finanzinstitut, das die Zinsen oder Gewinne an dich auszahlt, hinterlegen.

Ebenfalls gut zu wissen: Bei Aktien, Fonds oder ETFs fallen diese Steuern an, wenn Geld an dich ausgeschüttet wird oder du deine Anteile verkaufst. Bei größeren Vermögen besteht die Kunst darin, die 1000 Euro jährlich durch gezielte Verkäufe auszuschöpfen. Wenn du beispielsweise einen ETF-Sparplan hast, bei dem Gewinne direkt reinvestiert werden (thesaurierend), summieren sich die Gewinne im Laufe der Jahre, ohne dass du Steuern darauf zahlen musst. Dadurch nutzt du deinen Freibetrag nicht. Das verhinderst du, indem du jährlich einige Anteile verkaufst und Gewinne realisierst. Wichtig: Die gesamte Summe legst du dann erneut an. Jetzt sind die Gewinne Teil deiner Investitionssumme geworden. Damit fallen zukünftig auf diesen Teil keine Steuern mehr an. Du solltest aber sichergehen, dass die Gebühren für die Neuanlage den Steuervorteil nicht auffressen. Bestimmte Aktienfonds sind mit sogenannten Ausgabeaufschlägen verbunden, eine Art Einstiegsgebühr, die durchaus 5 Prozent der angelegten Summe oder noch mehr betragen kann.

Index: Vereinfacht gesagt, bildet ein Index den Aktienmarkt eines Landes, einer Region, einer Branche oder bestimmter Teile davon ab. So enthält der Deutsche Aktienindex, kurz DAX, die vierzig größten deutschen Aktiengesellschaften, sprich Unternehmen, die an der deutschen Börse gelistet sind.

Portfolio: Der Begriff wird für mehrere Dinge verwendet und kann daher Verwirrung stiften. Bei Geldanlagen meint Portfolio die Summe aller Anlagen einer Person. Der Begriff wird außerdem für Investitionen innerhalb einer bestimmten Anlageklasse verwendet. Vereinfacht gesagt, hast du also ein Portfolio deiner gesamten Geldanlagen und, wenn du an der Börse investiert bist, zudem ein Börsenportfolio oder ein Immobilienportfolio, wenn du mehrere Immobilien besitzt.

Risiko: Welches Risiko kannst, solltest und möchtest du bei einer Investition eingehen? Diese Frage lässt sich nicht eindeutig beantworten. Welches Risiko du eingehst, hängt von mehreren Faktoren ab.

Da wäre zum einen der sogenannte **Risikobedarf.** Er hängt davon ab, wie viel Vermögen du über welchen Zeitraum erhalten oder aufbauen willst. Willst du dein Vermögen nur erhalten, brauchst du keine größeren Risiken einzugehen. Dann geht es darum, den Werteverfall der Inflation auszugleichen, das geht bereits mit relativ sicheren Anlagen wie Tagesgeld oder Festgeldkonten in Zeiten höherer Zinsen oder Anleihen in Zeiten niedriger Zinsen ganz gut. Möchtest du hingegen in kurzer Zeit möglichst viel Vermögen aufbauen, musst du ein hohes Risiko eingehen. Das heißt aber auch, dass du dein Geld oder einen Teil davon verlieren kannst.

Wichtig für deine Strategie ist auch die **Risikokapazität.** Kurz gesagt: Wie viel Risiko kannst du dir leisten? Dahinter verbergen sich mehrere Fragen: Welches Vermögen hast du zur Verfügung? Wie lange hast du Zeit zu investieren, bis du das Geld benötigst? Wie sicher sind dein Gehalt und dein Arbeitsplatz, und wie stabil ist die Höhe deines Einkommens?

Dann wäre da noch deine persönliche **Risikobereitschaft.** Anders gesagt: Wie viel Risiko hältst du aus? Du solltest dir genau überlegen, welche eventuellen Verluste du in Kauf nehmen würdest, um einen möglichen Gewinn zu erzielen. Ich möchte an dieser Stelle noch einmal dein Bewusstsein dafür schärfen, dass Frauen aufgrund ihrer Sozialisierung oft risikoscheuer sind, als sie es eigentlich von ihrer Persönlichkeit her wären. Übrigens hat deine Risikobereitschaft bei der Geldanlage nicht unbedingt etwas damit zu tun, wie risikofreudig du sonst im Leben bist. Du kannst den Kick eines Bungee-Jumps suchen und trotzdem lieber konservativ anlegen. Hier hilft nur ausprobieren. Wenn ein Sparbuch bisher dein einziges Investment war, bleibe erst einmal bei einer Investition mit geringem Risiko. Nebenbei kannst du mit kleinen Summen spekulieren, zum Beispiel mit einem Prozent deines Anlagevermögens. Beobachte dich selbst, wie es dir damit geht. Wenn du das Risiko gut aushältst und Verluste dich nicht um den Schlaf bringen, kannst du mutiger werden.

Ein spannendes Thema aus der Psychologie ist die **Risikowahrnehmung.** Dabei geht es um die Frage, wie du Risiken einordnest und ob dies der Realität entspricht. Beispielsweise schätzen wir etwas Bekanntes verglichen mit etwas, das wir noch nicht kennen, als weniger riskant ein. Wenn du also bisher nur klassische Aktienfonds hast, scheint dir das tendenziell sicherer, als in einen ETF zu investieren. Dass die Gebühren deines Fonds deine Rendite auffressen, blendest du aus. Der Effekt kann sich bei Aktien auch im Home-Bias äußern. Wir neigen dazu, deutsche Aktien überzubewerten. Das gilt auch für amerikanische Unternehmen, deren Produkte wir gut kennen. Achte auf regionale Diversifikation. Japanische Unternehmen im Portfolio? Probiere es aus!

Sagt dir Wirecard etwas? Das Fintech-Unternehmen, dessen Aktienkurs jahrelang rasant anstieg und das sich 2020 als gigantische Betrugsmaschine entpuppte? Analysten hatten immer wieder auf Ungereimtheiten hingewiesen. Sie kamen nicht gegen den Hype an. Sei es Gier oder auch die Angst, etwas zu verpassen: Wir tendieren dazu, bei Investitionsentscheidungen an das zu glauben, was viele andere tun, und erliegen dem Herdentrieb. Absurderweise fühlen wir uns dann sicher, auch wenn wir uns selbst nicht mit den Risiken beschäftigt haben. Das ist hochgefährlich, denn genauso entstehen Finanzblasen. Wirecard war ein Liebling von Kleinanleger*innen. Viele Menschen verloren durch den Wirecard-Betrug hohe Summen. Schlimmer noch: Solche Betrugsskandale können Menschen sogar in den Suizid treiben, wenn sie ihre gesamten Ersparnisse in eine solche Aktie investiert oder das eigene Haus verpfändet hatten, um Aktien zu kaufen. Die Fallhöhe von der vermeintlichen Aussicht, bald in Geld zu baden, zur Erkenntnis, dass das ganze Vermögen verloren ging, ist hoch. Das sicherste Mittel dagegen: Diversifikation. An dieser Stelle sei auch noch einmal erwähnt: Nimm niemals einen Kredit auf oder verpfände etwas, um Aktien zu kaufen.

Wahrnehmungsfallen vermeiden

Eine verzerrte Wahrnehmung, auch als Bias bekannt, spielt nicht nur bei der Risikobewertung eine Rolle. Hier drei typische Wahrnehmungsfallen beim Investieren, die du kennen und vermeiden solltest:

1. Investitionen folgen eigenen Regeln, die unserer Intuition teilweise zuwiderlaufen. Kennst du dich mit einer Branche oder einem Finanzthema aus, kannst du dich beim Investieren aber durchaus auf deine Intuition stützen. Das gilt zum Beispiel für den Kauf von Einzelaktien. Bist du Chemikerin, weißt du wahrscheinlich viel über die Chemiebranche. Dann bietet es sich an, diesen Markt ins Auge zu fassen und in ein aus deiner Sicht vielversprechendes Chemie-Unternehmen zu investieren – sei es, weil es innovative Produkte anbietet, oder weil es sich um den Platzhirsch handelt. Denk dabei daran, klein anzufangen, Geschäftsberichte zu lesen, nicht alles auf eine Karte zu setzen.
2. Wie schon ausgeführt, schmerzt uns ein Verlust mehr, als uns ein Gewinn freut. Die empfundene Emotion kann fast doppelt so stark sein. Dieses Wissen kann dir helfen, besser mit Verlusten umzugehen. Und: Schaue bei deiner Bewertung nie nur auf eine einzelne Anlage. Denn Diversifikation heißt auch, Risiken dadurch auszugleichen, dass Anlagen nicht alle gleichzeitig fallen oder steigen. In einem diversifizierten Depot gibt es quasi immer einzelne Anlagen, die stagnieren oder im Wert fallen. Dafür sind sie vielleicht in Krisenzeiten stabil, in denen alles andere schlecht läuft.
3. Menschen neigen dazu, die jüngsten Entwicklungen gedanklich fortzuschreiben. Aktuellen Daten wird dabei ein größeres Gewicht beigemessen als älteren. Dabei sind jahrelange Erfahrungen vollständiger und verlässlicher. Die Aktienkurse sind gestiegen, seit du investiert hast? Unbewusst gehst du davon aus, dass das auch in Zukunft so bleiben wird. Aus der Geschichte der Börse wissen wir aber, dass sich Bullen- und

Bärenmärkte abwechseln, also anhaltend steigende beziehungsweise fallende Börsenkurse. Wir können davon ausgehen, dass sich dieses Phänomen wiederholt. Nur den Zeitpunkt und die Dauer können wir nicht voraussehen. Die kurzfristige Wahrnehmung ist besonders tückisch, weil sie dazu führt, dass Menschen Aktien bei fallenden Märkten verkaufen und bei steigenden Märkten kaufen. In den meisten Fällen führt das Gegenteil zum Erfolg.

Zinseszins nutzen

Der Zinseszins ist eines der mächtigsten Werkzeuge, um Geld zu verdienen. Dabei handelt es sich um den Zins oder auch Gewinn, den du auf deine Zinsen beziehungsweise Gewinne erhältst. Zur Veranschaulichung ein Rechenbeispiel: Wenn du 10 000 Euro an der Börse anlegst und der Wert deiner Papiere jährlich um 5 Prozent steigt, hast du nach dem ersten Jahr 10 500 Euro. Im zweiten Jahr sind es bereits 11 025 Euro. Du hast im zweiten Jahr 25 Euro mehr verdient, weil die Zinsen aus dem ersten Jahr dein Kapital erhöht haben und du dafür im zweiten Jahr ebenfalls Zinsen erhalten hast. Nach dreißig Jahren hättest du 15 000 Euro mit dem investierten Geld verdient und weitere 18 219 Euro durch die Jahr für Jahr hinzugekommenen Zinsen. Insgesamt wären das 43 219 Euro. Die Kurve der Gewinne steigt übrigens nach dreißig Jahren rasant an. Nach vierzig Jahren hast du 70 400 Euro, nach fünfzig Jahren hast du deine zehntausend mehr als verzehnfacht.

Das Thema Zinseszins eignet sich gut für einen kurzen Exkurs zur Frage: Was tun mit geerbtem Geld? Um vom Zinseszins zu profitieren, brauchst du entweder viel Zeit oder eine hohe Einstiegssumme. Da die meisten Erbinnen nicht mehr ganz jung sind, wollen oder können sie nicht dreißig Jahre oder länger warten, bis der Zinseszins Früchte trägt. Sie können überlegen, mit dem geerbten Geld erst einmal weiter Vermögen aufzubauen, also einen Großteil anzulegen und Träume später zu verwirklichen. Allerdings lassen sich manche Träume im Alter nicht mehr so gut umsetzen, und letztlich wissen wir alle nicht, ob wir das Alter überhaupt erreichen. Auch hier gilt es zu überlegen: In welcher Situation bist du, und was ist dir wichtig? Wenn du jung bist und noch viel Zeit hast, Träume zu verwirklichen, ist mein Rat: Investiere das Geld. Denn über den Zinseszins macht es dich langfristig vermögend. Auch wenn du über fünfzig bist und kaum eine Alterssicherung hast, würde ich das gesamte geerbte Geld investieren. Allen anderen empfehle ich, 10 bis 50 Prozent für die Erfüllung von unmittelbaren Wünschen oder die persönliche Entwicklung zu nutzen und den Rest zu investieren.

Ich selbst habe früher nach dem Motto gelebt: Wozu sparen? Wenn ich morgen tot umfalle, habe ich gar nichts davon! Dann habe ich diesen Satz irgendwann umgedreht: Was passiert, wenn ich hundert Jahre alt werde und keinen Cent mehr habe? Inzwischen mache ich einen Kompromiss aus carpe diem und Altersabsicherung. Bisher fahre ich damit gut, aber ob der Kompromiss wirklich funktioniert, wird sich natürlich erst zeigen, wenn ich siebzig, achtzig oder neunzig Jahre alt bin.

Als Anregung, wie ein solcher Kompromiss aussieht: Ich habe kürzlich eine höhere vierstellige Summe vermacht bekommen. 10 Prozent des Geldes habe ich gespendet. Weitere 10 Prozent hat mein vierzehnjähriger Sohn bekommen. Die Auflage: Mit der einen Hälfte davon kann er machen, was er möchte (er hat es in einen neuen Gamingcomputer gesteckt), die andere Hälfte investiert er in Aktien seiner Wahl. Natürlich berate ich ihn dazu, und die Investition läuft über mein Depot. Ich möchte so erreichen, dass er die Börse bereits in jungen Jahren kennenlernt und ein Gefühl dafür bekommt, wie sie funktioniert. Und wer weiß: Vielleicht gelingt es ihm ja, auf aufstrebende Unternehmen zu setzen. Die Chancen dafür stehen gar nicht so schlecht, denn Kinder sind neuen Entwicklungen gegenüber aufgeschlossen und als Kund*innen von morgen näher an Trends als ihre Eltern. Weitere 30 Prozent des Geldes habe ich für Konsum und Urlaub ausgegeben und den Rest, also die

Hälfte, selbst an der Börse investiert. Aber wie oben erwähnt: Die Aufteilung hängt von der Ausgangssituation ab. Ich kann mir diese Lässigkeit leisten, weil ich mich recht gut abgesichert habe und mit meinen Investitionen bereits auf einem guten Weg bin.

Die gängigsten Geldanlagen, in die du investieren kannst

Immobilien: Die selbstbewohnte Immobilie bleibt der Deutschen liebstes Kind. Nach ihren Lebenswünschen befragt, träumen 80 Prozent der Erwachsenen in Deutschland vom Eigenheim.[11] In den eigenen vier Wänden zu wohnen, gilt als sichere Anlage und Absicherung für das Alter schlechthin. Die Realität sieht jedoch anders aus. Es fängt damit an, dass eine selbstbewohnte Immobilie genau genommen gar keine Geldanlage ist. Denn sie kostet Geld, anstatt dir welches einzubringen. Sie hat aber natürlich den Vorteil, dass du dir die Miete sparst, wenn das Haus oder die Wohnung abbezahlt ist. Ein weiterer Pluspunkt ist das Durchhaltevermögen, das Menschen aufbringen, wenn sie eine Immobilie abbezahlen. Ähnliche Summen konsequent an der Börse anzulegen, erfordert deutlich mehr Disziplin, kann aber entgegen landläufiger Meinung die bessere Absicherung sein.

Denn eine selbstbewohnte Immobilie ist nicht unbedingt eine sichere Altersvorsorge. Vor allem dann nicht, wenn Paare sie gemeinsam kaufen. Im Scheidungsfall verursacht das Traumheim oft Streit und finanzielle Verluste. Ein Haus kann aber auch ohne Scheidung zur Kostenfalle werden. Irgendwann ziehen die Kinder aus, und obwohl die wenigsten Menschen im Alter ein ganzes Haus instand halten und pflegen können, bleiben sie dort wohnen. Schließlich sind sie dort zu Hause, und ein Umzug wird immer beschwerlicher. So geht ein großer Teil der Rente für den Unterhalt des Hauses drauf, das eigentlich zu groß ist. Wird das Haus nicht mehr ordentlich instand gehalten, verliert es noch dazu an Wert.

Anders verhält es sich mit einer vermieteten Immobilie. Hierbei handelt es sich um eine echte Investition, denn durch sie fließt Geld in deine Taschen, und du kannst entscheiden, wofür du es ausgibst. Allerdings bindet diese Anlageform eine Menge Geld und Zeit und birgt ebenfalls Risiken. Grundsätzlich gilt: Stecke niemals dein ganzes Erbe in eine einzige Immobilie, unabhängig davon, ob du darin wohnen oder sie vermieten möchtest. Du solltest immer auch liquide Vermögenswerte haben.

Drei Dinge solltest du bedenken, bevor du in eine Immobilie investierst:

1. In Immobilien musst du außer Geld auch viel Zeit investieren. Das fängt bei der Recherche nach einem geeigneten Objekt an, setzt sich fort beim Kaufprozess und hört mit der Vermietung nicht auf. Die geeignete Person finden, Mietvertrag aufsetzen, Kaution anlegen, die Wohnung übergeben, Handwerker suchen, wenn Reparaturen anfallen, Eigentümerversammlungen besuchen, Steuererklärungen machen. Du kannst natürlich einige dieser Aufgaben auslagern. Aber das kostet wiederum Geld und schmälert deine Rendite.
2. Idealerweise solltest du mehrere Objekte besitzen, um das Klumpenrisiko bei Immobilieninvestitionen zu minimieren. Also lieber drei kleine Wohnungen, idealerweise in verschiedenen Städten, als ein großes Haus auf dem Land. Hast du dein gesamtes Vermögen in eine einzige Immobilie gesteckt, gehst du ein hohes Risiko ein. Was, wenn das Dach marode ist und erneuert werden muss? Hast du genug Kapital, um das zu finanzieren? Oder du hast einen Mietnomaden erwischt, der seine Miete nicht zahlt. Es gibt auch keinen Automatismus, dass die Immobilienpreise und Mieten immer weiter steigen. Wenn du trotzdem eine einzige Immobilie kaufen möchtest, achte darauf, dass dich solche Eventualitäten nicht ruinieren. Du brauchst eine ausreichende Bargeldreserve für unvorhergesehene Kosten, und du solltest andere Vermögenswerte besitzen.

3. Wenn du einen Kredit benötigst, um dein Investitionsobjekt zu finanzieren, solltest du die Konditionen von Kreditinstituten sehr genau vergleichen. Seriöse Kreditvermittler finden oft die besten Angebote, es lohnt sich, sie einzuschalten. Außerdem gibt es eine ganz entscheidende Kalkulation. Die Mieteinnahmen sollten den Kredit inklusive regelmäßiger Rücklagen für Instandhaltungen oder auch gelegentliche Mietausfälle für die Immobilie decken. Mit anderen Worten: Am Ende des Monats solltest du einen positiven Cashflow haben, wenn du Kosten und Einnahmen gegenrechnest. In deutschen Großstädten sind solche Objekte derzeit quasi nicht zu bekommen, da die Mieten nicht mit den Kaufpreisen mithalten. Jetzt sind Recherche und Kreativität gefragt. Du hast Spaß oder Expertise in Sachen Handwerk? Kaufe eine heruntergekommene Wohnung, renoviere sie, und erhöhe so den Wert. Oder du richtest die Wohnung hochwertig ein und vermietest möbliert. So kannst du eine höhere Miete erzielen. Auch Objekte, die als Ferienwohnung vermietet werden können, versprechen lukrative Geschäfte. Hier gelten allerdings andere (Steuer-)Regeln als bei der langfristigen Vermietung zu Wohnzwecken, mit denen du dich vertraut machen solltest. Wie auch immer du es anstellst: Positiver Cashflow ist Queen!

Investitionen an der Börse: Es gibt unglaublich viele Möglichkeiten, an Börsen Geld zu investieren. Ich stelle dir die gängigsten Anlageformen vor. Von allen anderen solltest du als Anfängerin ohnehin die Finger lassen, zumal sie meist mit großen Risiken verbunden sind. Als Erstes kannst du natürlich **Einzelaktien** bestimmter Unternehmen kaufen. Du solltest aber nie zu viel auf eine Karte setzen, also auf ein einziges Unternehmen. Achte vielmehr darauf, dass du deine Investitionen streust, also in mehrere Unternehmen aus unterschiedlichen Ländern investierst, in unterschiedlich große Unternehmen und Branchen. Gerade Anfängerinnen wird eine

Buy and Hold-Strategie empfohlen: Du wählst dir einen Grundstock an Aktien aus und hältst diese über einen langen Zeitraum – mehr als zehn Jahre. Du setzt darauf, dass diese Unternehmen auf Dauer wachsen. Der Vorteil im Vergleich zu vielen anderen Anlagestrategien ist, dass du den Wert deiner Aktien nicht ständig beobachten musst. Es ist allerdings nicht einfach, die richtigen Aktien für ein solches Portfolio auszusuchen. Hier kann es helfen, erst einmal auf sogenannte **Blue Chips** zu setzen. Das sind umsatzstarke große Unternehmen, die schon lange am Markt und meistens an der Spitze ihres jeweiligen Index zu finden sind. In Deutschland sind das beispielsweise die Unternehmen, die den DAX anführen.

Bei der **Growth-Strategie** versuchen Anleger*innen, Unternehmen zu identifizieren, die in den kommenden Jahren stark wachsen werden. Es gibt Unternehmen, deren Aktien innerhalb von zehn Jahren um 2500 Prozent gestiegen sind. Wer ein solches Unternehmen erwischt, kann sich freuen. Das zu schaffen, ist aber natürlich alles andere als einfach, und es gehört Glück dazu. Denn selbst mit viel Recherche lässt sich nicht voraussagen, welches Unternehmen ein solches Wachstum hinlegen wird. Generell gilt beim Investieren in Einzelaktien, dass du dich intensiv mit Wirtschaftsdaten beschäftigen solltest. Die Autorin und Erbin Christiane von Hardenberg schreibt in ihrem Erfahrungsbuch, dass sie im Schnitt eine halbe Stunde pro Tag braucht, um Wirtschaftsnachrichten und Geschäftsberichte für ihr Aktienmanagement zu lesen.[12]

Wenn Anleger*innen Einzelaktien kaufen, setzen sie in der Regel darauf, den Markt zu schlagen. Sie hoffen, Renditen zu erzielen, die höher sind als das, was breiter aufgestellte Fonds erreichen. Das gelingt allerdings nur den wenigsten Anleger*innen.

Deswegen schwenken viele auf **Fonds** um. Bei einem Fonds werden Wertpapiere verschiedener Unternehmen in einer Anlage gebündelt. Grundsätzlich sind Fonds eine gute Idee, schon deshalb, weil das Risiko hier deutlich besser gestreut wird. Doch Fonds ist nicht gleich Fonds. Bei **aktiv gemanagten Fonds** wählen professionelle Fondsmanager*innen die einzelnen Posten aus – und die wollen dafür bezahlt werden. Wenn du in gemanagte Fonds einsteigen möchtest, musst du daher zunächst Gebühren zahlen. Auch für sie gilt im Übrigen: Die wenigsten schlagen den Markt. Die Performance solcher Fonds ist höchst unterschiedlich.[13] Warum nach wie vor dennoch so viele Anleger*innen in gemanagte Fonds investieren, ist ein Rätsel. In Deutschland dürfte das vor allem daran liegen, dass Fondsgesellschaften Verkaufsprovisionen erhalten und ihren Kund*innen die Fonds deshalb empfehlen. Wer zu seiner Bank geht, wird nicht erfahren, dass rund 90 Prozent aller gemanagten Fonds nach Abzug der Kosten schlechter abschneiden als der Aktienmarkt insgesamt und dass es eine deutlich bessere Alternative für Anleger*innen gibt.

Die Alternative zu gemanagten Fonds sind **passive Fonds,** die auf einen Index setzen – sogenannte **Exchange Traded Funds,** kurz **ETF.** Ein ETF wird nicht von Fondsmanager*innen zusammengestellt, sondern bildet einen Aktienindex ab. In einem DAX-ETF sind alle Unternehmen aus dem DAX enthalten. Damit fallen teure Gebühren für Fondsmanager*innen weg. Die Erfahrung zeigt zudem, dass ETFs im Schnitt bessere Renditen erzielen als die meisten gemanagten Fonds. Selbst wenn du vorher noch nie davon gehört hast: Wenn du langfristig investieren und möglichst wenig Arbeit haben möchtest, sind ETFs die beste Wahl.

Ganz so einfach ist es aber auch wieder nicht, denn du kannst aus inzwischen 8500 ETFs auswählen. Wie in aller Welt sollst du dich für einen entscheiden? Ich kenne viele Frauen, die zwar an der Börse investieren wollen, dann aber jahrelang zögern, weil sie an der Frage scheitern, welchen ETF sie wählen sollen. Da ist sie wieder, die Angst, Fehler zu machen. Deshalb gebe ich hier ein paar grundlegende Tipps, wie du den oder die passenden für dich finden kannst: Recherchieren und vergleichen kannst du ETFs kostenlos auf der Webseite justETF, nach eigenen Angaben Europas größtes ETF-Portal.[14]

Erstes Kriterium: Versuche, Risiken zu minimieren.

Woran erkennst du einen risikoarmen ETF?

- → Breite Streuung über Sektoren und Länder
- → Viele Aktien (mehrere Hundert)
- → Wertschwankung in der Vergangenheit (Volatilität) weniger als 15 Prozent
- → Das Fondsvermögen sollte mehr als 200 Millionen Euro betragen.
- → Der ETF sollte seit mindestens drei Jahren auf dem Markt sein.

Woran erkennst du ETFs mit hohem Risiko?

- → Nur Unternehmen eines Sektors
- → Wenige Aktien
- → Volatilität mehr als 25 Prozent

Einer der bekanntesten Indizes, auf die zahlreiche Anbieter ETFs auflegen, ist der **MSCI World.** Er bildet die Entwicklung von rund 1500 Aktien aus 23 Industrieländern ab. Mit einem ETF auf den MSCI World anzufangen, ist ein guter erster Schritt, um sich mit ETFs vertraut zu machen. Der MSCI World hat allerdings einen Nachteil: Er enthält auch Unternehmen, die Waffen oder Alkohol produzieren, und Nachhaltigkeit ist kein Kriterium. Als Alternativen bieten sich ETFs mit dem Zusatz ESG oder SRI an. **ESG** steht *für Environmental, Social und Governance*, deutsch: Umwelt, sozial, (gute) Regierungsführung, **SRI** für *Socially Responsible Investing*, deutsch: sozial verantwortungsvolles Investieren.

Diese Fonds schließen entweder bestimmte Branchen aus oder verfolgen einen sogenannten *Best-in-Class*-Ansatz, indem sie Unternehmen aufnehmen, die in puncto Umweltfreundlichkeit oder Sozialstandards besser abschneiden als andere. Wohlgemerkt: *Best in Class* heißt nicht unbedingt vorbildlich, sondern einfach nur, dass ein Unternehmen mehr Engagement zeigt als seine Konkurrenz. Objektiv betrachtet kann die Nachhaltigkeitsbilanz dieses »Klassenbesten« sehr schlecht sein. Noch etwas solltest du beachten: Ein MSCI World mit dem Zusatz SRI oder ESG hat in der Regel nur um die 600 Unternehmen im Portfolio. Das erhöht das Verlustrisiko. Seit es nachhaltigere ETFs gibt, haben sie zwar nicht schlechter performt als jene ohne Zusatzkriterien. Das muss aber nicht so bleiben.

Der MSCI World hat einen weiteren Nachteil: Er birgt ein Klumpenrisiko, da rund 67 Prozent seiner Aktien von Unternehmen aus den USA stammen. Auf Dauer solltest du nicht allein auf ihn setzen, sondern dein Portfolio um ETFs ergänzen, die andere Regionen abdecken, also zum Beispiel den deutschen Aktienmarkt oder den asiatischen Raum. Oder du entscheidest dich gleich für den MSCI All Countries World Index, kurz: ACWI. Er kombiniert Aktien aus Industrie- und Schwellenländern, sodass der Anteil US-amerikanischer Aktien auf etwa 60 Prozent sinkt.

Berücksichtigen solltest du auch, ob der ETF **thesaurierend** sein soll oder **ausschüttend.** Thesaurierend heißt nichts anderes, als dass die Renditen sofort wieder reinvestiert werden, ohne dass du etwas dafür tun musst. Ausschüttend meint, dass dir Renditen gutgeschrieben werden. Überschreiten die ausgezahlten Gewinne deinen Steuerfreibetrag, werden Steuern fällig.

Wenn du ETFs vergleichen möchtest, kannst du dir das **Morningstar-Rating** anschauen. Der Finanzdienstleister Morningstar vergleicht Fonds anhand ihrer historischen Renditen. Er bildet ab, welche in der Vergangenheit im Vergleich zu anderen gut performt haben. Die besten 10 Prozent ihrer Kategorie haben fünf Sterne, die folgenden 22,5 Prozent vier Sterne und so weiter. Ein Stern weist die schlechtesten 10 Prozent aus.

Dann sind da auch noch die Gebühren. **TER** heißt das Zauberwort, die *Total Expense Ratio*. Auch sie kann ein Entscheidungskriterium für einen Aktienfonds sein. Die TER umfasst alle Kosten, die zusätzlich zur Einstiegsgebühr, dem sogenannten Ausgabeaufschlag, erhoben werden, wobei ETFs anders als gemanagte Fonds keinen Ausgabeaufschlag erheben. TER ist ein Posten, den du jährlich auf einen Fonds zahlst. Für ETFs liegt er meist irgendwo zwischen 0,1 und 0,5 Prozent, gemanagte Fonds kosten etwa 1,5 bis 2,5 Prozent jährlich. Leider enthält der TER aber nicht alle Kosten, die mit einem Fonds verbunden sind. So können zusätzlich unter anderem Transaktionskosten für den Kauf oder Verkauf von Aktien oder Fondsanteilen berechnet werden. Auch hier schneiden gemanagte Fonds deutlich schlechter ab als ETFs.

Nicht zuletzt brauchst du einen **Broker**, also einen Finanzdienstleister, bei dem du dein Depot eröffnen kannst. Stell dir dein Depot wie ein Bankkonto vor. Es besteht aus zwei Teilen: ein Verrechnungskonto, auf das du das Startkapital einzahlst und wohin die Gewinne ausgeschüttet werden. Der zweite Teil ist das Depot selbst, in dem deine Aktien oder Aktienfonds liegen. Je nachdem, ob deine Bank Wertpapierhandel anbietet, kannst du direkt dort investieren. Dazu eröffnest du dort ein Depot und legst los. Die Anleitung, wie das geht, findest du auf den Online-Seiten der Bank. Du kannst auch zu einem sogenannten Neo-Broker wechseln. Das sind Finanzdienstleister, bei denen du nur über dein Handy mithilfe einer App investierst. Bekannte Beispiele sind Trade Republic oder Scalable Capital. Sie haben gegenüber herkömmlichen Banken den Vorteil, dass sie sehr niedrige oder je nach Produkt gar keine Order- beziehungsweise Transaktionsgebühren verlangen. Die liegen meist bei null bis fünf Euro pro Transaktion.

Über Finanztip kannst du Banken und **Neo-Broker** vergleichen und den für dich passenden Anbieter heraussuchen. Wenn du dich nicht entscheiden kannst, nimm einfach den mit dem schönsten Logo. Das meine ich durchaus ernst. Natürlich spielt der optische Auftritt einer Bank oder eines Brokers nicht wirklich eine Rolle. In meinen Augen kommt es aber vor allem darauf an, dass du anfängst. Wenn du erst mal etwas geübt bist, kannst du den Broker auch wieder wechseln. Und selbst wenn du bis dahin ein paar Gebühren zu viel gezahlt hast – langfristig ist es wichtiger, dass du Erfahrungen sammelst, und nicht, dass du den letzten Cent herausholst.

Lieber heute als nie

Bleibt die Frage nach dem **Einstieg.** Wann solltest du mit dem Investieren beginnen? Immer im Frühling? Auf jeden Fall montags? Wenn die Börse gerade mal wieder fällt? Es gibt einen berühmten Spruch zu dieser Frage: »*Time beats timing*«, in etwa: Zeit schlägt Zeitpunkt. Berechnungen zeigen, dass es im Großen und Ganzen keine Rolle spielt, wann du einsteigst. Entscheidender ist, lange dabeizubleiben.

Wenn du eine größere Summe investieren möchtest, würde ich das Geld allerdings in vier oder fünf Tranchen aufteilen und sie nach und nach an der Börse platzieren. Sagen wir, jeden Monat eine Tranche. Warum? Es gibt Wochen, in denen die Börsenkurse in sehr kurzer Zeit sehr stark abrutschen. In jüngerer Zeit passierte das am Beginn der Covidkrise oder auch nach Ausbruch des Ukraine-Krieges. Du müsstest schon ziemliches Pech haben, als Einsteigerin einen solchen Moment zu erwischen, denn die Wahrscheinlichkeit ist nicht sehr groß. Du kannst es aber auch nicht ausschließen. Wenn du deine Investitionen über einen längeren Zeitraum streckst, kannst du dieses Risiko minimieren. Und falls es in dieser Zeit einen Rutsch gibt, wartest du, bis sich die Situation stabilisiert hat. Warte aber nicht zu lange und investiere, solange die Kurse noch unten sind.

Noch eine Anmerkung zum Thema Ukraine-Krieg und sinkende Aktienkurse. Es gibt gerade in Foren, in denen sich Frauen zum Thema Aktien austauschen (zum Beispiel Madame Moneypenny auf Facebook), immer wieder Diskussionen über Ethik und Moral. Sie entbrennen, wenn sich Investorinnen beispielsweise beim Ausbruch eines Krieges Sorgen um ihre ETFs machen und fragen, ob sie verkaufen sollten. Die einzig richtige Antwort auf diese Frage lautet: Nein, eher nachkaufen, weil die Kurse gerade günstig sind. Sobald eine Frau diese Empfehlung postet, wird sie allerdings angegriffen: Wie sie anderen raten könne, eine solche Situation auszunutzen, heißt es dann, ob sie sich nicht schämen würde und so weiter. Dazu habe ich eine klare Haltung: Deine Investitionen an der Börse haben rein gar nichts mit einem Krieg zu tun, ob in der Ukraine oder sonst wo. Du kannst ihn weder auslösen noch beeinflussen oder stoppen. Es gehört aber nun einmal zu den Begleiterscheinungen einer solchen Krise, dass die Börsen darauf mit fallenden Kursen reagieren. Und bei fallenden Kursen ist es objektiv betrachtet einfach sinnvoll, Aktien nachzukaufen, wenn davon auszugehen ist, dass die Kurse nicht weiter oder zumindest nicht mehr sehr stark fallen werden. Woran du diesen Zeitpunkt erkennst, kann dir niemand sagen. Im Zweifel wartest du, bis die Kurse wieder steigen. Den tiefsten Punkt erwischen zu wollen, wäre ohnehin ein Lotteriespiel.

Die Covidkrise hat die Börsen nur relativ kurz absacken lassen. Schon Mitte 2020 stiegen die Kurse wieder an, obwohl ein Impfstoff damals noch nicht in Sicht war. Das war eine Überraschung. Wie die Entwicklung von Kriegen verläuft und wie sie sich auf die Börsen auswirken, lässt sich ebenfalls schwer einschätzen. Beim Ukraine-Krieg zeichnete sich nach ein paar Monaten ab, dass sich der Konflikt hinziehen würde, aber keinen so starken Einfluss mehr auf die Börse haben würde. Diese Gedanken klingen grausam, wenn man bedenkt, wie viele Menschen durch diesen Krieg ihr Leben, Angehörige oder ihre Heimat verlieren. Aber noch mal: Das eine hat mit dem anderen nichts zu tun. Du kannst mit den betroffenen Menschen mitfühlen und ihnen helfen, vielleicht durch gezielte Spenden, und trotzdem ETFs nachkaufen.

Weil die Hürde bei vielen Frauen sehr groß ist, sich für einen ETF zu entscheiden, stelle ich hier noch einen Fonds vor. Er heißt **ARERO** Weltfonds, oder auch einfach nur ARERO. Dieser Fonds hat mich gerettet. Denn auch ich war anfangs ziemlich überfordert mit dieser ganzen ETF-Geschichte und wusste nicht, wo ich anfangen sollte. Ich wollte unsere schlecht performenden gemanagten Fonds aber unbedingt loswerden und das Geld in ETFs investieren. Nachdem ich monatelang nicht vorankam, trat ich die Flucht nach vorne an und steckte unser Geld erst mal in den ARERO, von dem ich Gutes gelesen hatte. Diesen Fonds haben Ökonom*innen der Uni Mannheim entwickelt. Er wird anders als die meisten ETFs aktiv gemanagt, investiert jedoch nach festgelegten Regeln und verfolgt ebenso wie ETFs eine passive Strategie. Er enthält verschiedene Anlageklassen, also Aktien, Anleihen und Rohstoffe. Die Gebühren sind etwas höher als bei einem reinen ETF, aber immer noch niedrig. Da er breiter diversifiziert ist als herkömmliche ETFs, schwankt er in unruhigen Zeiten weniger. Wenn du in den ARERO investierst, machst du erst einmal nichts falsch – und du stehst allemal besser da als ohne Anlage. Seit dem Jahr 2020 gibt es auch eine nachhaltige Version des ARERO.

Zuletzt möchte ich bei den Investitionsmöglichkeiten an der Börse noch **Anleihen** erwähnen. Anleihen sind festverzinsliche Wertpapiere. Sie werden von Unternehmen oder Staaten ausgegeben, die sich Kapital verschaffen möchten. Ähnlich wie bei einem Kredit verleihst du dein Geld an diese Unternehmen oder Staaten für eine bestimmte Zeit und erhältst im Gegenzug einen festgelegten, konstanten Zinssatz pro Jahr. Anleihen haben im Schnitt nicht so hohe Renditen wie Aktien, sind aber je nach Anleihe auch nicht so risikobehaftet. So erhältst du derzeit zum Beispiel für eine wenig risikoreiche Staatsanleihe aus Deutschland (Bonitätsnote AAA) über einen Zeitraum von zwei Jahren 2,2 Prozent. Wie risikoreich eine Anleihe ist, richtet sich nach der Bonität des Herausgebers der Anleihe. Dabei gilt: Je größer das Risiko einer Zahlungsunfähigkeit, desto höher ist die versprochene Rendite. Zum Vergleich, eine Anleihe aus Italien (Bonitätsnote BBB) verspricht derzeit für zwei Jahre 2,6 Prozent. Bekanntes Beispiel eines Landes, das Anleihen in der Vergangenheit nicht immer zurückzahlen konnte, ist Argentinien (Bonitätsnote CCC). Gerade in Zeiten sehr niedriger Zinsen eignen sich Anleihen für kürzere Anlagehorizonte oder auch als Sicherheitsbaustein, sofern man auf eine gute Bonität achtet.

Sonstige Anlagen

Zwei Anlagen, nach denen ich immer wieder gefragt werde, sind Gold und Kryptowährungen. Zuerst zum Klassiker Gold. Ebenso wie bei Immobilien stimmt der Ruf von Gold, eine sichere Anlage zu sein, nur zur Hälfte. Denn der Wert von Gold hängt von der Nachfrage ab. Und die schwankt. In unsicheren Zeiten steigt sie, in vermeintlich ruhigen lässt sie nach. Dein Gold selbst vermehrt sich nicht – im Gegensatz zur Wirtschaft, die über die Jahre wächst. Betrachtet man die Wertentwicklung von Gold und Aktien über einen längeren Zeitraum, wird deutlich, dass Gold größere Schwankungen aufweist und eine geringere Rendite erzielt. Da Gold jedoch eine begrenzte Ressource ist, wird es vermutlich nie wertlos sein. Wer sich mit Gold sicher fühlt, kann daher bedenkenlos einen kleinen Teil des Vermögens in Gold anlegen.[15]

Anders verhält es sich mit Kryptowährungen. Es mag Personen geben, die mit Bitcoins und Co reich geworden sind. Bei den meisten Menschen dürfte das Gegenteil der Fall sein. Kryptowährungen sind eine hochspekulative Anlageform ohne tatsächlichen Gegenwert. Das Risiko, Geld zu verlieren, ist enorm. Deshalb kann ich hier nur zu allerhöchster Vorsicht raten. Außerdem verschlingt der Generierungsprozess für dieses virtuelle Zahlungsmittel, auch Schürfen oder *Mining* genannt, unglaublich viel Energie. Wenn du bei deinen Geldanlagen auf Nachhaltigkeit achten möchtest, sind Kryptowährungen daher ein No-Go – zumindest, bis sich umweltfreundlichere Schürfmethoden durchgesetzt haben. Mehr gibt es zu diesem Thema auch nicht zu sagen. Zum Thema Nachhaltigkeit dagegen schon. Was nachhaltige Geldanlagen ausmacht und wie du die richtigen für dich findest, erfährst du im nächsten Kapitel.

Irenes Investitionsstrategie

Wie sehen meine beziehungsweise unsere Investitionen aus? Wie erwähnt, habe ich alles Geld gemeinsam mit meinem Mann angelegt, daher lässt sich das schwer trennen. In jungen Jahren haben wir unser gesamtes Geld für unsere zweijährige Weltreise ausgegeben, da war ich Anfang dreißig. Als mein Mann dann Geld geerbt hat, haben wir das Erbe genutzt, um eine Eigentumswohnung in Frankfurt zu kaufen. Mit dem heutigen Wissen würde ich zwar nach wie vor eine Wohnung kaufen, der Kredit für die Wohnung würde aber höher ausfallen, und ich würde einen Teil des geerbten Geldes in ETFs anlegen, um möglichst lange vom Zinseszinseffekt profitieren zu können.

Als ich anfing, mich um unsere Vermögensbildung zu kümmern, baute ich auf den Grundsatz: Tue nur etwas, das du verstehst. Also haben wir eine Einzimmerwohnung in Frankfurt zur Vermietung gekauft. Wir zahlen über die Mieteinnahmen den Kredit ab und kommen mehr oder weniger auf null heraus. Heute weiß ich, dass ich damals nur so halb verstanden hatte, was ich da tue. Denn die Mieten in Frankfurt kamen zu der Zeit nicht mit den Kaufpreisen mit. Und da wir im Ausland lebten, konnte ich nicht jeden Tag die Angebote von Kaufwohnungen vergleichen. Wir erwarben eine im Bau befindliche Wohnung, also einen Neubau, quasi das teuerste, was es gibt. Es war die einzige Chance, überhaupt an eine Wohnung zu kommen, weil wir alles in den Sommerferien abwickeln mussten – von der Besichtigung bis zum Kauf. So war unser Wohnungskauf eher eine Spekulation als eine Investition. Nämlich darauf, dass die Preise in Frankfurt weiter steigen. Immerhin hatte ich verstanden, dass es uns nicht ruinieren darf, wenn wir beim Kredit draufzahlen müssen oder mal ein paar Mieten wegen Leerstand ausfallen.

Ich hatte auch verstanden, dass wir mehr Miete bekommen, wenn ein Mehrwert geschaffen wird. Ich richtete die Wohnung also mit (teils gebrauchten) Designermöbeln ein, und wir vermieten sie bis heute so, dass man mit einem Koffer in der Hand einziehen kann.

Dafür können wir sie hochpreisig vermieten, sodass der Kredit gedeckt ist. Dann aber kam Corona, und der Markt für möblierte Wohnungen brach ein, weil sehr viele Menschen, die bisher in Frankfurt gearbeitet und woanders gewohnt hatten, ins Homeoffice umzogen. Jetzt waren wir genau in der Situation, für die du bei jeder Investition gewappnet sein solltest: Es lief nicht so, wie geplant. Wir konnten die Wohnung zwar weiterhin vermieten, mussten aber mit dem Preis so weit heruntergehen, dass die Miete den Kredit nicht mehr deckte. Wir zahlten eine Zeit lang drauf, was dank unseres Einkommens aber zum Glück gut machbar war. Inzwischen können wir den Kredit wieder mit der Miete abdecken.

Ich hätte gerne noch weiter in Immobilien investiert. Allerdings erledigte mein Mann die ganze Verwaltungsarbeit und hatte keine Lust, noch mehr davon auf dem Tisch zu haben. Da ich zwar gerne Immobilien aussuche und einrichte, die Verwaltungsarbeit aber auch nicht machen möchte, schwenkten wir mit unseren weiteren Investitionen auf die Börse um. An der Börse haben wir etwa ein Drittel unseres Vermögens im ARERO. Dabei handelt es sich vor allem um das Geld, das wir für die Ausbildung unseres Sohnes investieren. Ein weiteres Drittel sind breit gestreute ETFs, also auf den MSCI World, wobei ich darauf achte, dass wir die ESG- oder SRI-Variante wählen. Wir haben außerdem noch einige Regionen sowie Emerging Markets und Small Caps im Portfolio. Emerging Markets sind Indizes auf Schwellenländer, in denen für die Zukunft ein größeres Wachstum erwartet wird. Small Caps sind kleinere Unternehmen, die nicht in den großen Indizes wie dem MSCI World enthalten sind. Beides sind etwas risikoreichere ETFs, die stärker schwanken können und sich teils anders verhalten als die großen Märkte. Dafür bieten sie die Aussicht auf gute Gewinne. Zudem haben wir noch in einige wenige Branchen-ETFs investiert. Ich interessiere mich für Zukunftsthemen und finde es spannend, die Entwicklung entsprechender Märkte an der Börse mitzuverfolgen.

Etwa ein Prozent unseres an der Börse investierten Vermögens habe ich in gemanagten Fonds angelegt. Ja, du hast richtig gelesen.

Das liegt daran, dass es einige nachhaltige Fonds gibt, deren Ausrichtung und Philosophie ich gut finde und die ich daher unterstützen möchte. Ich komme im Kapitel zu den Werten noch einmal auf das Thema zurück.

Ursprünglich hatten wir 20 Prozent unserer Investitionen an der Börse in drei Staatsanleihen-ETFs als Sicherheitsbaustein. Unser Fehler: Sie unterschieden sich nicht sonderlich, wir hatten diesen Sicherheitsbaustein also nicht diversifiziert. Als die Zinsen innerhalb eines Jahres steil nach oben gingen, fielen unsere Staatsanleihen-ETFs allesamt um 20 Prozent ab. Damit bilden sie natürlich keinen zuverlässigen Sicherheitsbaustein mehr. Als sie wieder auf minus 10 Prozent stiegen, haben wir sie verkauft, die Verluste hingenommen und das Geld auf unsere anderen Anlagen verteilt. Wir sind zu dem Schluss gekommen, dass wir diesen Sicherheitsbaustein momentan nicht brauchen, zumal wir mit dem ARERO schon einen recht stabilen Fonds haben, der auch Anleihen enthält.

Nicht zuletzt haben wir etwa 2 Prozent unseres gesamten an der Börse investierten Vermögens in Einzelaktien gesteckt. Ich wollte ein Gefühl dafür bekommen, wie es ist, mit Einzelaktien zu handeln. Und da ich eine klassische *Learning by doing*-Kandidatin bin, habe ich einfach losgelegt. Ohne Geschäftsberichte zu lesen und ohne Strategie. Aber: Mit Geld, auf das wir problemlos verzichten können. Dabei handelt es sich ganz klar um eine Spielerei, und ich würde es wirklich nur empfehlen, wenn du über genügend Reserven und anderes Vermögen verfügst und Lust darauf hast.

Insgesamt haben wir mit unseren Investitionen an der Börse in den vergangenen sechs Jahren durchschnittlich ein jährliches Plus von etwa 5 Prozent gemacht. Das wäre besser gegangen, aber ich will mich nicht beschweren. Ich lerne dazu, und hinterher ist man ja bekanntlich immer schlauer. Die Entwicklung an der Börse lässt sich nicht vorhersehen, und man kann Zeiten erwischen, in denen Kurse über Jahre steigen oder fallen. Beides kann man gut aussitzen, wenn man breit investiert hat. Investitionen an der Börse brauchen Zeit.

Ulrikes Finanzstrategie

Ulrike steht mit ihrer Finanzstrategie noch am Anfang. Anders als ich hat sie erst nach ihrem Erbe begonnen, sich über Geld Gedanken zu machen – so wie viele Frauen. Vorher hatte sie in guten Einkommensjahren durchaus Geld angespart und es dann in gemanagte Fonds investiert, die ihr von der Bank empfohlen wurden. Manche dieser Fonds liefen gut, andere nicht. Genau analysiert hat sie die Entwicklung ihrer Anlagen nie. Woran sie sich aber noch genau erinnert: *»2008 hatte ich eine größere Summe zusammengespart, die ich anlegen wollte – und dann tatsächlich auch investiert habe. Wenige Monate nachdem ich das Geld in Fonds gesteckt hatte, kam das böse Erwachen: die Finanzkrise. Die Kurse an den Börsen brachen dramatisch ein, mein Depot war auf die Hälfte seines Werts zusammengeschmolzen. Das war ein herber Schlag für mich.«*

Dieses Erlebnis hat Ulrikes Selbstvertrauen, was Geldanlagen angeht, natürlich nicht gerade bestärkt. Im Gegenteil: Nach ihrer Erbschaft hatte sie schlaflose Nächte, weil sie Angst hatte, *»wieder alles falsch zu machen«*, wie sie sagt. Ihre Gefühlslage in dieser Zeit hat sie bereits beschrieben. Statt sich eigenes Wissen anzueignen und ihre Vermögensverwaltung selbst in die Hand zu nehmen, vertraute sie erneut auf zweifelhafte Ratschläge von Banker*innen: Sie schichtete Fonds um, die angeblich zu konservativ angelegt waren, verzichtete auf Festgeldanlagen oder eine Liquiditätsreserve, weil sich das aus Sicht ihrer Berater*innen wegen der niedrigen Zinsen nicht lohnte, investierte in hochspekulative Ökofonds und schloss eine Lebensversicherung ab, die später von der Verbraucherzentrale als Kostenfalle eingestuft wurde. Zu allem Überfluss investierte sie wieder kurz vor einer Krise. Diesmal erlebte sie, wie die Ukraine-Krise ihr Vermögen auf dem Papier um rund 20 Prozent verringerte. Vor allem ihre Ökofonds haben sich davon bis heute nicht erholt. *»Weil ich zumindest an meinem Traum festhalten wollte, mir eine Immobilie in Frankreich zu kaufen, entschloss ich mich, trotz der schlechten Kursentwicklung, einen Teil* *meiner Fonds zu verkaufen. Ich dachte: Lieber mit Verlusten rausgehen und in Betongold investieren, als noch mehr Geld an der Börse zu versenken.«*

Nach dieser Entscheidung war Ulrike ratlos, wie sie mit dem Rest ihres Vermögens umgehen sollte. Sie suchte Hilfe – und stieß bei LinkedIn auf mein Coaching-Angebot. So erhielt sie das Werkzeug an die Hand, mit dem sie ihre eigene Finanzstrategie entwickeln kann. Im Wesentlichen also das, was auch du in unserem Buch erfährst. Mit der Umsetzung steht Ulrike noch am Anfang. Sie will sich Zeit lassen und nicht wieder überhastete Entscheidungen treffen.

So plant Ulrike konkret: *»Mir ist durch das Coaching klar geworden, dass ich eine sogenannte Dividendenstrategie brauche. Das bedeutet, dass ich Geldanlagen auswähle, die mir ein zusätzliches Einkommen ermöglichen, jetzt und später im Alter. Denn ich habe zwar geerbt, habe als Freiberuflerin aber gleichzeitig kein stabiles Einkommen. Bei der Rente sieht es auch nicht gut aus. Nach der letzten Standmeldung bekäme ich rund 2100 Euro monatlich plus eine kleine Zusatzrente aus dem sogenannten Presseversorgungswerk, das bei Verlagen die Betriebsrente ersetzt. Meine nach der Erbschaft abgeschlossene Lebensversicherung werde ich nach jetziger Planung vor der Rente auflösen. Darauf setze ich für die Rente also nicht.*

Für eine Dividendenstrategie sind Mieteinnahmen aus einer Immobilie ideal, und auch bei Aktien und Fonds gibt es welche, die recht verlässlich Dividenden ausschütten, wie ich inzwischen weiß. Ich persönlich merke aber auch, dass mir die Nerven fehlen, auf Dauer an der Börse mitzumischen. Außerdem frage ich mich ganz grundsätzlich, ob ich die Wirtschaft, so wie sie derzeit aufgestellt ist, mit meinem Geld weiter befeuern will. Ich möchte nachhaltig investieren, an der Börse ist das bisher aber schwierig, wie ich schon schmerzlich erfahren musste. Wirklich nachhaltige Fonds laufen leider meist schlecht. Anders als Irene bin ich zudem skeptisch, ob es an den Finanzmärkten dauerhaft weiter aufwärts geht. Angesichts der notwendigen Transformation der Wirtschaft in Richtung Klimaneutralität und mit Blick auf die negativen

Auswirkungen der Globalisierung halte ich das nicht für wahrscheinlich.

Nichts zu tun ist aber eben auch keine Option. Im ersten Schritt habe ich daher auf einem schon länger existierenden Tagesgeldkonto, das praktisch immer leer war, eine Reserve für unvorhergesehene Ausgaben und Einkommensausfälle eingezahlt. Dabei habe ich die Dreimonatsformel von Irene beherzigt. Drei Monate könnte ich mit diesem Geld also über die Runden kommen. Zusätzlich habe ich mir ein Festgeldkonto zugelegt, denn Festgeld hatte ich in der Vergangenheit überhaupt nicht in meinem Portfolio. Finanzieren konnte ich beides mit den Erlösen, die durch den eigenmächtigen Fondsverkauf meines Beraters reingekommen sind. Sein Plan war vermutlich, mir für dieses Geld neue gemanagte Fonds zu verkaufen, die ihm satte Provisionen einbringen. Doch damit ist Schluss.

Anders als Irene habe ich noch nicht festgelegt, welche prozentualen Anteile meines Vermögens in Immobilien, Festgeld oder Fonds angelegt sein sollen. Was die Fonds angeht, möchte ich aber auf jeden Fall diversifizieren. Noch bin ich mit meinen Überlegungen nicht am Ende. Bei meiner Hamburger Bank plane ich den Ausstieg. Ein Depot bei einer Direktbank ist schon eröffnet, hierhin werde ich einige der gemanagten Fonds, die ich behalten will, umziehen. Andere werde ich schrittweise verkaufen und die Erlöse – ähnlich wie bei einem Sparplan – in ETFs investieren. Wichtige Kriterien bei der Entscheidung ›halten oder verkaufen‹ sind zum einen die Entwicklung der Fonds und zum anderen die Dividenden-Frage. Behalten will ich Fonds, die regelmäßig gute Dividenden ausschütten und langfristig gut performt haben. Bei der Auswahl von ETFs werde ich ebenfalls auf Dividenden achten. Der MSCI All Countries World Index kommt aber so oder so ins Depot.

Bleiben noch mein Depot bei der Ökobank und meine Lebensversicherung. Die bisherige Bilanz meiner Anlagen bei der Ökobank fällt leider katastrophal aus. Ich habe einfach zu viel vom Gleichen. Ich möchte aber noch nicht aufgeben und mit meiner Beraterin nach Diversifizierungs- und Umschichtungsmöglichkeiten suchen. Bei meiner Lebensversicherung werde ich erst einmal die weitere Entwicklung ab-

warten. Sie hat einen konventionellen Sparanteil, der fest verzinst wird, wobei die Zinsen jährlich an die aktuellen Marktbedingungen angepasst werden, und einen Teil, der aus Aktienfonds besteht. Beim Renteneintritt kann ich zwischen einer Einmalzahlung und einer monatlichen Rente wählen. Die Option Rente, das habe ich aus meiner Beratung bei der Verbraucherzentrale mitgenommen, lohnt sich kaum. Die Einmalzahlung hat jedoch gleichfalls Tücken, denn ausgezahlt würde zu einem festgelegten Zeitpunkt. Für den fondsgebundenen Anteil ist das sehr riskant. Sollten die Börsenkurse zu diesem Datum aufgrund irgendwelcher Ereignisse gerade an einem Tiefpunkt stehen, würde der Auszahlungsbetrag entsprechend niedrig ausfallen. Da die hohen Einstiegsgebühren für die Versicherung ohnehin perdu sind und die laufenden Kosten nicht höher als bei meinem Depot, habe ich mir daher vorgenommen, auf einen günstigen Verkaufszeitpunkt in den kommenden Jahren zu warten und dann zu kündigen. Wie ich das Geld dann wieder anlege, kann ich heute noch nicht sagen.«

Ulrike hat sich also auf den Weg gemacht und nimmt ihre Vermögensverwaltung mehr und mehr selbst in die Hand. Dazu kann ich sie nur beglückwünschen. Unsere Strategien und Anlagen möchten wir keineswegs als Empfehlung verstanden wissen, es genauso zu machen. Das möchte ich noch einmal ganz deutlich sagen. Ulrike und ich haben angesichts unserer persönlichen Historie recht bunte Portfolios. Du musst deinen eigenen Weg finden. Einen Weg, der zu deiner Lage und deiner Persönlichkeit passt. Du brauchst auch nicht in Stress zu geraten. Wenn du es einfach haben willst: Investiere in einen ETF auf den MSCI World oder den MSCI All Countries World Index, und das war's.

Werte – was du wissen solltest, wenn dir Nachhaltigkeit wichtig ist

Viele Frauen möchten ihr Geld nicht nur für sich arbeiten lassen, sondern in Anlagen investieren, die hohen ethischen Anforderungen genügen. Kurz: Frauen möchten mit ihrem Geld nachhaltige Projekte oder Unternehmen fördern, die etwa den Klimaschutz vorantreiben oder nachweislich hohe Sozialstandards in ihren Lieferketten gewährleisten. Der Finanzmarkt hat diesen Trend bereits erkannt und in den vergangenen Jahren jede Menge nachhaltige Finanzprodukte auf den Markt gebracht. Bei näherem Hinsehen entpuppen sich viele dieser Produkte jedoch als Etikettenschwindel, auch Greenwashing genannt. Wie also funktioniert nachhaltiges Investieren? Und geht das überhaupt in unserem kapitalistischen System?

Es gibt derzeit leider keine befriedigende Antwort auf diese Frage. Es fängt damit an, dass jede*r etwas anderes unter Nachhaltigkeit versteht. Geht es darum, Rüstungsunternehmen auszuschließen? Dem Klima nicht zu schaden? Sozialstandards einzuhalten? Sollten für Unternehmen in Bangladesch dieselben Sozialstandards gelten wie in Deutschland? Das Thema ist komplex.

Nachhaltigkeit und Wachstum – geht das?

Bevor ich mit dem Investieren anfing, stand für mich fest: Wenn Investieren an der Börse, dann nur in Unternehmen, deren Produkte und Praktiken meinen Werten entsprechen. Ich recherchierte zunächst einige Mode-Labels. Damit kannte ich mich am besten aus, da ich als Beraterin für Arbeits- und Sozialstandards in der Textilindustrie gearbeitet hatte. Nicht eines der Unternehmen, die meiner Ansicht nach wirklich nachhaltig produzieren, war an der Börse gelistet. Ich lernte auch, dass das Investieren in Einzelaktien hohe Risiken birgt und ich regelmäßig Wirtschaftsnachrichten lesen müsste, um auf dem Laufenden zu bleiben. Und ich wusste: Damit möchte ich meine Zeit nicht verbringen.

Ich änderte also meine Strategie. Nicht am Aktienmarkt zu investieren war keine Alternative, denn ich bin überzeugt: Nur wenn Frauen sich in den Kapitalismus einmischen, können sie ihn verändern. Nicht mitzumachen hat uns dahin gebracht, wo wir heute sind. Der Kapitalismus bestimmt unser aller Leben. Ich habe mich dann entschieden, in ETFs zu investieren, die Nachhaltigkeitskriterien berücksichtigen, auch wenn diese in meinen Augen nicht weit genug gehen. Durch die Gewinne kann ich Finanzbildung für Frauen anbieten, ohne damit Geld verdienen zu müssen – beispielsweise, indem ich kostenfreien Content in den sozialen Medien zur Verfügung stelle. Oder ich unterstütze Frauen, die ich während meiner Aufenthalte in Kambodscha und im Sudan kennengelernt habe. Wie beispielsweise meine sudanesische Mitarbeiterin, die bei dem Ausbruch des Krieges in ihrem Land fliehen musste – als alleinerziehende Mutter mit vier Jungs im Alter von sechs bis sechzehn. Indem ich sie finanziell unterstütze, kann ich dazu beitragen, dass diese fünf Menschen der Armut entkommen.

Auch Ulrike fragte sich, wie sie ihr Geld so investieren kann, dass es Positives bewirkt oder zumindest keinen Schaden anrichtet: *»Natürlich wollte ich nachhaltig investieren! Ich hatte schon davon gehört, dass viele Fondsgesellschaften inzwischen nachhaltige Geldanlagen anbieten, dass es sich dabei aber meist um Etikettenschwindel handelt. Auf diese Greenwashing-Nummer wollte ich nicht hereinfallen. Deshalb entschloss ich mich, einen Teil meines Erbes bei einer Ökobank anzulegen. Schon die Ansprache war hier ganz anders als bei anderen Banken, alles drehte sich um wirklich nachhaltige Investitionsformen wie Windparks oder Klimafonds. Auf der Homepage wurden Unternehmen vorgestellt, die tolle, nachhaltige Produktideen haben. Als Kunde* *kann man ihnen direkt Geld leihen. Ich war begeistert und entschied mich, in einen Windpark zu investieren und in Klima- und Nachhaltigkeitsfonds. Doch es wurde noch besser: Auch in einen Mikrofinanzfonds konnte ich einsteigen. Das Geld aus dem Fonds wird zu niedrigen Zinsen an Menschen in Ländern wie Indien oder Kambodscha verliehen. Die Kreditnehmenden können sich damit eine Existenz aufbauen. Die meisten sind Frauen. Sie können sich mit einem Mikrokredit zum Beispiel Saatgut für ihre Landwirtschaft kaufen oder eine Nähmaschine, um eine kleine Schneiderei zu eröffnen. Wenn ich hier investierte, würde ich also Kleinbäuerinnen und Unternehmerinnen unterstützen, ihre Lebensbedingungen und die ihrer Familien zu verbessern. Die Zinserwartungen für diesen Fonds waren zwar niedriger als bei anderen Anlagemöglichkeiten, doch das nahm ich gern in Kauf.«*

So schwungvoll sie eingestiegen war, so ernüchtert ist Ulrike heute. Ihre Ökoanlagen entwickelten sich schlecht. Im Klartext: In einer Zeit, in der es an den Börsen mit kurzen Tiefs stetig bergauf ging, verloren Ulrikes Anlagen zwischen 15 und 20 Prozent ihres Wertes. Bei all ihrer Begeisterung hatte sie völlig beiseitegeschoben, dass sie objektiv betrachtet in hochriskante Fonds investiert hatte: zu einseitig, zu schwankungsanfällig, zu hohe Gebühren. Corona, der Ukraine-Krieg und auch die akute Krise europäischer Solarhersteller wirkten sich auf solche Anlagen besonders negativ aus. Ulrikes Beraterin bei der Ökobank hatte zwar erwähnt, dass Aktienfonds allgemein mit einem höheren Anlagerisiko verbunden sind, der Tenor ihrer Beratung lautete jedoch: »Wir sind überzeugt, dass nachhaltige Geldanlagen auf lange Sicht erfolgreicher sein werden.« Als Ulrike Ende 2024 kritisch nachfragte, wie sich die Beraterin erklärte, dass besonders zwei Fonds der Bank selbst vom allgemeinen Börsenaufschwung so gar nicht profitierten, war sie von der Antwort einigermaßen erstaunt. Die Fonds ihrer Bank, so die Beraterin, seien halt nicht so breit gestreut wie andere. Und besonders gut gemanagt seien sie leider auch nicht. Beim Verkauf der Fonds war davon natürlich nicht die Rede gewesen. Doch am Ende verkaufen eben auch Ökobanken ihren Kund*innen nicht unbedingt die Produkte mit der besten Performance, sondern lieber welche, an denen sie gut verdienen. Meist sind das die eigenen Fonds.

Selbst an dem Mikrofinanzfonds hat Ulrike keine Freude mehr. Die Idee, Menschen durch Kleinkredite zu ermöglichen, in ihr Business zu investieren und so aus der Armut herauszukommen, ist zwar grundsätzlich gut. Erfunden hat diese Form der Entwicklungsförderung der Wirtschaftswissenschaftler Muhammad Yunus aus Bangladesch. Er wurde dafür sogar mit dem Friedensnobelpreis ausgezeichnet. Doch die von Yunus gegründete Grameen-Bank bekam schon bald Konkurrenz. Nach und nach stiegen kommerzielle Banken in das Mikrofinanzgeschäft ein. In der Folge wurden immer mehr Mikrokredite vergeben.

In Ländern wie Indien oder Kambodscha bekommen Kleinunternehmerinnen Kredite inzwischen regelrecht aufgedrängt, selbst wenn man weiß, dass sie Schwierigkeiten haben werden, sie zurückzuzahlen. Etwas Ähnliches passierte mit Immobilienkrediten Anfang der 2000er-Jahre in den USA. Jede*r bekam einen Kredit, ohne dass Sicherheiten ausreichend geprüft wurden. Als die Immobilienblase 2008 platzte, verloren Millionen Menschen in den USA ihre Häuser durch Zwangsversteigerungen. Die Immobilienkrise löste eine weltweite Finanzkrise aus. Auch die Blase bei den Mikrokrediten hat viele Kreditnehmer*innen ins Unglück gestürzt. In Indien hat der finanzielle Druck schon zu Suizid-Serien unter Kleinbauern und Kleinbäuerinnen geführt. Ulrikes Investition war am Ende trotz ihrer guten Absichten also doch keine so gute Tat. Deutsche Ökobanken, die Mikrofinanzfonds anbieten, haben zwar sicher genau wie ihre Kund*innen gute Intentionen, doch für ihre Partnerbanken in den Ländern vor Ort gilt das nicht immer. Die Seriosität der Institute auf Dauer zu garantieren kann eine Bank von Deutschland aus kaum leisten.

Ulrikes Bank hat ihr zwar versichert, dass die Gelder aus ihrem Mikrofinanzfonds umsichtig verwaltet werden. Dieser Fonds gehöre zu den positiven Beispielen, die es eben auch gebe, heißt es dort. Dazu kann die Bank auch Studien vorlegen. Doch Ulrike ist nicht mehr von diesem Finanzinstrument überzeugt. Seit die negativen Auswirkungen kommerzieller Mikrofinanzfonds öffentlich wurden, hat sie ihre Beteiligungen an dem Mikrofinanzfonds zurückgefahren. Ihrer Bank hält sie aber die Treue, denn grundsätzlich passt deren Ausrichtung zu ihren Werten. Die Bank hat beispielsweise ein Schiff mitfinanziert, das für die Seenotrettung im Mittelmeer eingesetzt wird.

Investieren mit Mehrwert

Was also tun mit dem geerbten Geld? Ulrike und ich haben einige Tipps für dich zusammengestellt. Zu einer Ökobank zu wechseln ist ein guter Anfang. Auch wenn in der Regel Kontoführungsgebühren fällig werden und Investitionen etwas mehr kosten. Dafür befeuerst du aber immerhin nicht die Devise »schneller, weiter, höher um jeden Preis«. Beim Investieren wird es schon schwieriger. Wenn du dein Geld vermehren und eher auf der sicheren Seite sein möchtest, sind nachhaltige ETFs die erste Wahl, selbst wenn die Kriterien nicht sehr weit gehen. Wie im Kapitel zum Investieren beschrieben, sind das in erster Linie diejenigen mit dem Zusatz SRI oder ESG. Auch Anleihen können eine Alternative sein. Die Risikoärmeren schaffen es aber oft nur, die Inflation auszugleichen, und bringen langfristig keine hohen Renditen.

Möchtest du in Sachen Nachhaltigkeit weitergehen, kommen jetzt wieder gemanagte Fonds ins Spiel. Einige davon wählen Unternehmen und teilweise auch Anleihen für ihr Portfolio nach sehr strengen Kriterien aus und machen dies im besten Fall auch transparent. Dazu gehören die Fonds von Ökoworld oder Fonds, die in Kooperation mit bekannten Naturschutz- oder Hilfsorganisationen wie dem WWF oder den SOS-Kinderdörfern aufgelegt wurden. Die Organisationen entwickeln die Nachhaltigkeitsstandards dieser Fonds mit. Achte darauf, dass du Fonds auswählst, die ein nachhaltiges Investitionsziel verfolgen. Das heißt, dass sie in Unternehmen investieren, die messbare positive Auswirkungen auf die Umwelt beziehungsweise Gesellschaft haben (sogenanntes *Impact Investing*). Ist das nicht der Fall, besteht die Gefahr des Greenwashing. So geriet kürzlich ein Fonds in die Kritik, den die Fondsgesellschaft der Deutschen Bank, DWS, gemeinsam mit dem WWF aufgelegt hat. Er enthielt unter anderem Aktien von Coca-Cola und einer Kreuzfahrtgesellschaft.[16]

Wenn du genau wissen möchtest, in was du investierst, kannst du bei deinem Broker nach dem Fonds suchen und dir die Auflistung der Unternehmen anzeigen lassen. Die meisten haben diese Information in ihre Übersicht einzelner Produkte integriert. Umfassendere Informationen findest du im Verkaufsprospekt des Fonds. Jede Fondsgesellschaft ist verpflichtet, ein solches Prospekt zu erstellen und zu veröffentlichen.

Was du auch beachten solltest: Diese Fonds sind teurer als ETFs, außerdem streuen sie ihr Kapital nicht sehr breit, da sie nur zwischen dreißig und hundertdreißig Unternehmen beinhalten. Deshalb ist ein Investment dort mit größeren Risiken verbunden. Auch können die Renditen in der Regel nicht mit der allgemeinen Entwicklung an den Börsen mithalten. Du solltest also nur in diese Fonds investieren, wenn du dir das Risiko und die geringeren Renditen leisten kannst.

Crowdfunding, Wald und Co

Wer die Börse ausschließen möchte, hat es schwer, sein Geld halbwegs sicher anzulegen. Denn alle anderen Möglichkeiten des nachhaltigen Investierens gehen mit großen Risiken einher. Beliebt sind sogenannte Crowd-Investing-Projekte, bei denen eine Vielzahl individueller Investor*innen direkt in die Entwicklung innovativer Produkte oder junge Unternehmen mit nachhaltigen Geschäftsmodellen investieren können. Du kannst dich beispielsweise mit deinem Kapital am Bau eines Windparks beteiligen oder in ein Start-up investieren, das gesundes und biologisch angebautes Fast-Food anbietet. Das klingt gut, und die Projekte und Unternehmen locken auf Crowdfunding-Plattformen[17] mit ansprechenden Fotos und überzeugenden Beschreibungen. Noch dazu gibt es teils sehr attraktive Renditeversprechen. Dann folgt in der Beschreibung jedoch dieser Satz: »Der Erwerb dieser Vermögensanlagen ist mit erheblichen Risiken verbunden und kann zum vollständigen Verlust des eingesetzten Vermögens führen. Der in Aussicht gestellte Ertrag ist nicht gewährleistet und kann niedriger ausfallen.« Diesen Satz solltest du niemals ignorieren. Denn du hast eine sehr reale Verlustwahrscheinlichkeit. Nicht alle Start-ups überleben, auch wenn die Idee gut war und die Voraussetzungen eigentlich gestimmt haben. Grundsätzlich rate ich von Investitionen ab, bei denen du dein eingesetztes Geld komplett verlieren kannst. Wenn du das trotzdem riskieren möchtest, solltest du nur einen kleinen Teil deines Vermögens einsetzen. Und auch hier gilt: Am besten mehrere Projekte oder Unternehmen auswählen, um das Risiko zu streuen.

Weil ich immer wieder darauf angesprochen werde, möchte ich es hier auch noch erwähnen: Geradezu verlockend klingt das Thema Wald. Allein der Begriff löst Wohlbehagen aus – das Rauschen der Blätter, der Duft von Erde, Harz und Laub, das Gefühl von Naturverbundenheit. Was kann falsch daran sein, in etwas so Wertvolles zu investieren? Möglichkeiten gibt es genug. Wald-Start-ups schießen wie Pilze aus dem Boden und sammeln erfolgreich Geld ein. Manche davon setzen darauf, Wälder der Spekulation zu entziehen und sie nachhaltig zu bewirtschaften, zum Beispiel durch den nachhaltigen Anbau von Edelhölzern, andere werben damit, schnell wachsende Bäume anzubauen, um die steigende Nachfrage nach Holz bedienen zu können, ohne der Umwelt zu schaden. Sie alle werden von den Betreibern enthusiastisch angepriesen. Doch die Konzepte sind nicht immer erprobt, und auch die Klimakrise setzt den Wäldern zu. Das Verlustrisiko bei Wald-Investments ist daher ähnlich hoch wie beim Crowd-Investing. »In Wälder zu investieren ist wie Lotto spielen«, titelte die

Süddeutsche Zeitung 2022 entsprechend.[18] Und der Vollständigkeit halber: Ein Stück Wald in Eigenregie zu kaufen, ist in erster Linie ein zeitintensives Hobby, denn der Wald will bewirtschaftet werden. Neben den Anschaffungskosten fallen außerdem hohe Nebenkosten und Steuern an. Immerhin erleidest du wahrscheinlich keinen Totalverlust, wenn du ein Waldstück kaufst, denn Boden in Deutschland wird wohl nicht an Wert verlieren. Ob du damit Renditen erwirtschaftest, steht jedoch auf einem anderen Blatt.[19] Wenn dich das reizt: Informieren, mit Försterinnen sprechen und in Netzwerken von Waldbesitzer*innen umhören.

Angel Investments

Business Angels oder auch Angel Investors sind Personen, die Kapital direkt in Start-ups oder junge Unternehmen investieren. Anders als beim Crowd-Investing haben sie direkten Kontakt zu den Unternehmen, denen sie Geld geben. Die Bedingungen der Beteiligung werden vertraglich festgehalten. Neben Kapital bringen Business Angels meist auch eigene unternehmerische Erfahrungen, Beziehungen oder mediale Reichweite in die Partnerschaft ein. Sie fungieren quasi als Mentor*innen. Oftmals handelt es sich um Unternehmer*innen, die ihr eigenes Unternehmensportfolio über Angel Investments erweitern möchten.[20]

Für Erbinnen mit großem Vermögen und vor allem für Frauen, die gleichzeitig Erfahrungen aus der Wirtschaft mitbringen, bietet sich hier eine doppelte Chance: Sie können in Unternehmen investieren, deren Produkte sie überzeugend finden, und sie können Chancengleichheit fördern. Denn Start-ups mit Frauen an der Spitze sind chronisch unterfinanziert. Sie haben es deutlich schwerer als ihre männliche Konkurrenz, Kredite zu erhalten. Die Zahlen sprechen für sich: Zwei Drittel aller Start-up-Investments in Deutschland werden von Business Angels getätigt, auf Gründerinnen entfallen aber nur rund 5 Prozent der Deals. Dabei sind insgesamt

20 Prozent aller Gründer*innen Frauen. Dieser Gap liegt vermutlich unter anderem darin begründet, dass nur knapp 14 Prozent aller Business Angels weiblich sind – bis jetzt![21]

Solche Investments lohnen sich allerdings erst ab einer bestimmten Summe. Im Schnitt investieren Business Angels zwischen 25 000 und 100 000 Euro bei einer Laufzeit von vier bis sechs Jahren.[22] Da es auch hier ein beträchtliches Ausfallrisiko gibt, gilt wie immer: Am besten in mehrere Start-ups investieren. Wer sich dafür interessiert, kann sich bei »Business Angels Deutschland« informieren.[23] Der vom Bundesministerium für Wirtschaft und Klimaschutz geförderte Verband hat mit der »Women Angels Mission '25« eine Offensive zur Mobilisierung weiblicher Business Angels gestartet. Auch beim »Female Investors Network« findest du fundierte Informationen.[24] Es bietet sogar einen Kurs an, der potenziellen Investorinnen Basiswissen und Zugang zu Netzwerken vermittelt.

Geldspenden

Eine besondere Form, Geld im Einklang mit den eigenen Werten einzusetzen, sind Spenden. Ich stelle mir Geld im Sinn des schon erwähnten Finanzautors Ken Honda gerne als Energie vor.[25] Je mehr diese Energie in Bewegung bleibt, desto besser. Sie kann sowohl zu mir hinfließen als auch von mir weg. Beides passiert ständig, mein Geld ist immer im Fluss. Beim Spenden kann ich diese Energie Menschen zur Verfügung stellen, die nicht wie ich mit etlichen Privilegien versehen sind: in einem Industrieland in die Mittelschicht hinein geboren, gebildete Eltern, weiße Hautfarbe, gesund, heterosexuell. Das einzige Privilegienmerkmal, das mir fehlt, ist das männliche Geschlecht.

Zurück zur Energie: Geld zu spenden, macht tatsächlich erwiesenermaßen glücklich. Das zeigt eine Studie der Wissenschaftler*innen Elisabeth Dunn, Lara Aknin und Michael Norton, in der Menschen Geld bekamen, das sie an nur einem Tag entweder für sich selbst oder für andere Personen ausgeben sollten.[26] Das Ergebnis: Die Probanden, die das Geld für andere ausgaben und nicht für sich selbst, empfanden ein größeres Glücksgefühl. Die Studie konnte das in unterschiedlichen Ländern und auch mit Kindern als Probanden nachweisen. Anderen etwas Gutes zu tun, ist offenbar ein wunderbares urmenschliches Bedürfnis.

Ein ebenso interessantes Ergebnis aus der Forschung: Unser Hirn lässt sich quasi auf Großzügigkeit programmieren. In einem Experiment wurde einer Gruppe von Probanden Geld versprochen unter der Bedingung, dass sie es für andere ausgeben. Eine Kontrollgruppe sollte dieselbe Summe ausschließlich für sich selbst ausgeben. Noch bevor das Geld ausgezahlt wurde, nahmen alle Personen außerdem an einer Untersuchung teil, bei der ihre Großzügigkeit getestet wurde. Die Probanden, die später ihre Freunde beschenken sollten, zeigten sich in diesem Test deutlich großzügiger – und sie waren auch glücklicher mit ihren Entscheidungen im Großzügigkeitstest als die anderen.[27]

Schon die Überlegung, wohin du dein Geld spenden könntest, macht dich also zu einem großzügigeren Menschen und damit glücklicher. Dein Glücksgefühl beim Spenden entsteht aber nicht nur durch das Bewusstsein, anderen zu helfen. Es hängt auch von der Befriedigung deiner eigenen Bedürfnisse ab. Du solltest dich daher fragen: Suchst du durch eine Spende auch Anerkennung? Möchtest du deine Kompetenz einbringen oder dich mit anderen verbunden fühlen? Je ehrlicher du in diesem Punkt mit dir selbst bist, desto besser stehen die Chancen, dass dich deine Spende glücklich macht. Zudem spenden wir besonders gern, wenn wir konkret entscheiden können, wem wir helfen, und wenn wir uns selbst von der Wirkung unserer Unterstützung überzeugen können. Große Organisationen haben das erkannt und geben Spender*innen die Möglichkeit, ein einzelnes Kind zu fördern oder ein bestimmtes Dorf. Über die Entwicklung des Kindes oder des Dorfes werden die Spender*innen regelmäßig informiert, und sie können Spendenprojekte sogar besuchen.

Wenn du unsicher bist, welche Organisation oder welches Projekt du unterstützen möchtest, können folgende Fragen helfen:

- → Welche soziale Ungerechtigkeit stört dich besonders stark?
- → Hast du oder hat jemand in deinem nahen Umfeld etwas erlebt, das du anderen ersparen oder erleichtern möchtest?
- → Hast du in einer schwierigen Situation Hilfe bekommen, die du jetzt anderen zukommen lassen möchtest?
- → Gibt es einen Verein oder eine Organisation in deinem Umfeld oder ein Projekt, das von einer Freundin gegründet wurde, sodass du Fortschritte unmittelbar miterleben kannst?
- → Hast du einen besonderen Bezug zu einem Land, zum Beispiel zu einer Region, in der du gerne Urlaub machst?

Gerade bei kleineren Organisationen stellt sich dann noch die Frage, ob sie seriös sind und Mittel auch wirklich dahin fließen, wo sie gebraucht werden. Ich empfehle dir, die Aktivitäten einer Organisation eine Zeit lang zu verfolgen und Informationen über sie zu sammeln, bevor du größere Summen spendest. Lies den Jahresbericht oder besser gleich mehrere. Prüfe außerdem, ob eine Organisation das Spendensiegel des *Deutsches Zentralinstitut für Soziale Fragen* hat.[28] Gerade bei größeren Summen empfehle ich, immer einen persönlichen Kontakt herzustellen.

Die Erbin und Spendenaktivistin Ise Bosch (siehe Kasten Seite 241) warnt in einem Interview mit dem Magazin *Chrismon* Großspender*innen allerdings vor dem Effekt der *Donor Pride*.[29] Die folgt dem Motto: Hier komme ich mit meinem Geld und sage euch, wo es langgeht. Wer mit Geld im Gepäck und einer genauen Vorstellung davon, wofür dieses Geld ausgegeben werden soll, bei einer Organisation anklopft, wird in der Regel nicht abgelehnt. Organisationen wissen aber selbst am besten, was gebraucht wird. Als Spenderin solltest du daher offen für Vorschläge der Organisation sein und dich nicht auf deine eigenen Vorstellungen versteifen.

Zeitspenden

Auch ein Ehrenamt kann man als Spende betrachten. Zeit, Wissen und Können unentgeltlich zur Verfügung zu stellen, ist ähnlich wirksam wie Geld zu geben. Vielleicht ermöglicht dir dein Erbe, beruflich kürzer zu treten oder ganz aus dem Job auszusteigen, um dich zu engagieren. Da du als Ehrenamtliche direkt mit Menschen arbeitest, die deine Unterstützung gut gebrauchen können, und gleichzeitig auf andere Freiwillige triffst, die deine Werte teilen, kann dies eine sehr erfüllende Erfahrung sein. Außerdem: In einem Ehrenamt erfährst du ganz konkret, dass du etwas bewegen kannst. Du spürst eine unmittelbare Selbstwirksamkeit. Ein paar Zahlen aus Deutschland zeigen, wie viele Menschen sich engagieren oder Geld spenden. Laut einer Umfrage der Bundesregierung sind fast 29 Millionen Menschen ehrenamtlich aktiv, also knapp 40 Prozent der Bevölkerung. Der deutsche Spendenmonitor hat herausgefunden, dass 49 Prozent der Bevölkerung Geld spendet. Fast die Hälfte der Spendenden hat zusätzlich ein Ehrenamt.[30]

Ich selbst habe mich zum ersten Mal nach der Geburt meines Sohnes ehrenamtlich engagiert. Ich erlitt am Ende der Schwangerschaft eine lebensbedrohliche Komplikation und war so dankbar, dass sowohl mein Sohn als auch ich ohne langfristige Schäden überlebt haben, dass ich anderen etwas Gutes tun wollte. So gab ich ein Jahr lang Klavierunterricht in einem Mädchenhaus in Frankfurt. Dort können vom Jugendamt vermittelte Mädchen nach der Schule Zeit verbringen und erhalten Unterstützung. Meine Schülerinnen waren wissbegierig und engagiert, sie zu unterrichten, machte großen Spaß. Möglich war mein Einsatz allerdings nur, weil eine Freundin in dieser Zeit meinen Säugling hütete. Später habe ich über die Organisation *WEDU – Investing in Women Leading the Change* für ein Jahr eine junge Frau aus Indien als Mentorin begleitet.[31] Sie schrieb mir einige Zeit nach unseren Online-Sitzungen, dass sie sich unter anderem durch mein Mentoring getraut habe, auf ihr Bauchgefühl zu hören und ihre eigene NGO zu gründen.

Beim Spenden gehen mein Mann und ich recht systematisch vor. Wir konzentrieren uns vor allem auf zwei Themen: Kinder und Gleichberechtigung beziehungsweise die Unterstützung von Frauen. Von unserem regelmäßigen Einkommen spenden wir in etwa ein Prozent. Der Einfachheit halber geht dieses Geld an eine große Organisation. So hatten wir jahrelang ein Patenkind bei SOS-Kinderdörfer und haben ein SOS-Kinderdorf im Sudan unterstützt, als wir in dem Land gelebt haben, weil ich dort in einem Entwicklungsprojekt tätig war. Wenn wir eine höhere Summe außerhalb unseres regelmäßigen Einkommens erhalten, sei es durch einen Bonus, eine Steuerrückzahlung oder eine Schenkung, spenden wir grundsätzlich 10 Prozent davon an einen Menschen, ein Projekt oder eine Organisation. Seit wir im Ausland gelebt haben, waren es vor allem einzelne Menschen, die wir mit unserem Geld unterstützt haben. So wie unsere Haushälterin aus Kambodscha, eine begnadete Köchin, die kurz vor der Covidkrise ein Catering-Unternehmen eröffnet hatte. Während der Pandemie hatte sie keine Kunden mehr und konnte auch nicht mehr als Haushälterin arbeiten. Wir halfen ihr, das Jahr zu überstehen. Für meine schon erwähnte ehemalige Mitarbeiterin aus dem Sudan habe ich neben meinen privaten Zuwendungen über eine Crowdfunding-Plattform Geld für sie eingesammelt. Mit dem Geld konnte sie einen kleinen Handel mit getrockneten Früchten starten, die sie an Sudanes*innen im Exil verkauft. »Du hast mein Leben verändert«, schrieb sie mir. Du kannst dir vorstellen, wie glücklich mich das macht. An einzelne Menschen zu spenden, würde ich allerdings nur empfehlen, wenn du diese Menschen gut kennst.

Auch Ulrike hat in ihrem Umfeld Menschen, die sie unterstützt. Dazu gehört zum Beispiel eine junge Sportlerin aus Lateinamerika, die zeitweise bei ihr gewohnt hat. Der Kontakt ist so eng und herzlich, dass eine fast familiäre Bindung entstanden ist. Ulrike empfindet das als große Bereicherung in ihrem Leben. Sehr berührende Begegnungen hatte sie auch als ehrenamtliche Helferin in einer Willkommensklasse für geflüchtete Kinder in der Schule ihrer Kinder. Einige der Schüler*innen von damals haben heute Abitur, studieren oder absolvieren eine Ausbildung. Manche sind nicht so weit gekommen. Neben aller Begeisterung für die Sache und Sympathie für die jungen Menschen hat sie in dieser Zeit auch viel über die Schwierigkeiten bei der Integration von Geflüchteten gelernt.

Genauso wie wir spendet Ulrike auch an Organisationen. Sie agiert dabei aber eher spontan, davon hatte sie schon berichtet. Sie unterstützt vor allem kleinere Initiativen, die in akuten Situationen Menschen in Not helfen und oft keine oder noch keine etablierten Spendenstrukturen haben. *»Ich möchte damit vor allem auch das Engagement der Beteiligten würdigen. Menschen, die Kontakt zu einem Fußballverein, einer Schule oder einem Krankenhaus in der Ukraine haben, zum Beispiel, und mit einem Lkw voller Hilfsgüter dorthin fahren. Manchmal entsteht aus einer solchen Aktion eine längerfristige Verbindung und ein richtiges Hilfswerk. Und ganz nebenbei bringt es auch Menschen zusammen. Das ist so wichtig und ein echter Hoffnungsschimmer in unserer von Konflikten geprägten Zeit.«*

Organisationen, die nicht so viel öffentliche Aufmerksamkeit und folglich wenige Spenden erhalten, obwohl sie eine tolle Arbeit leisten, kannst du übrigens leicht selbst recherchieren. Gib zum Beispiel bei ChatGPT oder einem anderen KI-gestützten Browser einige Suchkriterien ein, die dir wichtig sind – etwa: »Suche eine Organisation, die sich für Demokratie in Sachsen einsetzt« oder: »Suche Organisationen Schwarzer Frauen oder von Persons of Color (PoC) in Deutschland«.

Erbinnen, die Vorbilder sind

Es heißt oft, Frauen fehlten die Vorbilder, was den Umgang mit Geld angeht. Doch das ändert sich gerade. Besonders erfreulich daran ist, dass Frauen bekannt werden, die ihr Geld im Sinne von mehr Gleichberechtigung einsetzen möchten. **Marlene Engelhorn**, Anfang dreißig, hat ganz bewusst die Öffentlichkeit gesucht, als sie ein großes Millionenvermögen erbte. Ihrer Familie gehörte einst BASF. Engelhorn warb schon vor der Erbschaft dafür, reiche Menschen wie sie stärker zu besteuern. Ihr Erbe wollte sie nicht für sich allein behalten, sie wollte aber auch nicht bestimmen, was damit geschehen soll. Deshalb ließ sie in Österreich einen Bürgerrat entscheiden, wer den Großteil ihres Vermögens erhalten soll. 25 Millionen Euro stellte sie dafür zur Verfügung. Wie viel ihr am Ende selbst bleibt, ist nicht bekannt.

An sechs Wochenenden diskutierten fünfzig zufällig ausgewählte Bürger*innen mit ganz unterschiedlichen persönlichen Hintergründen, welche Organisationen und Projekte mit Engelhorns Geld unterstützt werden sollen. Den größten Betrag erhielt der Naturschutzbund Österreich. Bildungsinitiativen, die Freiwillige Feuerwehr oder Straßenzeitungen wurden ebenfalls bedacht. Insgesamt profitierten rund achtzig Organisationen von dieser Umverteilung von oben. »Ein Großteil meines geerbten Vermögens, das mich durch meine Geburt in eine Machtposition gehoben hat, die jedem demokratischen Grundsatz widerspricht, wurde nun im Einklang mit demokratischen Werten rückverteilt«, zitierte die Nachrichtenagentur APA Marlene Engelhorn am Ende des außergewöhnlichen Experiments. Ein starkes Statement einer beeindruckenden Frau mit vorbildlichen Werten. In sozialen Netzwerken wurde Marlene Engelhorn aber auch mit negativen Kommentaren bedacht. Sie wolle mit der Aktion nur Aufmerksamkeit auf sich lenken und ziehe eine Show ab, so der Tenor. Die Posts kamen – wie sollte es anders sein – fast ausschließlich von Männern.

Kein Wunder, dass andere Erbinnen wenig oder gar nicht über ihr Engagement sprechen. Eine von ihnen ist **Ise Bosch**, Jahrgang 1964. Der bekannte Nachname verrät, woher ihr Vermögen stammt. Ise Bosch selbst kennt aber kaum jemand. Ihr Wikipedia-Eintrag ist überschaubar, dabei hat die frühere Jazzmusikerin in den vergangenen Jahrzehnten eine ganze Reihe guter Initiativen angestoßen. Ihr Hauptthema: Die Förderung von Frauen und Mädchen und die gesellschaftliche Akzeptanz von geschlechtlicher und sexueller Vielfalt. Dafür gründete sie unter anderem eine international tätige Stiftung und eine gemeinnützige GmbH. Lange trat Ise Bosch so gut wie gar nicht in der Öffentlichkeit in Erscheinung. Inzwischen gibt sie aber mehr Interviews und hat auch Bücher veröffentlicht. Ihr Titel »Besser spenden! Ein Leitfaden für alle, die sich nachhaltig engagieren«, richtet sich ausdrücklich auch an Erbinnen.[32] Zum Buch gibt es eine Website mit Einblicken in die Motivation von Ise Bosch, einen interaktiven Spendenplan und konkrete Tipps für Projektspenden.[33] Weil Ise Bosch immer wieder erlebt hat, wie sehr gerade Frauen emotional mit einer größeren Erbschaft zu kämpfen haben, hat sie außerdem das Erbinnen-Netzwerk »Pecunia« mitgegründet. Darin tauschen sich Erbinnen mit großen Vermögen über ihre Erfahrungen aus und beraten, wie sie mit ihrem Geld gesellschaftliche Veränderungen mitgestalten können. Impact-Investment nennt sich das.

Eine Stiftung gründen

Du hast selbst schon darüber nachgedacht, eine Stiftung zu gründen? Ähnlich wie ein Investment in ein Start-up lohnt sich das nur, wenn du über ein sehr großes Vermögen verfügst. Denn im Normalfall wird dieses als Kapitalstock angelegt, nur die jährlichen Zinsen werden für die Arbeit der Stiftung genutzt. Deshalb muss der Kapitalstock sehr hoch sein, möglichst mehrere Millionen Euro. Du kannst aber auch eine sogenannte Verbrauchsstiftung gründen, die sich vom Kapital selbst finanziert und es sukzessive aufzehrt. Um wirklich etwas bewirken zu können, sollte das Geld einer solchen Stiftung aber ebenfalls möglichst lange reichen.

Stifterinnen, mit denen wir für dieses Buch gesprochen haben, halten die Verbrauchsstiftung durchaus für sinnvoll. Denn gerade kleinere Stiftungen verfügen oft nicht über genug Kapital, um sich allein durch Zinserträge zu finanzieren – in Niedrigzinszeiten ist das schwierig. Darüber hinaus fällt es vielen schwer, Nachfolgerinnen für ihr Projekt zu finden, das ja meist ein sehr persönliches Anliegen verfolgt. Mit einer Verbrauchsstiftung setzt du dein Geld so ein, wie du es für richtig hältst, und machst das so lange, wie dein Geld reicht oder du dich selbst engagieren willst oder kannst.

Wichtig in diesem Zusammenhang ist nicht zuletzt, dass du dir klar darüber werden musst, welche Rolle du selbst in einer von dir gegründeten Stiftung spielen möchtest. Willst du nur das Geld geben und andere die Projektarbeit gestalten lassen? Oder willst du selbst die Fäden in der Hand halten? Hältst du es aus, wenn dein Beirat oder Vorstandsmitglieder dir reinreden und Entscheidungen von dir infrage stellen? Geld ist Macht, aber sollte jemand Macht haben, nur weil sie oder er viel Geld besitzt?

Behalte die Tendenz der Selbstüberschätzung von Gebenden im Hinterkopf, die bereits erwähnte *Donor Pride.* Wenn du ein Ziel verfolgst, solltest du dich andererseits nicht verunsichern lassen. Vor allem nicht, wenn Kritik oder Einmischungen aus der Ecke »als Frau kannst du das nicht« oder »lass das mal Leute machen, die sich auskennen« kommen. Es kommt darauf an, die richtige Balance zwischen führen und sich führen lassen zu finden. Eine gute Anlaufstelle, um dir Rat zu einer Stiftungsgründung einzuholen, ist das Institut für Stiftungsberatung.[34]

Falls dir eine Stiftungsgründung eine Nummer zu groß erscheint, hast du auch die Möglichkeit einer Zustiftung. Dabei unterstützt du eine schon bestehende Stiftung und stockst ihr Kapital auf. Einige gemeinnützige Organisationen sind auch bereit, ein individuelles Projekt für Großspender*innen aufzubauen. Wenn du zum Beispiel eine Verbindung zu einem bestimmten Land hast und möchtest, dass dort mit deinem Geld Mädchen gefördert werden, wirst du sicher eine Hilfsorganisation finden, die das zusammen mit dir auf die Beine stellt.

Junge Erb*innen großer Vermögen lehnen die Macht, die ihnen das Geld verleiht, zunehmend ab. Sie wollen keine Wohltäter*innen sein, die entscheiden, wer oder was von ihrem Geld gefördert wird. So wie Marlene Engelhorn, von der vorhin die Rede war. In der Bewegung »Resource Transformation« haben sich viele dieser politisch links orientierten jungen Leute organisiert.[35] Der Impuls ging von Erb*innen in den USA und Kanada aus, seit 2020 existiert eine deutschsprachige Gruppe. Die Mitglieder suchen nach Wegen, ihr Vermögen zu vergesellschaften – ähnlich wie es Marlene Engelhorn vorgemacht hat. Zunächst will die Bewegung jedoch eine Debatte über ungleich verteilte Vermögen anstoßen. Überspitzt gesagt, könnte man die Mitglieder der Gruppe Lobbyisten für die eigene Enteignung nennen.

Als Ulrike mit einer Bekannten, die ebenfalls einiges geerbt hat und in ihrem Alter ist, über die Bewegung sprach, sagte die Bekannte: »Jetzt kommen endlich auch mal Frauen zu Geld, und da sollen sie es gleich schon wieder weggeben?« Sie plädierte entschieden dafür, dass Frauen, die durch Erbschaft wohlhabend werden, ihre Geldmacht selbstbewusst nutzen, um die Rolle von Frauen in der Gesellschaft zu stärken.

Zum Schluss daher noch einmal ein Beispiel, wie du ein kleineres oder größeres Vermögen so einsetzen kannst, dass es deiner eigenen Altersversorgung dient und gleichzeitig ein nachhaltiges Investment darstellt, von dem weitere Frauen profitieren. Andere Frauen haben es vorgemacht: Sie haben von ihrem Erbe eine Immobilie gekauft und diese gemeinsam mit anderen renoviert, um zusammen darin zu wohnen. Besonders alleinstehende Frauen profitieren von einer solchen Initiative, denn die Frauen-Wohnprojekte sind meist mit dem Versprechen verbunden, sich im Alter umeinander zu kümmern. Ein Beispiel ist die bereits vor über zwanzig Jahren von einer Frau gegründete Beginenstiftung, die Frauen mit unterschiedlichen sozialen, sprich finanziellen Hintergründen ein Zuhause bietet.[36] Unter dem Dach der Stiftung sind inzwischen mehrere Häuser und Höfe für Frauen an unterschiedlichen Orten in Deutschland entstanden. Beginen waren im Mittelalter übrigens Frauen, die Frauengemeinschaften gründeten, weil sie weder heiraten noch ins Kloster gehen wollten. Alleine zu leben, war damals für Frauen praktisch unmöglich. Das ist heute zum Glück anders. Die Frauengemeinschaften wirken aber heute wie früher als ein Schutzschirm gegen Altersarmut und Einsamkeit für alleinlebende Frauen.

Dein Vermögen muss nicht zwingend riesig sein, wenn du ein gemeinschaftliches Wohnprojekt interessant findest. Du kannst dein Geld als Eigenkapital für einen Kredit einsetzen und dir so die notwendigen Mittel für das Gesamtprojekt beschaffen. Hast du ein Haus geerbt oder könntest es von deinen Miterb*innen übernehmen, empfiehlt es sich, deine Planung darauf zu konzentrieren. Die Größe des Hauses bestimmt dann die Größe des Projekts. Unter dem Blickwinkel eines Wohnprojekts kann selbst eine alte Immobilie in der Provinz wieder richtig attraktiv werden – gemeinsam kochen und gärtnern, Gruppen-Yoga im Garten, geteiltes Auto. Klingt doch super, oder?

Für die Ausgestaltung eines Wohnprojekts gibt es viele Möglichkeiten: Frauen-WG, Mehrgenerationenhaus, alleinstehende Frauen mit Kindern, inklusives Wohnen von Menschen mit und ohne Fluchthintergrund oder von Menschen mit und ohne Behinderungen, klassische WG-Situation oder getrennte Wohnungen. Auch bei der rechtlichen Organisationsform hast du verschiedene Optionen. Viele nützliche Informationen dazu findest du bei der Stiftung trias, die gemeinschaftliche Wohnprojekte mit sozialer und ökologischer Ausrichtung verwirklicht.[37] Die Stiftung versteht sich übrigens als Gemeinschaft von Stifter*innen und sucht Mitstreiter*innen.

Wer schon einmal in einer Baugruppe aktiv war oder WG-Erfahrung hat, weiß, wie kompliziert ein gemeinschaftlich organisiertes Bauprojekt und das Zusammenleben von Erwachsenen sein kann. Starke Nerven und Moderationsqualitäten sind daher eine wichtige Voraussetzung, wenn du dieses Abenteuer wagen willst.

Gerade Ältere interessieren sich für gemeinschaftliche Wohnformen. Künftig können Erwachsene, die weder verheiratet noch verwandt sind, möglicherweise sogar rechtlich füreinander Verantwortung übernehmen. Ein entsprechendes Gesetzesvorhaben wird seit Längerem in der Politik diskutiert. Menschen, die sich umeinander kümmern und das notariell beurkunden lassen, sollen beispielsweise Auskunft von Ärzten erhalten können, wenn die Person, mit der sie eine sogenannte Verantwortungsgemeinschaft eingegangen sind, im Krankenhaus liegt.[38]

Immerhin: Gesellschaftspolitisch verändert sich Deutschland durchaus. Die heterosexuelle Ehe samt Kleinfamilie ist längst nicht mehr das Maß aller Dinge. Und die sozialen Normen kriegen wir hoffentlich auch noch in den Griff.

Teil 4

Nach dem Erben ist vor dem Vererben

Erbe und Nachlassplanung – wie du selbst alles gut regelst

Die Vorbereitung – wie Ulrike mit ihrem eigenen Nachlass umgeht

Ich habe zwei erwachsene Kinder und bin geschieden, was soll ich da regeln? Das war mein erster Gedanke, als ich zum ersten Mal über meinen eigenen Nachlass nachdachte. Meine Kinder erben zu gleichen Teilen – und sonst niemand. So sieht es die gesetzliche Erbfolge in meinem Fall vor. Da ich meinen Kindern auch keine Vorschriften machen möchte, was sie mit ihrem Erbe einmal anfangen, brauche ich im Grunde nicht einmal ein Testament.

Thema abgehakt, zum Glück – denn wer denkt schon gern über seinen Tod nach? Die eigene Vergänglichkeit verdrängen wir wenn möglich. Wie sollten wir sonst positiv in die Zukunft schauen? Andererseits hatte ich mir vorgenommen, es besser zu machen als meine Eltern. Meine Kinder sollen vorbereitet sein auf ihr Erbe und nicht dieselben Fehler machen wie ich.

Sollte ich morgen überfahren oder mit einer tödlichen Diagnose konfrontiert werden, würden die beiden schon in jungen Jahren sehr viel Geld besitzen. Statistisch gesehen ist meine Lebenserwartung hoch. Doch seit ich die fünfzig überschritten habe, erlebe ich in meinem Bekanntenkreis erschreckend häufig, dass es auch anders laufen kann.

Meine Zwillinge sind gerade erst neunzehn Jahre alt. Nach meinem Tod wären sie wohl mindestens so überfordert wie ich selbst, als meine Eltern starben. Auch wenn sie in einem solchen Fall natürlich Unterstützung von nahen Verwandten und ihrem Vater hätten, habe ich deshalb als Erstes beschlossen, meine Kinder schon jetzt in meine eigenen Finanzentscheidungen einzubeziehen. Ich muss gestehen, dass ich das als Gratwanderung empfinde, denn sie sollen sich nicht verantwortlich fühlen – noch nicht. Als alleinstehende Person möchte ich verhindern, meine Kinder als eine Art Partnerersatz zu missbrauchen, indem ich sie in die Rolle von Ratgebenden dränge. Sie sollen keinesfalls den Eindruck gewinnen, sie müssten Entscheidungen für mich treffen. Außerdem bleibt ein Restzweifel, ob es jungen Menschen guttut, wenn sie so genau um ihren finanziellen Background wissen. Verlassen sie sich dann nicht allzu sehr darauf, dass sie einmal durch ihr Erbe vermögend werden? Lernen sie dann noch, sparsam zu leben und auch kleine Geldsummen wertzuschätzen?

Kinder einweihen oder nicht?

Jetzt höre ich mich wahrscheinlich an wie meine eigenen Eltern. Schließlich wissen meine Kinder, dass Geld da ist, warum sollten sie also nicht auch die Details kennen. Außerdem: Bisher zeigen die beiden kein Interesse an einem verschwenderischen Lebensstil. Sie begnügen sich mit einem Zimmer im Studierendenwohnheim und legen auch keinen Wert auf Designerklamotten oder Urlaub im Luxushotel. Okay, beim Luxushotel bin ich nicht ganz sicher, aber grundsätzlich haben sie keine übertriebenen Ansprüche. Mein Ex-Mann und ich scheinen in der Erziehung in diesem Punkt offenbar eine ganz gute Basis gelegt zu haben. Das ist sicher das Wichtigste: Wenn die Werte stimmen, kann Geld wenig Schaden anrichten.

Doch was, wenn das Geld durch falsche Investitionsentscheidungen oder eine noch unabsehbare Krise verloren geht? Wenn die Kinder plötzlich ohne Erbe dastehen, obwohl sie sich darauf eingestellt haben? Eine gute Freundin von mir, die seit vielen Jahren mit Sparplänen und Einzelaktien an ihrem eigenen Vermögensaufbau arbeitet, hat in solchen Situationen des Zweifels immer diesen tröstenden Spruch parat: »Wenn alle ihr Geld verlieren, dann kann man halt nichts machen, dann geht es doch allen gleich.« Ich finde diesen Gedanken tatsächlich entlastend.

Konkret haben meine Kinder zunächst eine Geldsumme von mir erhalten, die mein Vater für die Ausbildung seiner Enkel angelegt hatte. Dieser Betrag deckt bei Weitem nicht ihre Lebenshaltungskosten während eines Studiums oder einer Ausbildung ab. Ich habe aber gemeinsam mit ihnen festgelegt, dass sie davon unter anderem ihre Miete zahlen sollen. Statt ihnen kleine monatliche Raten aus diesem Budget zu überweisen, habe ich ihnen geholfen, Tages- und Festgeldkonten für das Geld zu eröffnen, die sie nun selbst verwalten. Ich bin gespannt, wie sich das entwickelt.

Je früher, desto besser

Meine Lebenssituation lässt sich aber nicht verallgemeinern. Wann für dich der richtige Zeitpunkt gekommen ist, deinen Nachlass zu regeln, hängt von deinen konkreten Familienverhältnissen ab. Für jede Konstellation gilt indes: Je früher, desto besser. Gerade erst erwachsen gewordene Kinder muss man sicher nicht schon über alles informieren. Wenn du in einer Partnerschaft lebst oder verheiratet bist, solltest du aber rechtzeitig mit deinem Partner oder deiner Partnerin über das Thema sprechen. Das gilt vor allem, wenn ihr über ein großes Vermögen verfügt. Wenn ihr schon zu Lebzeiten Vermögenswerte an eure Kinder übertragt, müssen sie nach eurem Tod deutlich weniger Erbschaftssteuer zahlen. Für deinen Partner oder deine Partnerin gilt das genauso.

So unromantisch es klingen mag: Schon die Frage, ob man heiratet und ob man einen Ehevertrag schließt, wirkt sich auf den späteren Nachlass aus. Bist du nicht verheiratet, hast du gesetzlich keinen Erbanspruch, sollte dein Partner oder deine Partnerin sterben. Selbst wenn ihr seit dreißig Jahren zusammenlebt. Das könnt ihr nur durch ein Testament ändern. Anders verhält es sich bei eingetragenen Lebenspartnerschaften gleichgeschlechtlicher Paare. Hier werden die Partner*innen erbrechtlich wie in einer Ehe behandelt.

Auch bei Verheirateten gibt es Unterschiede. Das hängt vor allem davon ab, ob es einen Ehevertrag gibt oder nicht. In Patchworkfamilien lässt sich durch einen Ehevertrag schon sehr viel regeln, wie ein Beispiel verdeutlicht, von dem Irene berichtet: *»Ich fand Eheverträge früher entsetzlich – warum braucht Liebe einen Vertrag? Bis eine Freundin von mir in zweiter Ehe einen Mann in dritter Ehe heiratete. Er brachte aus beiden Ehen jeweils ein Kind mit, sie aus ihrer ersten Ehe zwei Kinder. Gemeinsam bekamen sie ein weiteres Kind. Bei meiner Freundin und ihrem neuen Mann verstand ich sofort, dass ihr Ehevertrag rein gar nichts mit ihrer Liebe zueinander zu tun hatte. Sie überlegten gemeinsam mit einem Anwalt sehr genau, was sie jeweils für sich und ihre Kinder wollten. Dabei berücksichtigten sie auch potenzielle Nachlässe der Großeltern, damit diese im Fall der Fälle nur an deren eigene Enkel gehen. Heute ist mir bewusst, dass jede Eheschließung auch ein Vertragsabschluss ist – nur wird hier ein Standardvertrag geschlossen, den sich niemand durchliest. Diesen auf die individuelle Situation des Paares anzupassen, kann sinnvoll sein und ist weitsichtig. Mit fehlender Romantik oder mangelndem Vertrauen hat das nichts zu tun.«*

Ganz abgesehen vom Erbfall dient ein Ehevertrag natürlich dazu, im Fall einer Trennung möglichst schnell klare Verhältnisse zu schaffen. Etwa jede dritte Ehe wird aktuell geschieden. Entgegen weitläufiger Mythen ist die Scheidungsquote zwar leicht rückläufig, wie das Statistische Bundesamt festgestellt hat[1], die Wahrscheinlichkeit, dass eine Ehe scheitert, ist aber dennoch hoch.

Insgesamt heiraten heute zudem einfach weniger Menschen als früher. Die Ehe für alle und die Tatsache, dass mehr Menschen zwei- oder dreimal zum Standesamt gehen, ändert daran nichts. Wenn du in einer Partnerschaft ohne Trauschein lebst und ihr Kinder habt, solltest du dringend über die Folgen im Falle deines Todes oder des Todes deines Partners beziehungsweise deiner Partnerin nachdenken. Im nächsten Kapitel findest du dazu weitere Denkanstöße.

Alleinlebende sollten gut planen

Vielleicht lebst du auch allein und hast nicht vor, daran etwas zu ändern. Wenn du zudem keine Kinder hast, ist eine gute Nachlassplanung besonders wichtig. Wer wird später einmal alles Wichtige regeln, wenn du stirbst: Bestattung, Wohnungsauflösung, Konten und Verträge kündigen? Und ja, natürlich musst du auch entscheiden, wem du etwas hinterlassen möchtest. Wenn du keine Festlegungen triffst, erben nähere oder auch ferne Verwandte. Die gesetzliche Erbfolge kannst du im nächsten Kapitel noch einmal nachlesen. Klar ist: Deine Erben sind gleichzeitig deine Rechtsnachfolger. Das heißt, sie müssen sich um alles kümmern, was nach deinem Tod erledigt werden muss.

Selbst wenn du deinen Besitz an eine Organisation vererbst, wird diese zu deiner Rechtsnachfolgerin. Doch keine Sorge: Viele Organisationen, die auf Spenden angewiesen sind, haben sich darauf vorbereitet. Dort arbeiten Personen, die sich speziell mit Nachlässen befassen. Allerdings können sich das meist nur große Organisationen mit hohem Spendenaufkommen leisten. Wenn du eine kleinere Organisation unterstützen möchtest, könnte es schwierig sein, sie als Erbin im Testament einzusetzen. Dann kannst du immer noch im Testament verfügen, dass sie eine bestimmte Geldsumme, eine Immobilie oder andere Werte erhalten sollen. Man spricht in dem Fall von einem Vermächtnis. Wenn du bisher noch keine Organisationen unterstützt, solltest du dich frühzeitig umschauen, wem du dein Geld anvertrauen möchtest. Im Kapitel »Werte« haben wir schon einige Hinweise gegeben, wie du Organisationen und Initiativen finden kannst, die zu dir passen.

Natürlich kannst du deinen Besitz auch einer Organisation vermachen, wenn du verheiratet bist, in einer Partnerschaft lebst und Kinder hast. Deinen Kindern und deinem Ehepartner oder deiner Ehepartnerin steht aber der gesetzlich festgelegte Pflichtteil zu.

Eine Buchführung für deine Geldanlagen

Zwischendurch noch einmal ein ganz praktischer Tipp: Je nachdem, wie viel du selbst geerbt und wie du dein Geld angelegt hast, kann es sinnvoll sein, alle Vermögenswerte in einer Liste oder einem Dokument zu erfassen. Welche Anlagen besitzt du, was sind die Laufzeiten, gibt es Kündigungsfristen, die beachtet werden müssen? So behältst du nicht nur selbst den Durchblick, sondern erleichterst es auch deinen Erben, sich einen Überblick zu verschaffen, sollte dir etwas zustoßen. Ganz wichtig ist auch, dass du jemandem eine Kontovollmacht erteilst, sofern das noch nicht geschehen ist. Neben deiner Partnerin oder deinem Partner können das erwachsene Kinder, andere Angehörige oder deine beste Freundin sein.

Doch sei unbesorgt, wenn du noch nichts davon angegangen bist: In meinem Bekanntenkreis mit vielen Menschen zwischen fünfzig und sechzig Jahren kenne ich nur wenige, die ihren Nachlass schon geregelt haben. Die meisten reden zwar durchaus darüber, besonders wenn sie gerade selbst geerbt haben oder versuchen, mit ihren noch lebenden Eltern über das Thema zu sprechen. Der Satz: »Ich werde es auf jeden Fall anders machen als meine Eltern« fällt dabei immer wieder. Und dann passiert – nichts. Das ist menschlich. Nimm dir eine Baustelle nach der anderen vor, am besten setzt du dir Fristen, bis wann du einzelne Dinge erledigen willst.

Familien, die ein Unternehmen führen, handeln meist vorausschauender. Wir hatten das schon angesprochen. In solchen Familien sind auch Eheverträge üblich, damit das Unternehmen nicht in einem Scheidungskrieg aufgerieben wird.

Susanne Klatten beispielsweise, die als reichste Frau Deutschlands gilt und selbst Erbin ist, hat sich schon früh Gedanken über den Übergang zur nächsten Generation gemacht. Das Wirtschaftsmagazin *Forbes* schätzt ihr Vermögen auf rund 25 Milliarden Euro. Das Geld stammt zu einem erheblichen Teil aus BMW-Beteiligungen, denn Klatten ist die Tochter des früheren BMW-Großaktionärs Herbert Quandt. Dass ihr Vater NSDAP-Mitglied war und in seinen

Unternehmen während der NS-Zeit Zwangsarbeiter eingesetzt wurden, soll hier nicht verschwiegen werden. Susanne Klatten selbst ist an mehreren großen und kleineren Unternehmen beteiligt und sitzt bei BMW im Aufsichtsrat. Sie gründete außerdem einen Start-up-Inkubator für neue Technologien zur Bewältigung von Klimakrise, Energiewende und Ressourcenknappheit.

Mit zweiundsechzig Jahren kündigte Klatten an, die Leitung ihrer Beteiligungsgesellschaft schrittweise an ihre drei Kinder übergeben zu wollen. Die Kinder sollen um die dreißig Jahre alt sein. Mehr ist über sie nicht bekannt. Die Kinder könnten so »hineinwachsen und ich darf herauswachsen«, sagte Susanne Klatten der *Wirtschaftswoche*.[2] Sie begründete diesen fließenden Übergang mit ihren eigenen Erfahrungen: »Als unser Vater starb, war ich zwanzig, mein Bruder war sechzehn. Es gab erfahrene Führungskräfte, die das Erbe strukturiert und weitergeführt haben (…). Aber es gab keine Zeit, in der ich mit unserem Vater hätte sprechen können: Warum hast du das so und so gemacht? Das hat mir gefehlt.«

Susanne Klatten scheint alles richtig zu machen, was den Nachlass angeht. Vor vielen Jahren hat sie auch in einer anderen Hinsicht eine richtig gute Entscheidung getroffen, nachdem sie erpresst wurde. 2007 war sie auf einen Mann hereingefallen, der sich in einem Hotel an sie herangemacht hatte. Der Typ hatte es aussehen lassen wie eine Zufallsbegegnung. Die verheiratete Susanne Klatten ließ sich auf eine Affäre mit ihm ein. Sie ahnte nicht, dass sie fotografiert und gefilmt wurde. Später forderte der Mann Geld und drohte damit, das Material zu veröffentlichen. Das muss für die öffentlichkeitsscheue Frau ein schreckliches Erlebnis gewesen sein. Doch wie reagierte sie? Sie zeigte den Betrüger an und riskierte, dass die Sache bekannt wird. So kam es dann auch. Der Erpresser jedoch wurde festgenommen und zu sechs Jahren Haft verurteilt. Er hatte auch andere Frauen erpresst. Dank Susanne Klatten wurde ihm das Handwerk gelegt. Ausnahmsweise gab es in diesem Fall mal keine hämischen Kommentare. Klatten wurde vor allem Anerkennung entgegengebracht. Geht doch!

Das Richtige für deine Familienkonstellation

Zurück zu weniger spektakulären Themen: zur Nachlassplanung. Wenn zu deiner Familie Kinder aus verschiedenen Beziehungen gehören, dann solltest du dich sehr genau informieren, wie die Erbregelungen in eurem Fall aussehen. Einige Hinweise dazu findest du im nächsten Kapitel. Kleiner Spoiler: Unter bestimmten Umständen erbt sogar ein geschiedener Partner oder eine Partnerin, wenn man sich auf die gesetzliche Erbfolge verlässt. Es lohnt sich also, die Zeit zu investieren und zu prüfen, welche erbrechtlichen Folgen deine individuelle Lebenssituation hat. Weil wir hier nicht alle möglichen Konstellationen darstellen können, empfehle ich eine Internetrecherche für den ersten Überblick. Am besten lässt du dich dazu aber von einer Fachanwältin beraten. Danach solltest du gemeinsam mit deinem Partner oder deiner Partnerin entscheiden, was euch wichtig ist. Ihr könnt auch andere Betroffene hinzuziehen, geschiedene Partner*innen etwa oder eure Eltern, sofern sie noch leben.

Irene hatte es schon angesprochen. Wenn deine Eltern dir Geld hinterlassen, kann ein Teil davon nach deinem Tod auch an die Kinder deines Partners oder deiner Partnerin aus früheren Beziehungen übergehen. Denn das, was du ihm oder ihr vererbst, also auch Teile des Nachlasses deiner Eltern, geht nach dem Tod deines Partners oder Partnerin an die Kinder dieser Person. Das sind eure gemeinsamen Kinder und seine oder ihre aus früheren Beziehungen. Möglicherweise ist das so in Ordnung für euch, weil deine Eltern auch die Kinder deines Partners oder deiner Partnerin als ihre Enkel betrachten und ein liebevolles Verhältnis zu ihnen haben. Es sollte aber eine bewusste Entscheidung sein. Außerdem: Wenn du selbst Kinder aus früheren Beziehungen hast, erben sie nach dem Tod deiner Partner*in nur, wenn ihr das in einem Testament festgelegt habt.

Bevor du dich mit diesen wichtigen Fragen beschäftigst, solltest du zuallererst ein paar ganz praktische Dinge regeln, die bei einer schweren Krankheit oder im Todesfall sehr wichtig sein können.

Dazu gehört die bereits erwähnte Kontovollmacht. Darüber hinaus solltest du eine Vorsorgevollmacht erteilen. Damit bevollmächtigst du eine nahestehende Person, Entscheidungen in deinem Namen zu treffen, wenn du dazu selbst nicht mehr in der Lage sein solltest. Der klassische Fall: Nach einem Unfall liegst du im Koma, und es muss entschieden werden, ob du operiert wirst. Das Beispiel macht schon deutlich, dass die Person, der du eine solche Vollmacht erteilst, eine absolute Vertrauensperson sein muss. In der Regel ist das jemand aus der Familie. Die Vollmacht sichert auch ab, dass die bevollmächtigte Person Auskunft von behandelnden Ärzten erhält.

Auch deine erwachsenen Kinder sollten dir oder ihrem Vater eine solche Vollmacht ausstellen. Denn wenn dein zwanzigjähriger Sohn oder deine Tochter nach einem Unfall im Koma liegt, erfährst du ohne Vollmacht nichts. Zwar halten sich nicht alle Ärzt*innen streng an die gesetzlichen Vorgaben, doch darauf sollte man es nicht ankommen lassen. Auf dem Internetportal der Verbraucherzentrale kannst du einfach und online eine Vorsorgevollmacht ausfüllen und ausdrucken.[3] Und wenn wir schon beim Thema sind, denk doch gleich auch über eine Patientenverfügung nach. Alles Wichtige darüber erfährst du auf der Seite des Bundesgesundheitsministeriums – Textbausteine und Online-Tool für die Erstellung inklusive.[4]

Gesetzliche Erbfolge oder Testament – was passt zu deinem Lebensmodell?

In Deutschland ist auch ohne Testament geregelt, wer wie viel erbt. Das hat Vorteile, doch nicht immer und für jede oder jeden ist die gesetzliche Regelung die beste Lösung. Deshalb gibt es gute Gründe, ein Testament aufzusetzen, das die eigenen Wünsche berücksichtigt, oder einen Erbvertrag mit seinen künftigen Erben zu schließen. Ein Testament ist auch dann sinnvoll, wenn eine wohltätige Organisation erben soll oder eine Person, die in der regulären Erbfolge nicht bedacht würde.

Fangen wir mit der gesetzlichen Erbfolge an. Die orientiert sich, wie schon erwähnt, am Verwandtschaftsgrad. An erster Stelle stehen immer die Kinder der verstorbenen Person. Ehepartner sind zwar keine Verwandten, sie haben aber ebenfalls Priorität. Die simpelste Konstellation sieht so aus: Bist du nicht oder nicht mehr verheiratet, so wie ich, hast aber Kinder, dann erben deine Kinder. Bist du verheiratet, erbt dein Ehepartner oder deine Ehepartnerin in der Regel die Hälfte des Vermögens. Die andere Hälfte wird zwischen den Kindern aufgeteilt. Der Erbanteil des Ehepartners oder der Ehepartnerin hängt aber letztlich davon ab, ob es einen Ehevertrag gibt und in welchem Güterstand die Eheleute gelebt haben. Er beträgt daher nicht in jedem Fall fünfzig Prozent, sondern kann auch geringer ausfallen.

Wichtig zu wissen ist, dass alle deine Kinder im Erbrecht gleichgestellt sind, egal, ob sie bei dir aufgewachsen sind oder den Kontakt zu dir abgebrochen haben. Kinder aus früheren Beziehungen deines Partners oder der Partnerin würden dagegen nichts erben, wenn du stirbst, auch wenn ihr jahrelang eine glückliche Patchworkfamilie wart.

In allen anderen Konstellationen wird es noch komplizierter. Zunächst zu einem weit verbreiteten Irrtum: Hat ein Ehepaar keine Kinder, erbt der überlebende Partner oder die Partnerin laut Gesetz nicht etwa alles. Auch Verwandte sind erbberechtigt. Das sind zunächst die Eltern der verstorbenen Person, sofern sie noch leben. Ist das nicht der Fall, erben die Geschwister, sind auch die verstorben, erben deren Kinder, also die Nichten und Neffen. Diese Verwandten werden als Erben zweiter Ordnung bezeichnet. Gibt es keine Erben zweiter Ordnung, erben noch lebende Großeltern. Sie gehören zu den Erben dritter Ordnung. Nur wenn auch die Großeltern nicht mehr leben, erbt der Ehepartner oder die Ehepartnerin tatsächlich allein.

Wann Partner*innen beim Erbe leer ausgehen

Das alles gilt auch für eingetragene Lebenspartnerschaften, nicht jedoch für nicht eingetragene Partnerschaften. Hier erben Partner*innen überhaupt nur, wenn dies in einem Testament oder Erbvertrag festgelegt wurde. Haben solche Paare kein Testament gemacht, können die Erben sogar auf die Herausgabe von Teilen der Wohnungseinrichtung und anderer Privatgegenstände bestehen. Nur am Mietvertrag können sie nicht rütteln.

Eine Person ohne Ehepartner*in und Kinder beerbt direkt die Verwandten zweiter Ordnung, also Eltern, Geschwister oder Nichten und Neffen. Falls es die nicht gibt, kommen die Verwandten dritter Ordnung zum Zuge. In dieser Konstellation sind in der dritten Ordnung nach den Großeltern auch deren Abkömmlinge erbberechtigt, wenn die Großeltern bereits verstorben sind. Das wären Tanten und Onkel sowie Cousinen und Cousins.

Du merkst schon, die Gesetzeslage ist wirklich komplex. In den meisten Fällen ist es daher ratsam, in einem Testament festzulegen, wer was erben soll – und wer nicht.

Bist du verheiratet, hast keine Kinder und möchtest, dass dein

Partner oder deine Partnerin alles erbt, kannst du deine Verwandten per Testament von der Erbfolge ausschließen. Nur für deine Eltern gelten besondere Regeln, sollten sie bei deinem Tod noch leben. Wenn du sie enterbst, steht ihnen trotzdem ein Pflichtteil in Höhe von 50 Prozent des gesetzlichen Erbteils zu. Womöglich würden sie den nicht einfordern, sie können auch vorab bei einer Notarin eine Verzichtserklärung abgeben. Die Verzichtserklärung ist die beste Variante. Wenn du deine Eltern um ein solches Zugeständnis bitten möchtest, kommt es, wie immer bei solchen Themen, auf Fingerspitzengefühl an. Mach deutlich, dass es dir allein darum geht, deinen Partner oder deine Partnerin abzusichern, und nicht darum, deine Eltern für was auch immer zu bestrafen.

Anders sieht es aus, sollte dein Verhältnis zu deinen Eltern zerrüttet sein. Dann kannst du sogar versuchen, ihnen den Pflichtteil zu entziehen. Dafür musst du aber sehr schwerwiegende Gründe vorbringen, die du auch belegen kannst. Einer könnte sein, dass dein Vater früher Unterhaltszahlungen für dich verweigert hat. Auch Missbrauch wäre selbstverständlich ein Ausschlussgrund, sofern der Täter geständig ist oder verurteilt wurde.

Wunscherben per Testament festlegen

Wenn du alleinstehend bist, stehen dir deine Freunde vielleicht näher als deine Verwandten. In einem Testament kannst du sie als deine Erb*innen einsetzen und festlegen, zu welchen Teilen einzelne Personen erben sollen. Deine Verwandten kannst du von der Erbfolge ausschließen. Deinen Eltern steht jedoch auch dann der Pflichtteil zu, sollten sie bei deinem Tod noch leben.

Natürlich können auch Verheiratete und Personen mit Kindern entscheiden, Freunde als Miterben oder alleinige Erben einzusetzen. Die Erbanteile aller anderen Erben verringern sich entsprechend. Kindern und Ehepartner*innen bleibt aber wiederum mindestens ihr Anspruch auf den Pflichtteil.

Wenn du Freunden etwas hinterlassen möchtest, kannst du das auch in Form eines Vermächtnisses tun und das in deinem Testament entsprechend vermerken. Dann erhalten sie eine bestimmte Summe aus deinem Nachlass, eine Immobilie oder auch dein Auto, eine Uhr oder vielleicht dein Klavier oder Haustier. Der Unterschied: Erben treten die rechtliche Nachfolge des oder der Verstorbenen an. Das wurde im vorigen Kapitel schon erklärt. Sie müssen – allein oder als Erbengemeinschaft – den Nachlass regeln, zum Beispiel die Wohnung auflösen, Konten kündigen und natürlich auch die Beerdigung organisieren. Wer ein Vermächtnis erhält, hat damit nichts zu tun.

In deinem Testament kannst du auch eine Organisation bedenken. Das wurde ebenfalls schon angesprochen. Auch hier musst du dich entscheiden, ob ein Vermächtnis der beste Weg ist, also die Zusage einer bestimmten Summe, oder ob die Organisation Erbin mit all den damit verbundenen Pflichten sein soll. Bevor du dich entschließt, eine Organisation als Erbin einzusetzen, solltest du sicher sein, dass sie diese Aufgabe übernehmen kann. Du solltest unbedingt Kontakt zu ihr aufnehmen und genau besprechen, wie dein Nachlass abgewickelt werden soll.

Tatsächlich könnte unter bestimmten Umständen auch dein geschiedener Ehepartner indirekt von dir erben, sollte die gesetzliche Erbfolge zum Tragen kommen. Wir hatten das auf den vorigen Seiten angedeutet. Das würde passieren, wenn eure gemeinsamen Kinder von dir erben und eines deiner Kinder danach selbst stirbt, ohne eigene Kinder zu hinterlassen. Wenn dein Ex-Partner zu diesem Zeitpunkt noch lebt, wäre er der Erbe eures gemeinsamen Kindes.

Die Wahrscheinlichkeit, dass dies eintritt, ist zwar gering, aber nicht ausgeschlossen. Als ich davon hörte, kontaktierte ich direkt meinen Ex-Mann. Ich ging davon aus, dass er die Sache ähnlich sieht wie ich: Er soll nicht von mir erben und ich nicht von ihm. Wir vereinbarten, gegenseitige Verzichtserklärungen zu unterschreiben. Doch das war zu kurz gedacht, denn wir würden ja nicht wirklich voneinander erben, sondern von einem unserer Kinder. Deshalb müssten wir die Erbverzichtserklärungen gegenüber unseren Kindern abgeben. Als ich das mit den Kindern besprach, reagierten sie allerdings anders, als ich erwartet hatte. »Warum sollte Papa nicht von mir erben?«, sagte mein Sohn. Meine Tochter sah ebenfalls nicht, was daran falsch sein sollte. »Natürlich soll Papa erben«, sagte auch sie. Okay, dachte ich, man muss vielleicht auch nicht alles regeln wollen.

Pro und kontra Berliner Testament

Kehren wir zurück zur gelebten Realität: Ehepaare mit Kindern entscheiden sich meist für ein sogenanntes Berliner Testament. Davon war bereits die Rede. Darin setzen sie sich gegenseitig zu Alleinerben ein. Die Kinder erben dann erst, wenn beide Eltern verstorben sind. Sie könnten zwar nach dem Tod des ersten Elternteils ihren Pflichtteil einfordern, so wie Irenes Mann es gemacht hat. Das führt aber oft dazu, dass dieses Kind nach dem Tod des zweiten Elternteils dann ebenfalls nicht mehr als den Pflichtteil erhält. Besteht die Gefahr, dass der überlebende Partner oder die Partnerin das Familienvermögen zu einem großen Teil ausgibt, kann dieser Weg trotzdem die bessere Option sein. Diese Sorge war auch bei Irenes Mann ausschlaggebend, dessen geschiedene Eltern mit ihren neuen Partner*innen Berliner Testamente aufgesetzt hatten.

Insgesamt waren in der Vergangenheit mehr als die Hälfte aller Testamente als Berliner Testament abgefasst.[5] Auf diese Weise wollen Eheleute verhindern, dass der oder die Überlebende sich finanziell einschränken oder etwa das eigene Haus verkaufen muss, um die Kinder auszuzahlen. Das klingt zunächst vernünftig. Und: Von dieser Regelung profitieren besonders Frauen, denn statistisch gesehen leben Frauen bekanntlich länger als Männer. Entsprechend häufiger erben sie alleine. Grundsätzlich trägt das Berliner Testament also zur Vermögensbildung von Frauen bei.

Auch für die Kinder hat ein solches Testament nicht nur Nachteile. Meist wird in einem Berliner Testament festgeschrieben, dass sie als sogenannte Schlusserben nach dem Tod des zweiten Elternteils das gesamte Familienvermögen erben sollen. Der überlebende Elternteil kann keine weiteren Erben einsetzen. Wenn dein Partner oder deine Partnerin nach deinem Tod eine neue Partnerschaft eingeht, kann er oder sie dieser Person also nichts vererben. Dasselbe gilt dann aber natürlich auch für dich. Und da stellt sich die Frage: Möchtest du dich so festlegen? Vielleicht wird dich dein neuer Partner oder die Partnerin einmal pflegen und dafür vielleicht sogar den Beruf aufgeben. Und dann soll er oder sie nichts bekommen?

Wenn du überlegst, ein Testament aufzusetzen, solltest du genau überlegen, ob ein Berliner Testament für deine Familie die richtige Lösung ist. Bei größeren Vermögen hat es in jedem Fall steuerliche Nachteile. Dazu später mehr.

Gegen ein Berliner Testament spricht:

- → Unsere Lebenserwartung steigt immer weiter. Deine Kinder würden daher möglicherweise erst sehr spät überhaupt etwas erben, wenn du und dein Partner oder deine Partnerin euch gegenseitig als Alleinerben einsetzt.
- → Es besteht das Risiko, dass die überlebende Person das gemeinsame Vermögen komplett ausgibt. Für die Kinder bleibt dann nichts.
- → Anders als früher bleiben verwitwete Menschen heute seltener allein. Selbst im hohen Alter gehen Menschen neue Partnerschaften und Ehen ein. Der oder die Überlebende bleibt aber auch dann an das Testament gebunden und kann keine weiteren Verfügungen treffen.

Wenn beide Eltern über ausreichend finanzielle Rücklagen verfügen und nach dem Tod der Partner*in gut davon leben können, kann ein sogenanntes Sylter Testament eine Alternative zum Berliner Testament sein. Die rechtliche Konstruktion funktioniert hier genau andersherum. Das Sylter Testament sieht vor, dass die Eltern sich gegenseitig enterben und jeweils ihre Kinder zu Alleinerben einsetzen. Die Kinder erben also schon nach dem Tod der oder des erstversterbenden Elternteils. In Patchworkfamilien lässt sich so auch unkompliziert sicherstellen, dass die Kinder von ihren eigenen Eltern erben.

Wir möchten dir das Berliner Testament aber nicht ausreden. Denn es gibt auch Argumente für eine solche Festlegung. So kann man es durchaus angemessen finden, wenn der länger lebende Elternteil an das Testament gebunden bleibt. Es geht schließlich um das gemeinsame Vermögen.

Ein Berliner Testament kann für dich passen, wenn ...

- → die Gefahr besteht, dass der überlebende Ehepartner oder die Partnerin nach einer Aufteilung des Erbes finanziell nicht ausreichend abgesichert ist. Das wäre beispielsweise der Fall, wenn ihr in einer Eigentumswohnung oder im eigenen Haus wohnt und die Immobilie verkauft werden müsste, um die Kinder auszuzahlen;
- → du dir gemeinsam mit deinem Partner oder deiner Partnerin etwas aufgebaut hast und der Meinung bist, dass euer Geld allein euch beiden zusteht und der oder die Überlebende das Recht haben sollte, alles selbst auszugeben;
- → wenn ihr möchtet, dass eure Kinder sich ihr Geld selbst verdienen, statt durch eine Erbschaft zu Wohlstand zu kommen.

Es gibt außerdem unterschiedliche Varianten des Berliner Testaments. Am besten lässt du dich dazu beraten. Erste Informationen findest du bei Finanztip.[6] So können Eheleute zum Beispiel eine Wiederverheiratungsklausel in das Testament aufnehmen. Heiratet der oder die Überlebende erneut, müsste den Kindern ihr Anteil am Erbe des bereits verstorbenen Elternteils ausgezahlt werden.

Statt als Alleinerben könnt ihr euch auch als sogenannte Vorerben einsetzen. Der oder die Überlebende kann dann nicht völlig frei über das Erbe verfügen, sondern muss es für die Kinder erhalten.

Ist diese Person verschuldet, darf sie etwa ihre Schulden nicht vom Erbe begleichen. Sie darf auch nichts verschenken oder eine Immobilie weit unter Marktwert verkaufen. Bei einer anderen Variante erben die Kinder nach dem Tod des ersten Elternteils zwar zum Beispiel das Haus der Eltern, der überlebende Elternteil erhält jedoch ein lebenslanges Nutzungsrecht, Nießbrauch genannt.

Was Patchworkfamilien beachten sollten

Und noch mal ein wichtiger Hinweis, falls du Kinder aus früheren Beziehungen hast: Paare sind nicht gezwungen, ihre Kinder in einem Berliner Testament zu Schlusserben zu erklären. Sie haben auch die Möglichkeit, festzulegen, dass der oder die überlebende Partner*in bestimmen kann, wer nach seinem oder ihrem Tod erben soll. In einer Patchwork-Konstellation empfiehlt sich das aber nicht. Denn: Während eure gemeinsamen Kinder in jedem Fall Anspruch auf einen Pflichtteil haben, falls dein Partner oder deine Partnerin sie nicht als sogenannte Schlusserben einsetzt, gilt das für deine Kinder aus früheren Beziehungen nicht. Sie gingen dann wirklich leer aus, denn sie sind mit deinem aktuellen Ehepartner ja nicht verwandt.

Dein Partner oder deine Partnerin würde deine Kinder niemals so hängen lassen? Wirklich sicher sein kannst du dir da nicht. Wer weiß, wer ihn oder sie später beeinflusst? Oder deine Kinder zerstreiten sich heillos mit deinem Partner oder deiner Partnerin. Solche Dinge passieren. Ich kenne Menschen, die tatsächlich von einem Stiefelternteil beim Erbe auf diese Weise ausgebootet wurden.

Nicht selten werden Berliner Testamente übrigens angefochten, wenn ein Elternteil gestorben ist und die überlebende Person erneut heiratet. Denn die neue Ehefrau oder der neue Ehemann ist eigentlich erbberechtigt, was durch das Berliner Testament verhindert wird. Deshalb hat die Anfechtung meist Erfolg. Für die Kinder bedeutet das: Sie erhalten den vollen gesetzlichen Erbteil, der ihnen ohne Berliner Testament nach dem Tod des schon verstorbenen

Elternteils zugestanden hätte. Was sie nach dem Tod des zweiten Elternteils erben, hängt von deren oder dessen Testament ab.

Sollte ich wieder heiraten, käme ein Berliner Testament für mich sicher nicht infrage. Da ich mein Geld von meinen Eltern geerbt habe, finde ich, dass das, was nach meinem Tod davon noch übrig sein wird, vor allem meinen Kindern zusteht und nicht einem neuen Partner. Das bedeutet nicht, dass er nichts bekommen würde. Ich habe mir vorgenommen, ein notariell beurkundetes Testament aufzusetzen, sollte ich eine neue Partnerschaft oder sogar Ehe eingehen. Den Inhalt würde ich vorher mit allen Beteiligten besprechen.

Einen Teil meines eigenen Erbes habe ich ohnehin direkt auf Treuhanddepots für die Kinder angelegt und es ihnen damit praktisch schon übertragen. Formal ist das über einen notariell beurkundeten Treuhandvertrag geregelt. Bis sie dreißig sind, kann ich aber mitbestimmen, was mit dem Geld passiert. Danach entscheiden sie selbst.

Ich habe mir auch überlegt, ob es Organisationen gibt, denen ich etwas vermachen möchte. Für den Moment habe ich mich dagegen entschieden. Solange ich aktiv im Leben stehe, spende ich spontan, wenn mir eine bestimmte Organisation oder ein Thema aktuell wichtig erscheint. Ich hoffe, dass meine Kinder es später ähnlich handhaben. Sie sollen selbst entscheiden, welche Projekte sie für unterstützenswert halten.

Seit ich tiefer in das Thema eingestiegen bin, ist bei mir jedoch der Wunsch gewachsen, nicht nur meine Kinder, sondern auch andere Personen zu bedenken. Es gibt in meinem Umfeld durchaus ein paar Menschen, die mit sehr wenig Geld auskommen müssen. Eine junge Frau unterstütze ich schon jetzt. Warum sollte das nach meinem Tod enden?

Inzwischen habe ich eine Liste angelegt und darauf auch die Geldbeträge vermerkt, die ich den entsprechenden Menschen vermachen möchte. Sollten sich meine finanziellen Verhältnisse ändern, kann ich die Beträge jederzeit anpassen.

Ich habe also ein Testament!

So ein formlos notierter letzter Wille ist genauso gültig wie ein notariell beglaubigtes Testament – vorausgesetzt, das Dokument wurde komplett handschriftlich verfasst, mit Datum versehen und unterschrieben. Alle Erben sollten mit vollem Namen, Adresse und Geburtsdatum genannt werden. Außerdem sollte eindeutig erkennbar sein, dass es sich um ein Testament handelt. Es sollte also eine Überschrift wie »Testament« oder »Mein letzter Wille« darauf stehen. Man muss sich natürlich darauf verlassen können, dass die Angehörigen oder Freunde, die sich nach dem eigenen Tod um die Formalitäten kümmern, das Dokument nicht verschwinden lassen. Bei meinen Kindern habe ich da vollstes Vertrauen. Doch was, wenn der Familienkreis wieder größer wird? Wenn ein neuer Partner von mir, Partner*innen der Kinder oder Enkel hinzukommen? Vermutlich wird es dann besser sein, doch noch zum Notar zu gehen. Man kann sein handschriftliches Testament aber auch beim Nachlassgericht einreichen. Das kostet knapp 100 Euro. In Deutschland sind, wie schon gesagt, die Amtsgerichte auch Nachlassgerichte. Dann ist es sozusagen amtlich.

Den letzten Willen nicht einfach in die Schublade legen

Bei der Recherche zu diesem Buch sind mir gleich mehrfach Fälle begegnet, in denen Testamente vermutlich vernichtet wurden. Meist gab es Zeugen, die wussten, dass eine Person einen letzten Willen verfasst hatte, doch das Dokument war nicht mehr aufzufinden. So etwas kommt also offenbar gar nicht so selten vor. Eine solche Unterschlagung zu beweisen, ist allerdings schwer. Selbst wenn Zeugen vorhanden sind, könnte es ja sein, dass die Person, die das Testament verfasst hat, es selbst noch vernichtet und niemandem davon erzählt hat.

Genauso real sind gefälschte Testamente oder solche, die zustande gekommen sind, weil jemand massiv manipuliert wurde. Es gibt Pflegekräfte, die ältere Patient*innen dazu bringen, ihnen ihr Vermögen zu vermachen. Auch Nachbarn oder Freunde tun so etwas. Und auch der berühmte Neffe existiert, der plötzlich anfängt, seine einsame alte Tante zu besuchen, um kurz vor deren Tod noch Sympathiepunkte zu sammeln.

All das sind Ausnahmen, vor allem Pflegekräfte möchte ich hier nicht in ein schlechtes Licht rücken. Grundsätzlich spricht auch nichts dagegen, wenn eine Person sich bei ihrer Pfleger*in erkenntlich zeigt und sie im Testament berücksichtigt. Doch Manipulation und Betrug gibt es eben auch. In der Mehrzahl sind es vermutlich die engsten Angehörigen selbst, die Testamente verschwinden lassen, wenn ihnen der Inhalt nicht passt. Da so etwas nur selten herauskommt, lässt sich nicht sagen, wie häufig das passiert.

Der sicherste Weg, seinen letzten Willen auch durchzusetzen, ist daher immer, sein Testament zum Nachlassgericht zu bringen oder es von einer Notarin beurkunden zu lassen. In beiden Fällen wird es ins sogenannte Testamentsregister eingetragen, und alle darin genannten Erb*innen werden nach dem Tod der Verfasser*in benachrichtigt. Es reicht, der Notarin mündlich den letzten Willen mitzuteilen, damit sie ein Testament aufsetzen kann. Oder du nimmst ein vorformuliertes Schriftstück mit. Das ist die günstigste Variante. Wer eine Beratung für sein Testament benötigt, zahlt mehr. Die Kosten hängen von der Höhe des Vermögens ab. Doch die Investition lohnt sich. Je größer die Familie und je verzweigter die Familienverhältnisse, desto komplizierter wird es, rechtlich und inhaltlich alles richtig zu machen.

Wer einen Erbstreit vermeiden möchte, kann auch einen Erbvertrag mit seinen Erben schließen. Dann wissen alle Beteiligten, woran sie sind. Eine Garantie ist das aber auch nicht, wie mein Beispiel zeigt. Da meine Eltern im höheren Alter lediglich mit meiner Schwester und mir einen Erbvertrag geschlossen hatten, war der nicht viel wert. Ein solcher Vertrag sollte unbedingt alle Erb*innen einbeziehen.

Mach den ersten Schritt

So, und jetzt du: Wenn dich das Thema Erben und Vererben ohnehin gerade beschäftigt, kannst du auch gleich deinen eigenen Nachlass regeln oder zumindest erste Entscheidungen dafür treffen. Dann musst du dich auf absehbare Zeit nicht mehr mit diesen Dingen befassen. Ich kann nur sagen: Das ist ein gutes Gefühl. Immer wieder darüber nachzudenken, was man tun sollte oder möchte, ohne wirklich weiterzukommen, nervt dagegen. Es kann einem sogar schlaflose Nächte bereiten.

Du musst nicht gleich morgen zu einer Notarin gehen. Wenn dir die wichtigsten Fakten und Fallstricke durch dieses Buch klar geworden sind, informiere dich weiter. Auf den Seiten von Finanztip findest du gut aufbereitete und verlässliche Einstiegsinfos und wichtige Hinweise zu verwandten Themen.[7] Hast du zum Beispiel schon einmal darüber nachgedacht, was passiert, wenn deine Kinder durch einen Unfall plötzlich ohne Eltern dastehen? Durch eine Sorgerechtsverfügung kannst du bestimmen, wer sie dann aufnehmen soll.[8]

Richtig klasse sind auch die Erblotsen.[9] Auf ihrer Seite kannst du mithilfe eines interaktiven Tools ein Testament erstellen, das genau auf deine Bedürfnisse zugeschnitten ist. Der Generator zeigt dir dabei alle möglichen Optionen und die jeweiligen Folgen an. Das Ergebnis musst du dann nur noch handschriftlich abschreiben und unterschreiben. Anschließend kannst du dein Testament beim Amtsgericht einreichen und im Testamentsregister eintragen lassen. Der Service der Erblotsen ist zwar nicht kostenlos, aber vergleichsweise günstig.

Du möchtest lieber mit Offline-Infos starten? Die Stiftung Warentest hat die wichtigsten in einer dicken Broschüre zusammengefasst.[10] Der Inhalt wird regelmäßig aktualisiert, wenn sich durch neue Gesetze oder wichtige Urteile etwas ändert.

Wenn du nicht sicher bist, wie deine Lebenssituation einzuordnen ist, was also für dich und deine Familie gilt, führt an einer

Rechtsberatung kein Weg vorbei. Falls du Ausgaben für eine Anwältin oder Notarin scheust, kannst du zunächst einen Termin bei einer Verbraucherzentrale vereinbaren. Dort kannst du gegen eine geringe Gebühr mit fachkundigen Berater*innen sprechen, die dir sagen können, welche Möglichkeiten du hast und wie du weiter vorgehen solltest. So kannst du dich Schritt für Schritt vorarbeiten – und am Ende eine gute Nachlassregelung treffen.

Erbschaftssteuern und Schenkungen – nicht tricksen, aber klug agieren

Über Erbschaftssteuern wird immer mal wieder diskutiert. Parteien bringen das Thema auf, Medien, und auch in privaten Runden kommt es zur Sprache. Die einen finden, Erbschaftssteuern sollten abgeschafft werden, da es sich bei Erbschaften um bereits versteuertes Geld handelt. Schließlich müssen wir auf sämtliche Einnahmen, die wir durch Arbeit, die Vermietung von Immobilien oder durch Aktiengewinne erwirtschaften, Abgaben zahlen. Andere argumentieren, dass Erb*innen etwas geschenkt bekommen, ohne etwas dafür tun zu müssen. Deshalb sollten Erb*innen dem Staat, also dem Gemeinwesen, einen Teil ihres Erbes abtreten.

Angesichts der vielen und oft auch großen Erbschaften, die in den kommenden Jahren und Jahrzehnten zu erwarten sind, und der Probleme, die der Staat gleichzeitig zu bewältigen hat, wäre eine Streichung der Erbschaftssteuer aus meiner Sicht unsozial. Wollen wir in einer Gesellschaft leben, in der ein Teil der Bürger*innen immer reicher wird, während dem Staat das Geld für wichtige Investitionen fehlt? Schulen, Kitas, der öffentliche Nahverkehr und nicht zuletzt die Förderung der ökologischen Transformation der Wirtschaft kommen uns allen zugute – und sie müssen finanziert werden. Eine Abschaffung der Steuer würde außerdem dazu beitragen, dass sich die Schere zwischen armen und reichen Menschen noch weiter öffnen würde. Dass Vermögende mehr Steuern zahlen als Menschen mit geringem Einkommen, gehört zu den Prinzipien unserer sozialen Marktwirtschaft – und sollte daher selbstverständlich sein. Nur so kann eine Solidargemeinschaft und letztlich ein demokratischer Staat funktionieren.

Zur Einordnung möchte ich noch einmal daran erinnern, dass die Erbschaftssteuer in Deutschland vergleichsweise niedrig ausfällt.

Es gibt zwar Länder, die gar keine Erbschaftssteuer erheben, Österreich etwa, in vielen anderen sind die Steuern aber deutlich höher als bei uns und die Freibeträge niedriger. In Frankreich haben Kinder einen Freibetrag von 100.000 Euro, in Deutschland sind es 400.000 Euro. Die Steuersätze oberhalb dieser Grenze sind in Frankreich zudem deutlich höher. Wir hatten schon das Beispiel einer Deutschen erwähnt, die seit langem in Frankreich lebt und nach dem Tod ihres Vaters hohe Erbschaftssteuern in Frankreich zahlen muss.

Die Steuersätze für Erbsummen oberhalb der Freibeträge liegen in Deutschland für Ehegatten und Kinder bei 15 Prozent, wenn ihr Erbe bis zu 600.000 Euro beträgt und bei 19 Prozent für Erbschaften bis zu 6 Millionen Euro. Besteuert wird das Erbe nach Abzug des Freibetrags. Der Höchststeuersatz für Erbschaften von mehr als 26 Millionen Euro liegt bei 30 Prozent.

In besonderen Situationen gibt es zusätzliche Freibeträge, die kaum jemand kennt. Das gilt zum Beispiel für pflegende Angehörige. Oder: Ziehen deine Erb*innen später in dein Wohnhausaus oder deine Eigentumswohnung ein, fällt auf den Wert der Immobilie gar keine Erbschaftssteuer an. Allerdings müssen die Erb*innen mindestens zehn Jahre dort wohnen bleiben. Ziehen sie vorher aus und verkaufen die Immobilie vielleicht sogar, müssen sie nachträglich Steuern zahlen. Für Kinder gilt die Befreiung zudem nur für Wohnungen bis zu 200 Quadratmetern. Ist das Haus größer, wird die zusätzliche Wohnfläche bei der Festsetzung der Erbschaftssteuer einbezogen. Einen guten Überblick über Freibeträge und Steuersätze findest du bei Finanztip.[11]

Wenn du in einer Beziehung lebst, aber nicht verheiratet bist, solltet ihr einmal durchrechnen, was das steuerlich im Erbfall für euch bedeutet. Denn Lebenspartner*innen, die weder verheiratet sind noch in einer eingetragenen Lebenspartnerschaft leben, sind nach dem Tod der Partnerin oder des Partners deutlich schlechter gestellt. Ihr Steuerfreibetrag beträgt nur 20 000 Euro, der Steuersatz liegt je nach Höhe der Erbschaft zwischen 30 und 50 Prozent.

Wichtig zu wissen ist auch, dass Kindern sowohl nach dem Tod der Mutter als auch nach dem Tod des Vaters Freibeträge in Höhe von 400 000 Euro angerechnet werden. Insgesamt steht jedem Kind daher ein Freibetrag von 800 000 Euro zu.

Multinationale Familien sollten sich beraten lassen

Auch wenn deine Familienmitglieder in verschiedenen Ländern leben, kann sich das steuerlich auswirken. Wenn du im Ausland lebst oder Kinder von dir im Ausland wohnen und du in Deutschland, solltest du prüfen lassen, welche steuerrechtlichen Konsequenzen dies im Fall deines Todes hätte. Dasselbe gilt, wenn ihr in Deutschland lebt und keinen deutschen Pass besitzt. Oder wenn die Zugehörigen eurer Familie unterschiedliche Staatsangehörigkeiten haben. Doch Achtung: Lass dich unbedingt von einer Person beraten, die sich mit dem Steuerrecht in den Staaten auskennt, um die es konkret geht. Durch eine Internetrecherche zum Thema Erbrecht in Verbindung mit den relevanten Staaten solltest du die passenden Fachleute finden.

Schenkungen statt Erbe

Du kannst auch darüber nachdenken, schon vor deinem Tod Vermögen zu übertragen. Statt Erbschaftssteuern werden dann Schenkungssteuern fällig. Allerdings gelten für Schenkungen ebenfalls Freibeträge. So kannst du deinen Kindern zum Beispiel alle zehn Jahre bis zu 400 000 Euro steuerfrei schenken.

Auch Immobilien kannst du als Schenkung überschreiben. Handelt es sich um deine eigene Wohnung oder das eigene Haus, in dem du lebst, solltest du aber sicherstellen, dass deine Erb*innen dich nach der Schenkung nicht aus deinem Zuhause hinauswerfen können. Selbst wenn du dir aktuell nicht vorstellen kannst, dass deine Kinder dir so etwas antun würden, solltest du vorsichtig sein. Man weiß nie, wie sich die Dinge entwickeln. Sollte deine Tochter oder dein Sohn in eine finanzielle Notlage geraten, vielleicht weil sie oder er spielsüchtig wird, sehen sie in dem Verkauf des Hauses vielleicht den einzigen Ausweg. Auch kannst du völlig nie ausschließen, dass es zum Bruch kommt und deine Kinder keine Rücksicht mehr auf dich nehmen.

Es empfiehlt sich, für solche Eventualitäten vorzubauen. Entweder du verzichtest darauf, dein Zuhause schon zu Lebzeiten zu verschenken, oder du lässt dir im Zuge der Schenkung ein Nutzungsrecht, den sogenannten Nießbrauch, einräumen. Dann kannst du selbst unbefristet in deiner Immobilie wohnen bleiben oder sie vermieten, während deine Kinder im Grundbuch schon als Besitzer*innen eingetragen sind. Auch hierbei gilt: Informiere dich zunächst selbst und betraue danach eine Expert*in mit Erfahrung und guten Referenzen mit dem Aufsetzen eines solchen Vertrags. Nießbrauch ist eine komplizierte juristische Angelegenheit, bei der es einiges zu beachten gilt.

Ein weitere Möglichkeit: Du überschreibst nur einen Teil des Hauses, machst deine Kinder also zu Miteigentümer*innen. Je nachdem, wie hoch ihre Anteile sind, dürfen sie ohne deine Zustimmung keine Entscheidungen treffen. Du selbst musst dich umgekehrt aber auch mit ihnen abstimmen, wenn du am Haus baulich etwas verändern oder beispielsweise eine neue Heizung einbauen lassen möchtest. Außerdem könnten deine Kinder ihren Anteil am Haus weiterverkaufen – an Privatpersonen oder an professionelle Aufkäufer von Erbteilen, die dich ziemlich sicher zum Verkauf des Hauses drängen würden. Um das zu verhindern, müsstest du die Schenkung an Bedingungen knüpfen. Das klingt kompliziert? Stimmt. Die Eigentumswohnung oder das eigene Haus sollten also nicht unbedingt das Erste sein, das du für eine Schenkung in Betracht ziehst.

Da Häuser und Eigentumswohnungen häufig einen großen Teil von privaten Vermögen ausmachen, möchte ich dennoch auf wichtige Besonderheiten bei Immobilienschenkungen hinweisen. Für die Schenkungssteuer – und übrigens auch für die Erbschaftssteuer – wird bei Immobilien der sogenannte Verkehrswert herangezogen. Er wird vom Finanzamt ermittelt und soll den aktuellen Marktwert widerspiegeln. Tatsächlich liegt er meist etwas darunter, sodass weniger Steuern anfallen. Sollte dir der Wert dagegen zu hoch erscheinen, kannst du eine öffentlich bestellte und vereidigte Sachverständige mit einem Verkehrswertgutachten beauftragen und dies beim Finanzamt einreichen. Besitzt du ein Ferienhaus im Ausland und möchtest es schon zu Lebzeiten auf deine Kinder übertragen, musst du zusätzlich die Regelungen für Schenkungssteuern in dem Land berücksichtigen, in dem sich die Immobilie befindet.

Wenn dein Ehepartner oder deine Partnerin nach deinem Tod in eurer Immobilie wohnen bleiben möchte oder ein Kind von dir vorhat, nach der Erbschaft in das Haus oder die Wohnung einzuziehen, werden sie ohnehin keine Erbschaftssteuer zahlen müssen. Die Immobilie schon zu Lebzeiten zu übertragen, hat dann steuerrechtlich also keine Vorteile. Soll das Haus dagegen später verkauft werden, fahrt ihr mit der Schenkung vermutlich besser. Zur Erinnerung: Erb*innen müssen eine Immobilie mindestens zehn Jahre bewohnen, um von der Steuerbefreiung zu profitieren.

Freibeträge mehrmals nutzen

Die Freibeträge für Schenkungen kannst du, wie schon erwähnt, alle zehn Jahre nutzen. Solltest du sterben, bevor die Zehnjahresfrist abgelaufen ist, wird die Schenkung ganz oder teilweise der Erbmasse zugerechnet. Wie viel konkret angerechnet wird, hängt von der Zeit ab, die seit der Schenkung bereits vergangen ist. Liegt das Gesamterbe am Ende über dem jeweiligen Freibetrag, müssen deine Erben dann doch noch Steuern zahlen. Schenkungen, die noch keine zehn Jahre zurückliegen, werden auch herangezogen, sollte jemand nach deinem Tod Pflichtteilsansprüche auf deinen Nachlass geltend machen. Verschenkst du eine Immobilie, behältst jedoch das Nießbrauchrecht, können Pflichtteilsberechtigte sogar unabhängig vom Zeitpunkt der Schenkung auf einer Anrechnung für den Pflichtteil bestehen. Man spricht von dem schon erwähnten Pflichtteilsergänzungsanspruch.

Schenkungen sind übrigens keine fiesen Steuertricks, mit denen man Gesetzeslücken ausnutzt oder Steuerbestimmungen umgeht. Sie entsprechen geltendem Recht. Die Diskussion, ob und wie hoch Vermögen besteuert werden sollten, ist ein gesellschaftspolitisches Dauerthema. Solange dazu keine neuen Regelungen getroffen werden, steht es dir als Bürgerin zu, die geltenden Gesetze zu deinem Vorteil zu nutzen. Daher spricht nichts dagegen, Schenkungen vorzunehmen, um später Erbschaftssteuern zu sparen. Wer seine Einkommensteuererklärung macht, nimmt schließlich auch Abschreibungsmöglichkeiten in Anspruch.

Reiche Menschen sind außerdem nicht immer darauf bedacht, möglichst keine oder wenige Steuern zu zahlen. Die schon erwähnte Marlene Engelhorn, die mit Anfang dreißig ein Vermögen erbte und einen Großteil davon über einen Bürgerrat an gesellschaftlich engagierte Initiativen und Organisationen verteilen ließ, ist dafür ein gutes Beispiel. Schon vor ihrer Erbschaft engagierte sie sich in der Initiative »tax me now«.[12] Darin haben sich junge Reiche aus deutschsprachigen Ländern zusammengeschlossen, die das Gefühl haben, dass Menschen wie sie zu wenige Steuern zahlen müssen.

Die Mitglieder von »tax me now« halten es für problematisch, dass Vermögen sehr ungleich verteilt sind: In Deutschland besitzen die wohlhabendsten 10 Prozent der Haushalte 60 Prozent des Gesamtvermögens, 20 Prozent haben gar kein Vermögen, also keine Rücklagen.[13] »Diese extreme Ungleichheit ist auch Folge einer Steuerpolitik, die systematisch Vermögende privilegiert und die Besteuerung insbesondere von Vermögen und Erbschaften kontinuierlich verringert hat«, heißt es auf der Homepage von »tax me now«.[14] Das Ergebnis sei »eine demokratiegefährdende Machtkonzentration in Form von Kapital und Einfluss in den Händen von

Wenigen, die der wachsenden materiellen Unsicherheit von Vielen gegenübersteht«.

Als Leserin dieses Buches gehörst du wahrscheinlich nicht zu den Superreichen der Republik. Denn dann hättest du sicher kompetente Berater*innen an der Seite, die dich in Erbschaftsangelegenheiten unterstützen. Wenn dein Vermögen unterhalb der genannten Freibeträge liegt, fragst du dich womöglich auch, ob du dich überhaupt mit dem Thema Schenkungen befassen solltest. Aus eigener Erfahrung kann ich sagen: ja!

Was für eine Schenkung spricht

Allein die Tatsache, dass wir statistisch gesehen sehr alt werden, spricht dafür, der nächsten Generation schon vor dem eigenen Tod etwas zugutekommen zu lassen. Wenn deine Kinder etwa selbst Eltern werden, können sie eine Finanzspritze sicher gut gebrauchen. Oder wenn sie sich beruflich weiterbilden wollen und dafür zeitweise über weniger Einkommen verfügen. Wenn sie sich selbstständig machen oder vielleicht einfach mal eine Weile aussteigen wollen. Wenn du genug Geld besitzt, um auf einen Teil des ersparten oder ererbten Vermögens verzichten zu können, kannst du ihnen dabei unter die Arme greifen. Deine eigene Altersversorgung solltest du dafür jedoch nicht aufs Spiel setzen.

Ein weiteres wichtiges Argument für Schenkungen: Da unsere Familienstrukturen vielfältiger und komplexer geworden sind, wird auch das Vererben komplizierter. Die damit verbundenen Tücken haben wir ausführlich beschrieben. Mit den verschiedenen Familienkonstellationen sind unterschiedliche Erwartungen und Empfindlichkeiten verbunden. Es geht nicht nur um Geld, sondern wie immer auch um Emotionen. Diesen stellst du dich am besten, indem du offen mit deinen Angehörigen die Lage besprichst und indem ihr gemeinsam nach guten Lösungen für eure Bedürfnisse sucht. Wer hat welche Pläne und braucht wann vielleicht finanzielle Unterstützung? So könnt ihr auch klären, wie Schenkungen an einzelne Familienmitglieder ausgeglichen werden sollen. Was soll dein Sohn bekommen, nachdem du seiner Schwester den Studienaufenthalt in den USA ermöglicht hast? Wie wird der Zuschuss angerechnet, den du einem deiner Kinder für den Wohnungskauf gewährt hast? Am besten haltet ihr dies schriftlich fest, und du fügst es deinem Testament hinzu.

Ganz wichtig: Schenkungen sollten transparent sein. Deine Angehörigen haben zwar kein Mitspracherecht, du allein entscheidest, wem du was gibst. Es ist aber fair, wenn deine späteren Erb*innen wissen, welche Schenkungen du schon zu Lebzeiten verfügt hast. So vermeidest du, dass sie nach deinem Tod streiten und möglicherweise falsche Schlussfolgerungen aus deinen Entscheidungen ziehen. Eine Auskunftspflicht besteht aber nicht. Wenn du deine Familie nicht über Schenkungen informieren willst, muss die das hinnehmen.

Transparenz heißt auch nicht Selbstaufgabe. Mach dich nicht von den Interessen deiner Kinder, deines Partners oder deiner Partnerin abhängig. Überlege zunächst, was dir wichtig ist – und vor allem: welche Pläne und Träume du selbst in Zukunft verwirklichen möchtest. Welchen finanziellen Spielraum benötigst du dafür? Irene hat ausführlich beschrieben, wie du deine Lebensplanung mit deinen Finanzen in Einklang bringen kannst. Erst wenn du dir darüber im Klaren bist, solltest du dich mit den Wünschen anderer beschäftigen. Etwas anderes sind natürlich Ausnahmesituationen wie eine schwere Krankheit eines Angehörigen. Dann musst du deine Pläne vielleicht über den Haufen werfen.

Ohne Not solltest du deine eigenen Träume aber nicht hinter denen deiner Familie zurückstellen. Das mag dir schwer fallen, als Frauen sind wir schließlich darauf gepolt, zunächst an andere zu denken. Die Lektüre unseres Buches hat aber hoffentlich dazu beigetragen, dass du dich von sozialen Normen frei machst und deinen eigenen Weg gehst – deinen Weg zu finanzieller Selbstbestimmung.

Teil 5

Booster für dein Geld-Selbstvertrauen

Erben für Anfängerinnen

im Schnelldurchlauf

10 Take-aways für deine finanzielle Selbstbestimmung

1 Du bist nicht allein! Wenn deine Emotionen nach einer Erbschaft mit dir Achterbahn fahren und du dich von der Situation überfordert fühlst, versuche, nicht in Panik zu verfallen. Vielen Frauen ergeht es so. Die Trauer kann dich überwältigen, die Verantwortung für das Erbe zu übernehmen ebenfalls. Dass du nicht unbedingt versessen darauf bist, dich mit Finanzen zu beschäftigen, ist kulturell und sozial bedingt. Schließlich wurde uns Frauen jahrhundertelang beigebracht, dass das Männersache sei. Den Kopf in den Sand zu stecken, ist aber keine Lösung. Mach dich auf den Weg, sobald die Trauer nicht mehr dominiert. Tausche dich mit anderen Frauen aus, eigne dir Finanzwissen an und kümmere dich. Niemand ist dafür besser geeignet als du.

2 Glaube nicht alles, was du denkst! Deine Einstellung zu Geld wird unter anderem von Glaubenssätzen geprägt, die sich tief in dein Bewusstsein eingebrannt haben. Sätze wie »Geld verdirbt den Charakter« oder »Geld stinkt nicht« wurden dir vermutlich schon von deinen Eltern vermittelt. Doch entsprechen sie auch deiner wirklichen Überzeugung? Und halten sie einem Faktencheck stand? Schreib deine Glaubenssätze auf und hinterfrage sie. Suche dir positive Sätze, zu denen du stehen kannst, und versuche, sie zu verinnerlichen.

3 Du kannst das! Du vertraust deiner Bank und ihren Berater*innen? Deine Geldanlagen solltest du dennoch in die eigene Hand nehmen oder dir eine unabhängige Finanzberaterin suchen. Denn: Bankangestellte sind eigentlich Verkäufer*innen. Sie empfehlen dir nicht die besten Finanzprodukte, sondern vor allem solche, an denen die

Bank verdient – und für die sie eine Provision kassieren. Bankberater*innen können außerdem ebenso gut oder schlecht wie du vorhersehen, wie sich Börsenkurse und Zinsen entwickeln werden. Könnten sie es, wären sie längst reich und würden nicht mehr in der Bank hocken. Lass dich also von bunten Charts und kompetent klingenden Erklärungen nicht täuschen. Wenn du anfängst, dich in die Materie einzuarbeiten, wirst du schnell merken, wie viel heiße Luft in so einer Bank zirkuliert. Was folgt daraus: einen kühlen Kopf bewahren und deine eigene Finanzstrategie entwickeln, die zu deinen Bedürfnissen passt. Du bist deine beste Vermögensverwalterin, denn nur du handelst wirklich in deinem Interesse!

4 Es ist nie zu spät! Mach dir keine Vorwürfe, weil du nicht früher begonnen hast, dich um deine Finanzen zu kümmern. Unsere Sozialisation bremst uns Frauen beim Thema Geld noch immer aus. Doch ob wir wollen oder nicht: Geld regiert die Welt und prägt unsere Gesellschaft. Hauptsache, du fängst jetzt an, einen Plan für dein Geld aufzustellen, und bleibst dran. Es lohnt sich. Aber sei geduldig mit dir selbst. Du wirst nicht alles über Nacht verstehen und ändern können. Es ist wie beim Sport: Mit Beständigkeit und Ausdauer wirst du finanzfit.

5 Du musst nicht alles wissen! Mit einem soliden Basiswissen kannst du deine Finanzen selbst verwalten. Es ist gar nicht schwer, sich dieses Know-how anzueignen. Die wichtigsten Informationen gibt es kostenlos im Netz. Ob Webseiten, Podcasts oder YouTube – such dir Informationsquellen aus, die dich ansprechen, und leg los. Dein Wissen entwickelt sich exponentiell. Lass dich darauf ein, aber verzettele dich nicht. Gönn der Perfektionistin in dir eine Auszeit, wenn du mit dem Geldmanagement beginnst.

6 Mach Geld zu deinem Werkzeug! Bevor du entscheidest, wie du deine Erbschaft anlegen willst, solltest du einen Schritt zurücktreten. Das Erbe wird dein Leben nur bereichern, wenn du damit

Dinge verwirklichst, die dich glücklich machen. Frage dich daher zunächst, wie du in Zukunft leben möchtest und wie Geld dir helfen kann, deine Ziele und Träume zu verwirklichen. Wenn du weißt, wie du leben möchtest, kannst du Geld zu deinem Werkzeug machen. Denn nicht das Geld macht dich glücklich, sondern das Leben!

7 **Kenne deine Zahlen!** Mach eine Inventur deiner Finanzen. Vergleiche deine monatlichen Einnahmen und Ausgaben. Schau dir dann dein Vermögen inklusive Erbe an. Wie hoch ist es, und auf welche Vermögenswerte verteilt es sich? Überlege dir, welche Summe du jetzt und im Alter monatlich benötigst, um so leben zu können, wie du möchtest – deine Zufriedenheitssumme. In all diesen Zahlen stecken wertvolle Hinweise, welche Ziele du mit deiner Anlagestrategie verfolgen solltest. Brauchst du zum Beispiel aktuell ein monatliches Zusatzeinkommen, weil deine Ausgabenbilanz ein Minus aufweist, oder solltest du vor allem langfristig für die Rente vorsorgen? So verwandeln sich diffuse Gedanken und Sorgen ums Geld in konkrete Überlegungen, die du in die Tat umsetzen kannst.

8 **Tun oder lassen?** Du möchtest dein Erbe für einen großen Traum ausgeben? Das ist nur empfehlenswert, wenn du abgesichert bist und bereits über Vermögen verfügst. Mach den Realitätscheck: Hospitiere in einem Café, bevor du selbst eines eröffnest, oder sprich mit deiner Firma, ob du nach einer Weltreise in deinen Job zurückkehren darfst. Lieber den Immobilienkredit ablösen? Hier heißt es, zu rechnen und abzuwägen. Ist der Kreditzins sehr niedrig, kann es sich lohnen, das geerbte Geld anzulegen. Investiere auch in dich selbst. Alles, was dir guttut, deinen Horizont erweitert oder dich beruflich weiterbringt, bereichert dein Leben. Denn dein wertvollster Besitz ist nicht dein Vermögen. Das bist du selbst, es ist deine Energie, dein Gehirn, es sind deine Träume.

9 **Investieren is Queen!** Dein geerbtes Geld gut anzulegen, ist gar nicht so schwer. Ob du in Immobilien oder an der Börse investiert,

ist Geschmackssache. Am besten streust du dein Geld möglichst breit – und setzt nicht nur auf eine Anlageklasse, auf ein Unternehmen, eine Branche oder eine Weltregion. So begrenzt du das Verlustrisiko. Informiere dich auch über die Vor- und Nachteile der jeweiligen Anlageformen. Immobilienbesitz ist zum Beispiel mit Arbeit rund um Vermietung, Verwaltung und Instandsetzung verbunden; wer Einzelaktien kauft, sollte die Wirtschaftsnachrichten verfolgen. Wenn du langfristig investieren und wenig Arbeit haben möchtest, sind breit gestreute Exchange Traded Funds (ETFs) die beste Wahl. Wirklich nachhaltige Finanzprodukte gibt es bisher leider kaum, und sie sind mit höheren Kosten und geringen Renditen verbunden. Überlege nicht zuletzt, einen Teil deines Erbes zu nutzen, um gemeinnützige Projekte zu fördern – sei es durch Spenden oder indem du dir Zeit »kaufst« für ein ehrenamtliches Engagement. Beides macht andere und ganz nebenbei erwiesenermaßen auch dich selbst glücklich.

10 Denk an deinen eigenen Nachlass! Wenn du für deine Familie Klarheit schaffen möchtest, kümmere dich jetzt schon um deinen eigenen Nachlass. Überlege, ob nur deine nächsten Verwandten oder auch Freunde oder eine Organisation erben sollen. Ein Testament ist in jedem Fall der beste Weg, alles gerecht und in deinem Sinne zu regeln. Wenn dein Vermögen so groß ist, dass du auf einen Teil davon verzichten kannst, solltest du auch über vorzeitige Schenkungen an deine Kinder oder andere mögliche Erb*innen nachdenken. So verschaffst du deinen Erb*innen ein finanzielles Polster für ihre Lebensplanung, und sie müssen später weniger Erbschaftssteuern zahlen. Wenn möglich, spreche mit allen Beteiligten über deine Pläne. Lass dich aber nicht von anderen unter Druck setzen oder dir Verfügungen aufzwingen. Es ist dein Geld – und du entscheidest, was damit geschehen soll.

Anhang

Weiterführende Bücher und Quellen

Thema Erben

Julia Friedrichs: *Wir Erben. Was Geld mit Menschen macht.* Berlin Verlag 2015
Marita Haibach: *Frauen erben anders. Mutig mit Vermögen umgehen.* Ulrike Helmer Verlag 2001
Christina Erdmann: *Adieu Elternhaus. Elternhaus auflösen – sortieren, wertschätzen, loslassen.* Rowohlt Taschenbuch 2023
Stiftung Warentest: *Vererben und Erben. Testament, Erbschaft und Schenkung*. 13. aktualisierte Auflage, 2022

Finanzmanagement und Investitionen

Thomas Kehl, Mona Linke: *Das einzige Buch, das du über Finanzen lesen solltest. Der entspannte Weg zum Vermögen.* Ullstein Taschenbuch 2022
Christiane von Hardenberg: *Mach mehr aus deinem Geld. Alles, was man über Vermögensaufbau wissen muss.* Rowohlt Taschenbuch 2022
Stiftung Warentest: *Grüne Fonds und ETF. Nachhaltig investieren leicht gemacht*, 2024
Stiftung Warentest: *Vermögen geerbt, was nun? Wie Sie größere Summen optimal anlegen können*. 2024

Geld und Psychologie

Denise Duffielt-Thomas: *Get Rich, Lucky Bitch! Release Your Money Blocks and Live a First Class Life*. Hay House UK 2018

Ken Honda: *Happy Money. Der entspannte Weg zu Wohlstand und Glück*. Ullstein Taschenbuch 2020
Morgan Housel: *Über die Psychologie des Geldes. Zeitlose Lektionen über Reichtum, Gier und Glück.* FinanzBuch Verlag 2021, 3. Auflage
Jen Sincero: *Du bist ein Geldgenie! Hör endlich auf zu zweifeln und werde reich, erfolgreich und verdammt glücklich.* Ariston 2019

Gesellschaftskritik und Feminismus

Marlene Engelhorn: *Geld.* Kremayr & Scheriau 2022
Birgit Happel: *Auf Kosten der Mütter. Warum finanzielle Selbstbestimmung für Frauen mit Familie so wichtig ist*. Kösel 2023
Emilia Roig: *Das Ende der Ehe. Für eine Revolution der Liebe.* Ullstein 2023
Otegha Uwagba: *Wir müssen über Geld sprechen. Frauen, Finanzen und Freiheit*. Hoffmann und Campe 2022
Birgitta Wrede (Hrsg): *Geld und Geschlecht. Tabus, Paradoxien, Ideologien*. Springer Fachmedien 2003
Alexandra Zykunov: *Wir sind doch alle längst gleichberechtigt. 25 Bullshitsätze und wie wir sie endlich zerlegen.* Ullstein Taschenbuch 2022

Weitere Aspekte

Ise Bosch: *Besser spenden! Ein Leitfaden für alle, die sich nachhaltig engagieren*. Herder 2021
Felix Plötz: *Das 4-Stunden-Startup. Wie Sie Ihre Träume verwirklichen, ohne zu kündigen*. Ullstein Taschenbuch 2020

Online-Quellen

www.erblotse.de
www.finanzfluss.de
www.finanztip.de

Podcasts

Auf Geldreise – Female Finance mit Anja und Dana (Finanztip)
Finance & Feelings von Anissa Brinkhoff
Finanzschlau mit der Geldfrau von Dani Parthum

YouTube-Kanäle

Finanzfluss
Finanztip

Danke

Wir möchten uns bei allen bedanken, die zu diesem Buch beigetragen haben. Zuallererst bei den Frauen, die uns erlaubt haben, ihre Erb- und Familiengeschichten zu verwenden. Damit ermöglichen sie anderen Frauen, aus ihren Erfahrungen zu lernen. Außerdem bei allen namentlich und nicht namentlich genannten Expertinnen und Experten, die uns mit juristischem und fachlichem Rat zur Seite standen. Danke auch an Juliette Moarbes für das gelungene Cover-Foto. Ein besonderer Dank gilt unserer Lektorin Silvie Horch für die versierte und engagierte Begleitung.

Quellen

Ein Buch nur für Erb i n n e n? Was soll das denn?

1 www.wtwco.com/en-ch/news/2022/11/global-wealth-equity-study-finds-women-attain-just-three-quarters-of-mens-wealth-at-retirement
2 www.deutsche-bank.de/content/dam/deutschebank/de/shared/pdf/Studie_final.pdf
3 www.boeckler.de/de/boeckler-impuls-erbschaften-groesser-als-bislang-erwartet-3761.htm

Teil 1: Erben tut weh

1 Birgitta Wrede, Hrsg. (2003): *Geld und Geschlecht. Tabus, Paradoxien, Ideologien*. Springer Fachmedien Wiesbaden GmbH, S. 58.
2 Marita Haibach (2001): *Frauen erben anders. Mutig mit Vermögen umgehen*. Ulrike Helmer Verlag, S. 92 ff.
3 www.bwl.uni-mannheim.de/media/Lehrstuehle/bwl/Niessen-Ruenzi/Financial_socialization_and_the_Gender_Investment_Gap_20230922.pdf/flipbook
4 papers.ssrn.com/sol3/papers.cfm?abstract_id=4879297
5 www.swisslife.de/ueber-swiss-life/medienportal/news/2023/23-07-21-nachhaltige-finanzen-frauen.html
6 www.merkur.de/leben/geld/geld-glueck-dankbarkeit-vergebung-freunde-familie-geben-gewinn-harvard-professor-zr-92073110.html
7 Eric J. Schoenberg (undatiert): *When too much is not enough: Inherited wealth and the psychological meaning of money*. Columbia University.
8 www.finanztip.de
9 www.erblotse.de/erbratgeber/vorteile-des-erblotsen
10 Christina Erdmann: *Adieu Elternhaus: Elternhaus auflösen – sortieren, wertschätzen, loslassen*. Rowohlt Taschenbuch 2023.

11 DDR-Bürger*innen durften zwar ab 1972 Häuser bauen, die dazugehörigen Grundstücke blieben aber in Staatsbesitz. Erst nach der Wende konnten Hauseigentümer ihre Grundstücke erwerben. Zur Vermögensentwicklung in Ost und West siehe auch: www.mdr.de/geschichte/zeitgeschichte-gegenwart/wirtschaft/vermoegen-grunderbe-ostdeutschland-immobilien-eigenheim-ungleichheit-eigentum-100.html
12 www.diw.de/de/diw_01.c.809832.de/publikationen/wochenberichte/2021_05_1/haelfte_aller_erbschaften_und_schenkungen_geht_an_die_reichsten_zehn_prozent_aller_beguenstigten.html
13 www.diw.de/documents/publikationen/73/diw_01.c.560982.de/17-27-3.pdf
14 www.deutsche-rentenversicherung.de/Bund/DE/Presse/Presseseminare/2021_06_29_30_berlin/06_30_praesentation_vogel.pdf?__blob=publicationFile&v=1
15 academic.oup.com/ser/advance-article/doi/10.1093/ser/mwae038/7684255#
16 www.dansef.de/erbrecht-und-testamentserrichtung-in-lgbtq-zeiten/
17 de.statista.com/statistik/daten/studie/1330068/umfrage/anteil-der-deutschen-mit-testament/
18 www.erblotse.de/erbratgeber/nachlassinsolvenz

Teil 2: Geld macht glücklich

1 Meike Winnemuth (2014): *Das große Los: Wie ich bei Günther Jauch eine halbe Million gewann und einfach losfuhr*. btb.
2 www.lpb-bw.de/fileadmin/Abteilung_III/jugend/pdf/ws_beteiligung_dings/2017/ws6_17/maslowsche_beduerfnispyramide.pdf
3 www.simplypsychology.org/maslow.html
4 www.ted.com/talks/alex_tabarrok_how_ideas_trump_crises?subtitle=en&lng=de&geo=de
5 Alexandra Zykunov (2022): *Wir sind doch alle längst gleichberechtigt. 25 Bullshitsätze und wie wir sie endlich zerlegen*. Ullstein. S. 155.
6 www.degruyter.com/document/doi/10.1515/9783112365267-035/pdf?licenseType=restricted
7 taz.de/Warum-Ehe-Frauen-abhaengig-macht/!5944629/
8 www.mdr.de/geschichte/ddr/alltag/familie/so-sozial-war-die-ddr-102.html

9 Gabriele Gast: Art. *Frauen*. In: Hartmut Zimmermann (Hrsg.): *DDR-Handbuch*. Verlag Wissenschaft und Politik, Köln, 3., überarbeitete und erweiterte Aufl. 1985, Bd. 1, S. 443–449, hier S. 449.
10 www.bmfsfj.de/bmfsfj/aktuelles/alle-meldungen/statistisches-bundesamt-veroeffentlicht-neue-zahlen-zum-gender-care-gap-236794
11 Yang Hu, Yue Qian (2024): Gendering digital labor: work and family digital communication across 29 countries. Community, Work & Family, S. 1–24. doi.org/10.1080/13668803.2024.2373852
12 Iris Bonnet (2016): *What Works. Gender Equality by Design*. The Belknap Press of Harvard University Press. S 21 f.
13 www.stylebook.de/beautyimpactreport/verheiratete-frauen-eigenes-konto#:~:text=Gesamt%20verf%C3%BCgen%20n%C3%A4mlich%2012%2C5,die%20kein%20eigenes%20Konto%20besitzen.
14 www.mastercard.com/news/europe/de-de/newsroom/pressemitteilungen/de-de/2022/november/womenomics-studie-zu-frauen-und-finanzen-nur-63-prozent-der-deutschen-frauen-fuhlen-sich-finanziell-unabhangiger-als-frauen-vorheriger-generationen/
15 Siehe auch: www.hwg-lu.de/fileadmin/user_upload/Diversity___Gender/Gender_in_der_Verhaltensoekonomie_UE.pdf
16 correctiv.org/faktencheck/2022/10/28/ja-die-afd-sachsen-veroeffentlichte-dieses-bild-ueber-die-traditionelle-frau-auf-instagram/
17 www.tagesspiegel.de/gesellschaft/der-stresspegel-der-manner-steigt-wenn-sie-mehr-verdient-als-er-382798.html
18 www.rnd.de/liebe-und-partnerschaft/warum-viele-es-manner-hassen-wenn-ihre-frauen-mehr-verdienen-VWITMRK2H5A45FV4PVLTYS74QY.html
19 theconversation.com/why-married-mothers-end-up-doing-more-housework-when-they-start-out-earning-thee-husbands-183256
20 www.bmfsfj.de/resource/blob/83858/928434dae7d841aadc5d2b0ef137573b/20160307-studie-mitten-im-leben-data.pdf
21 www.tagesspiegel.de/gesellschaft/der-stresspegel-der-manner-steigt-wenn-sie-mehr-verdient-als-er-382798.html
22 Ebd.
23 www.faz.net/aktuell/gesellschaft/familie/wenn-frauen-mehr-verdienen-was-bleibt-von-mir-als-mann-12769463.html
24 www.mdr.de/nachrichten/thueringen/ost-thueringen/gera/gewollt-kinderlos-kinderfrei-frauen-studie-100.html#:~:text=Etwa%20jede%20f%C3%BCnfte%20Frau%20bleibt,kinderlosen%20Frauen%20das%20Thema%20untersucht.

25 www.bmfsfj.de/bmfsfj/service/publikationen/mitten-im-leben-838 60
26 www.htmi.hwr-berlin.de/fileadmin/institut-htmi/Ver%C3%B6 ffentlichungen/Discussion_Paper/DiscPap6.pdf
27 www.bertelsmann-stiftung.de/fileadmin/files/user_upload/2006 16_Kurzexpertise_MotherhoodLifetimePenaltyFINAL.pdf
28 www.deutschlandfunk.de/equal-pay-day-soziale-normen-bestimmen-wer-zu-hause-die-100.html
29 Ken Honda (2021): *Happy Money. Der entspannte Weg zu Wohlstand und Glück*. Ullstein Taschenbuch. 2. Auflage.
30 Ulrike Herrmann (2022): *Das Ende des Kapitalismus: Warum Wachstum und Klimaschutz nicht vereinbar sind – und wie wir in Zukunft leben werden*. Kiepenheuer & Witsch.
31 Ken Honda (2021): *Happy Money. Der entspannte Weg zu Wohlstand und Glück*. Ullstein Taschenbuch. 2. Auflage, S. 49.
32 www.ted.com/talks
33 www.youtube.com/playlist?list=PLsRNoUx8w3rNZlOp1ceqLs76 CSEWTSnFi
34 Zum Beispiel www.deepl.com/de/translator
35 www.leibniz-magazin.de/alle-artikel/magazindetail/newsdetails/wie-koennen-wir-den-gender-wealth-gap-schliessen
36 t3n.de/news/bankprodukte-fuer-frauen-female-finance-1442505/
37 www.emotion.de/finanzthemen/mit-selbstvertrauen-gegen-den-gender-wealth-gap
38 www.mastercard.com/news/europe/de-de/newsroom/pressemitteilungen/de-de/2023/studie-zur-finanzbildung-bei-kindern-und-eltern-nachgefragt-fruher-shoppen-aber-kaum-uberblick-uber-finanzen/
39 www.emotion.de/finanzthemen/frauen-sollten-den-mut-aufbringen-am-kapitalmarkt-dabei-zu-sein
40 www.ellexx.com/de/close-the-gaps/finanzbildung/#:~:text= Verschiedene
41 Gerald Hörhan (2010): Der Investment Punk: Warum ihr schuftet und wir reich werden. Edition a.
42 Helma Sick (2008): *Wenn ich einmal reich wär: Träumen ist gut, planen ist besser. Der Finanzratgeber für Frauen*. Diana Verlag.
43 www.femalefinanceforum.de/
44 madamemoneypenny.de/wer-ist-madame-moneypenny/
45 Denise Duffield-Thomas (2018): *Get Rich, Lucky Bitch! Release Your Money Blocks and Live a First Class Life*. Hay House UK.
46 www.faz.net/aktuell/finanzen/fonds-mehr/finanzprofessorin-

niessen-ruenzi-erklaert-warum-maenner-sich-ueberschaetzen-13522727.html

47 www.finanztip-stiftung.de/

48 server41.der-moderne-verein.de/webportal/profiles/suche/?MANDANT_KEY=4bbb2e6d87133ee27959179317e83885 https://finanzfachfrauen.de/

49 Booth, A., & Nolen, P. (2012). Gender Differences in Risk Behaviour: Does Nurture Matter? *The Economic Journal, 122*(558), F56-F78.

50 www.faz.net/aktuell/finanzen/fonds-mehr/finanzprofessorin-niessen-ruenzi-erklaert-warum-maenner-sich-ueberschaetzen-13522727.html

51 Robert T. Kyosaki (1997): *Rich Dad Poor Dad. What the Rich Teach Their Kids About Money*. Plata Publishing. S. 252.

52 www.podcast.de/podcast/3186068/finance-feelings

53 Die vollständigen Angaben zu den einzelnen Titeln findest du unter den Lesetipps am Ende des Buches.

Teil 3: Dein neuer Job: Vermögensverwalterin

1 Iris Bonnet (2016): *What works, Gender Equality by Design*. The Belknap Press of Harvard University Press. S. 177 f.

2 www.allianz.de/vorsorge/rente/wie-viel-rente-braucht-man/#:~:text=Eine

3 Vicki Robin, Joe Dominguez (2008): *Your Money or Your Life: Nine Steps to Transforming Your Relationship with Money and Achieving Financial Independence*. Penguin Books. S. 11 f.

4 OECD (2022), OECD/INFE Toolkit for Measuring Financial Literacy and Financial Inclusion 2022

5 www.gruenderinnenagentur.de/

6 Einen leichten Einstieg in das Thema bietet folgendes Buch: Felix Plötz (2020*): Das 4-Stunden-Startup: Wie Sie Ihre Träume verwirklichen, ohne zu kündigen*. Ullstein Taschenbuch

7 finanzielle.de/beate-sander-strategie-auch-wer-spat-anfangt-kann-reich-werden/

8 vickirobin.com

9 Vicki Robin, Joe Dominguez (2018): *Mehr Geld für mehr Leben: Wie Sie in neun Schritten Ihre Beziehung zum Finanziellen ändern – und früher in Rente gehen können*. Redline.

10 www.finanzfluss.de/geldanlage/entnahmestrategien/

11 www.zeit.de/wirtschaft/2021-12/privater-immobilienbesitz-deutschland-soep-studie
12 Christiane von Hardenberg (2021): *Selbst investiert die Frau: Wie Sie selbstbestimmt und mit Leichtigkeit Ihr Geld vermehren.* Rowohlt Taschenbuch Verlag. S. 179.
13 www.finanztip.de/daily/der-grosse-irrtum-bei-etf-vs-aktiv-gemanagter-fonds/
14 https://www.justetf.com/de/
15 www.finanztip.de/gold/
16 www.tagesschau.de/investigativ/ndr/wwf-finanzen-102.html
17 www.crowdfunding.de/plattformen/
18 www.sueddeutsche.de/wirtschaft/waldinvestments-risiken-unternehmen-1.5634317
19 www.capital.de/immobilien/wald---die-exotische-alternative-fuer-kapitalanleger-33754484.html#:~:text=Doch
20 res.cloudinary.com/iugroup/image/upload/v1702378341/Update_2023_Mehr_weibliche_Business_Angels_führen_zu_mehr_Startup_Gründerinnen__A._Wuttig_S._Micklich_J._Rau_2023_s3kx1c.pdf
21 www.bertelsmann-stiftung.de/de/themen/aktuelle-meldungen/2023/september/wie-investorinnen-die-start-up-szene-veraendern
22 www.exist.de/EXIST/Redaktion/DE/Aktuelles/Im-Fokus/finanzierung_business-angels-smart-money.html#:~:text=Kapital%2C
23 www.business-angels.de/
24 female-investors-network.com/
25 Ken Honda (2021): *Happy Money. Der entspannte Weg zu Wohlstand und Glück.* Ullstein Taschenbuch. 2. Auflage. Seite 14 ff.
26 www.saz.com/de/macht-spenden-gluecklich-spenden-glueckliche-menschen-eher
27 www.wiwo.de/erfolg/hirnforschung-grosszuegigkeit-macht-gluecklich/20045090.html
28 Das Deutsche Zentralinstitut für soziale Fragen, kurz DZI, prüft, ob Organisationen verantwortungsvoll mit Spenden umgehen. www.dzi.de/spendenberatung/
29 chrismon.de/artikel/55969/ise-bosch-wie-es-ist-als-reiche-frau-geld-zu-spenden
30 https://www.dfrv.de/blog/2024/06/24/pressemitteilung-spenden-ehrenamt/
31 https://www.weduglobal.org
32 Ise Bosch (2021): Besser spenden! Ein Leitfaden für alle, die sich nachhaltig engagieren. Herder.

33 https://besser-spenden.de/
34 www.stiftungsberatung.de/
35 resourcetransformation.org/
36 beginenstiftung.de
37 www.stiftung-trias.de/stiftung/
38 www.bmj.de/DE/themen/gesellschaft_familie/ehe_nichteheliche_gemeinschaft/verantwortungsgemeinschaft/verantwortungsgemeinschaft_node.html

Teil 4: Nach dem Erben ist vor dem Vererben

1 https://www.destatis.de/DE/Themen/Querschnitt/Demografischer-Wandel/Hintergruende-Auswirkungen/demografie-ehen.html#:~:text=Im%20Jahr%202022%20betrug%20sie,Scheidungsstatistik%20deutet%20bislang%20darauf%20hin.
2 www.wiwo.de/unternehmen/dienstleister/skion-susanne-klatten-uebergibt-beteiligungen-an-ihre-kinder-/29835398.html
3 www.verbraucherzentrale.de/gesundheit-pflege/onlinevorsorgevollmacht-jetzt-kostenlos-erstellen-und-vorsorgen-76131
4 www.bundesgesundheitsministerium.de/patientenverfuegung.html
5 www.deutsche-bank.de/dam/deutschebank/de/shared/pdf/Studie_final.pdf
6 www.finanztip.de/berliner-testament/
7 www.finanztip.de/erben-vererben/
8 www.finanztip.de/sorgerechtsverfuegung/
9 www.erblotse.de/
10 www.test.de/shop/steuern-recht/vererben-und-erben-sp0358/
11 www.finanztip.de/erbschaftssteuer/#:~:text=Ein%20Erbe%2C%20im%20Steuerdeutsch%20%E2%80%9EErwerb,und%20h%C3%A4ngt%20vom%20Verwandtschaftsgrad%20ab.
12 www.taxmenow.eu/
13 www.boeckler.de/de/boeckler-impuls-wie-sind-die-vermoegen-in-deutschland-verteilt-3579.htm#:~:text=Insgesamt%20besitzen%20die%20wohlhabendsten%20zehn,negative%20Vermögen%2C%20sie%20sind%20verschuldet.
14 www.taxmenow.eu/unserearbeit